高校思想政治理论课案例教学设计丛书

总主编 杨素群

《中国近现代史纲要》案例教学设计

主　编　宫晓燕
副主编　刘　斌

山东人民出版社
国家一级出版社　全国百佳图书出版单位

高校思想政治理论课案例教学设计丛书

编委会

总 序

教育部部长袁贵仁曾经指出：要“努力把高校思想政治理论课建设成为学生真心喜爱终身受益毕生难忘的优秀课程”。如何把思想政治理论课讲得入耳、入脑、入心，使之真正成为大学生真心喜爱终身受益毕生难忘的课程，正是全国广大思想政治理论课教师的不懈追求。我们和全国的同行一样，近年来做了很多有益的探索，实施案例教学，正是我们诸多教学探索之一。特别是2013年以来，山东师范大学申请的“2013年新教材体系下思想政治理论课案例教学设计与实践”入选山东省委高校工委的“十百工程”重点项目，《毛泽东思想和中国特色社会主义理论体系概论》《中国近现代史纲要》《思想道德修养与法律基础》《马克思主义基本原理概论》四门课程被评为省级精品课程，以此为契机，我们进一步加强了思想政治理论课案例教学的教学设计和课堂实践，试图总结出适合思想政治理论课的案例教学规律，提高课堂教学的实效性和感染力。本系列丛书就是我们对案例教学的一些理论思考和实践探索。在编写过程中主要体现了以下思想：

一、思想政治理论课实行案例教学很有意义

所谓案例教学，就是在教师的指导下，根据教学目的要求，组织学生对案例的调查、阅读、思考、分析、讨论和交流等活动，教给他们分析问题和解决问题的方法或道理，进而提高分析问题和解决问题的能力，加深学生对基本原理和概念之理解的一种特定的教学方法。目前我国思想政治理论课案例教学研究主要呈现以下特点：一是案例多，但缺乏对案例的教学设计。国内各高校、各出版社都出版了一批针对思想政治理论课四门课程的教学案例及其分析，但在使用过程中还是发现与课本知识点的衔接不

够，即缺乏对案例的教学设计，这就使案例往往成为传统教学方法框架下的“举例说明”，而“案例教学”与“举例说明”恰恰是两种相反的教学过程。“案例教学”更注重发散性思维，使受众在独立思考中得出结论；而“举例说明”却仍然是一种先入为主的三段论论证，其感染力和说服力往往会大打折扣。二是理论研究多，但实际运用较少。把案例教学作为一种教学模式，与探究式教学、互动式教学、体验式教学加以比较研究和综合运用的文章很多，但真正在课堂中实际运用的不多，教师对案例教学还有一定的模糊认识。因此，探讨思想政治理论课案例教学规律很有意义。

一是有利于克服传统教学方法的弊端，增强思想政治理论课的感染力和说服力。大部分高校思想政治理论课都是由教师逐章逐节系统全面精讲教材，这种方法在实际教学中缺乏足够的说服力，老师往往以教育者的身份出现，以居高临下的姿态去说服学生相信某一个理论，大学生从小学就开始接受这种教育，往往对教育者存在一定的反感。而案例式教学就不一样了，它不是从结论讲起，而是用一些典型案例，通过学生的讨论和思考，自然而然地得出结论，这就把思考的主动权留给了学生，更容易使学生接受。二是案例教学更适合当代大学生的思维特点。与过去相比，当代大学生不盲从、有创新、有主见、善思考，同时叛逆性强，如果仍采用简单的灌输方式进行教育，往往会适得其反，反而不利于马克思主义理论传播。而如果是经过自己的思考、讨论、辩论得出的结论，则容易让人心服口服。三是有利于培养学生的自主创新能力。建构主义理论认为，知识不是通过教师传授得到，而是学习者在一定的情境下，借助他人的帮助，通过信息、交流、协作，通过不断建构而获得。思想政治理论课案例教学法强调以学生的活动为主，教师则是学生建构知识的组织者和促进者，学生在探究问题和解决问题的过程中自觉地形成了良好的学习习惯，掌握了学习的基本技能和基本方法，可为学生的终生学习打下基础。四是有利于学生了解国家改革开放的实际，形成良好的政治素养，为踏入社会做准备。传统的教学模式很少给学生提供实践操作的舞台，而采用案例教学，可以让学生从精选的与现实联系密切的重大历史事件或现实问题中，通过思考、分析、讨论案例而提出自己的解决方案，给学生提供了一个高度逼真的环境，在学习过程中增强对现实生活的认识和理解，增强分析和解决实际问题的能力。

二、应准确把握思想政治理论课案例教学的特点

编制案例的目的是为了进行充分的讨论，案例力图包含大量的细节和信息，以引发持有不同观点的案例使用者进行主动的分析和解读。一般的案例教学应该具备几个特点：一是案例的现实性。案例必须是历史或现实中发生的真事、实事，客观、准确、简洁是其必备的要素。二是案例的启发性。好的案例可以引起读者多方面的思考，可以被用来模拟决策和问题的解决。三是案例结论的发散性。案例讨论的过程能够促使使用者形成多元的观点；一个案例可以有多个结论，也可以没有结论。思想政治理论课要实行案例教学肯定要遵循案例教学的“一般”规律，但“一般”不能代替“个别”，“个别”比“一般”更丰富。

《中共中央国务院关于进一步加强和改进大学生思想政治教育工作的意见》指出，加强和改进大学生思想政治教育的指导思想是：坚持以马克思列宁主义、毛泽东思想、邓小平理论和“三个代表”重要思想为指导，紧密结合全面建设小康社会的实际，以理想信念教育为核心，以爱国主义教育为重点，以思想道德建设为基础，以大学生全面发展为目标。这也就是说，思想政治理论课与一般的大学课程相比，有着更鲜明的政治导向性，肩负着神圣的育人功能，它关系到当代大学生树立什么样的世界观、价值观、人生观，关系到培养中国特色社会主义合格接班人和建设者的历史重任。它不是一般的知识传授，更不是一般的技能训练，它关系到当代大学生的理想信念和人生走向。所以，既要遵循案例教学的一般规律，又要通过发散性思维引导学生得出马克思主义的结论，着力找到案例教学与思想政治理论课的契合点，这就是思想政治理论课案例教学面临的难题。要破解这一难题，就要致力于研究思想政治理论课案例教学的特点。经过理论研究和实践探索，我们认为思想政治理论课案例教学应具备以下特点：

第一，鲜明的政治导向性。高校思想政治理论课具有鲜明的意识形态属性。“思想政治教育作为连接意识形态与社会大众的桥梁，与意识形态之间具有紧密的内在联系，意识形态性是思想政治教育的最根本属性。”思想政治理论课是高校意识形态宣传的主渠道。高等学校思想政治理论课

承担着对大学生进行系统的马克思主义理论教育的任务，“是对大学生进行思想政治教育的主渠道”。“哲学社会科学中的绝大部分学科都具有鲜明的意识形态属性”，“要坚持和巩固马克思主义在意识形态领域的指导地位，在哲学社会科学教学中充分体现马克思主义中国化的最新理论成果，用科学理论武装大学生，用优秀文化培育大学生”。针对如何增强思想政治教育的实效性，习近平要求把社会主义核心价值观融入到各种精神文明创建活动中，“利用各种时机和场合，形成有利于培育和弘扬社会主义核心价值观的生活情景和社会氛围，使核心价值观的影响像空气一样无所不在、无时不有”，通过健全制度和各项教育活动使社会主义核心价值观成为人们日常工作生活的基本准则。所以，思想政治理论课的教学案例在政治倾向上不能保持中立，它必须是与党中央的路线、方针、政策保持高度一致的；否则，思想政治理论课就起不到应有的教学效果。近年来，高校思想政治理论课出现一种怪现象，将社会上出现的“淡化意识形态”的思潮挪用到思想政治理论课中，一味地讨学生喜欢，即所谓“媚学生”，有的老师上课当“愤青”，有的老师上课片面追求课堂效果即所谓“笑点”，用一些低俗的案例，使用反社会的语言，只为吸引眼球而忘却了思想政治理论课的正面引导作用，其教育的结果是扰乱了学生的思想，动摇了学生的信仰，思想政治教育的效果当然会大打折扣。

第二，强烈的社会现实感。贴近现实、贴近生活、贴近学生，是思想政治理论课案例教学的必然要求。理论是灰色的，生活之树常青。思想政治理论课的案例如果脱离了现实，远离了生活，疏远了学生，就不可能引起学生的共鸣，就不可能解决学生的思想问题，也就谈不上思想政治教育的实效性、吸引力和感染力。

第三，结论的历史必然性。思想政治理论课要选取的教学案例要有一定的争议性或复杂性，如果过于简单，引不起争论，案例与结论之间呈现简单的线性关联，会使学生觉得寡然无味；但是如果过于复杂缺乏主流观点，那就得不出马克思主义的必然结论。所以，正确把握案例的争议性和结论的必然性的统一，是思想政治理论课教师必须要注意的问题。一般案例教学的过程可以是发散性的，从而结论也可以是不统一的，甚至可以是没有结论的，因为就许多事情而言，客观地存在着过程的差异性和结论的不统一性。但思想政治理论课却不一样，如果得不出唯一的结论，那就证明马克思主义的某些理论是错误的，中国特色社会主义的理论和实践是令人怀疑的。这就形成了矛盾。如何使学生通过独立思考而自觉地得出马克思主义的正确结论，是思想政治理论课案例教学必须要研究的问题。即通过案例分析，使学生在发散性思维中自主思考，自觉选择马克思主义的正确结论，以此提高思想政治理论课的实效性和感染力。

三、思想政治理论课案例教学需要精心设计

长期以来，很多高校以维护教材体系的完整性和理论的权威性为名，在教学中照本宣科，循规蹈矩，导致要么是为了体现完整性而忽略了重点，要么是为了体现理论的权威性而牺牲了趣味性，其结果都是削弱了思想政治理论课的感染力和说服力。其实，对任何一门课程而言，都存在教材体系到教学体系的转换，而教学设计是必不可少的环节。作为全国一本通的教材，必须体现体系的完整性、内容的严肃性和观点的正确性，但是作为任课教师，如果简单照搬教材，讲课就会乏味，所以必须在全面把握教材体系的基础上，用生动活泼的形式将内容讲述出来，才易于被学生所接受。本系列丛书的案例教学设计主要包括以下内容：

第一，设计专题教学。思想政治理论课教材是教育部组织全国一流专家编写的马克思主义理论研究和建设工程重点教材，教材的科学性、严肃性和权威性是毋庸置疑的。但一般来说，教材为了体现全面性往往会掩盖重点，教材的稳定性同时又是滞后性的表现，因此，拥有了好的教材并不意味着有好的教学，所以，如何实现教材体系到教学体系的转换，是思想政治理论课教学设计首先要考虑的问题。在教学实践中我们认为，变章节教学为专题教学是一个不错的选择。在充分吃透教材体系的基础上，把教学中的重点难点以专题的形式体现出来，既避免了教学中的面面俱到又重点突出，还在一定程度上给老师发挥自己的专业特长提供了一定的空间。在我们此套书四卷本思想政治理论课系列教学设计中，我们秉承了这样的设计理念：一是尊重各章设置，但突破节、目限制。为了体现教材体系的完整性，每门课程每一章都设有相应的专题，但每章专题设计的数目视各章内容多少而定，总体专题数目与该课程的总学时大体相当，便于教师上课使用。二是内容取舍不求全责备，而要突出重点。教材中有的内容可以通过学生自学解决，有的内容相对简单，对于这样的内容可以不作为选题的重点，留出足够的时间对一些热点难点问题和关系学生成长的重大问题进行广泛讨论和深度剖析。三是不回避矛盾，而要直面敏感问题进行深度剖析。越是敏感的问题，越需要教师直面问题以回答学生的困惑。精心的教学设计使我们的课堂教学能贴近现实、贴近生活、贴近学生，从而更容易引起学生的学习兴趣和情感共鸣，提高课堂教学的效果。

第二，设计教学案例。大千世界，无奇不有，改革开放的现实丰富多彩，但是要实现从客观现实到教学案例的转变，需要教师进行精心的设计，尤其是对思想政治理论课教师来说。在长期的教学实践中，我们认识到，思想政治理论课的教学设计要注意以下几点：一是案例要新。经过全国思想政治理论课教师的不断努力，各门思政课都积累了丰富的教学案例，但是，当今时代，经济全球化迅猛发展，各种思想文化相互激荡，迅猛变化的社会现实，要求我们在选择教学案例时不能因循守旧，而必须随着时代的变化而变化。尤其是党的十八大召开以后，为了贯彻十八大和习近平同志系列讲话精神，教育部组织“马工程”专家对原来的教材体系进行了修订，2013新教材体系充分体现了中国特色社会主义理论各方面的新发展。鉴于此，在讲授新教材的某些内容时，就不能使用以前的案例，尤其是对概论课而言。二是案例要真。案例是客观现实中已经发生或正在发生的事实或事件，而不是主观臆造的拼盘，也不是可能存在也可能不存在的故事，它要求有真实的时间、地点、人物和结果，否则，思想政治理论课的教学效果就会大打折扣甚至适得其反。三是案例要精。客观发生的事件或事实可能比较复杂，这就导致案例可能比较冗长，而太冗长的案例不易说明问题，对有限的教学课时来说也是不现实的。所以，教师在选择案例时，在不改变基本事实的情况下有必要对案例进行适当的精简。四是案例要体现正能量。思想政治理论课的教学目的，是使学生掌握正确的马克思主义的理论、观点和方法，树立正确的世界观、人生观和价值观，使学生增强对中国特色社会主义的道路自信、理论自信和制度自信。为此，就要选取改革开放中发生的体现正能量的教学案例。当然，也不能回避社会的阴暗面，但要引导学生对社会问题进行辩证的分析，如果以偏概全，放大阴暗面，那就违背了开设思想政治理论课的初衷，其教育的结果就是适得其反的。

第三，设计讨论问题。同样的案例，可以从不同的角度加以解读，因此，课堂讨论问题的设计直接关系到课堂讨论结论的得出。经过实践，我们认为课堂讨论问题的设计应注意以下问题：一是问题与案例及教材的高度关联性。设计讨论的问题一定是与呈现给学生的教学案例紧密相关的，有的老师设计的问题与呈现的案例无关或关联性不强，这就失去了案例教学的意义；有的老师设计的问题与教材内容关联度不强，这就直接影响到课堂结论的获得，所以，对讨论问题的设计一定要是案例中隐含着的、教材中要求掌握的内容。二是问题的争议性。如果提出的问题毫无歧义，甚至学生用简单的“是”或“否”就能回答，那么课堂讨论就难以进行，而且很可能回到了“举例说明”的老路上，课堂讨论就失去了意义，案例教学所追求的使学生在比较和思考中得出马克思主义正确结论的初衷就难以实现。

第四，设计课堂引导。案例教学与一般的课堂教学相比，要求老师有更强的课堂把控能力。在课堂讨论中教师首先要发动所有学生参与思考问题，但又不能使课堂陷入混乱，这就要求教师很好地把控课堂，引导得出正确结论。为此，要做到以下几点：一是引导学生广泛参与。讨论的目的不是少数几位同学发言，而是发动所有的同学参与思考。这在实际操作中有一定难度，因为大多数同学从小就习惯了老师讲学生听的被动模式，很难适应“课堂主体”的角色，有的同学虽然跃跃欲试，但由于性格比较羞涩而不会主动发言，还有的同学因为怕说错而不敢发言，等等。为此，老师应给予学生更多的鼓励，在此基础上采用随机点名的方式鼓励更多的同学说出自己的观点，对持不同政见者“不打棍子、不抓辫子、不扣帽子”，而是采用引导的方式，以理服人。二是引导学生重点发言。为了使课堂讨论更深入，更体现主题，教师可以预先把课堂要讨论的内容通过QQ群、邮件、微信群等多种方式告知学生，并预先指定重点发言，重点发言人可以是宿舍代表、小组代表或其他形式。三是引导得出正确结论。这是案例教学的关键所在，也是思想政治理论课案例教学区别于其他课程案例教学的显著特点，其他课程的案例教学可以是没有结论的，也可以有不同的结论，案例教学的目的是培养学生多角度观察问题、分析问题的能力，而思想政治理论课必须是有结论的，而且这一结论是唯一的，这就对思想政治理论课教师的理论功底、思辨能力、表达能力提出了更高的要求，在经过了热烈的课堂讨论和辩论后，教师要对学生的课堂表现给予充分的肯定，对学生提出的观点给予透彻的分析和客观地评价，对案例所体现的本质问题进行有说服力的解析，使学生自然而然地、心服口服地得出正确的结论，而这个结论又恰恰是教材中要求掌握的基本理论。

实施案例教学以来，我们对思想政治理论课案例教学的规律有了一定的认识，但也确实遇到了一些问题。例如。怎样在较大的课堂上发动所有的同学参与思考和讨论，怎样在普通专业和艺术体育类专业中实施有区别的案例教学，如何把握文科学生和理科学生案例教学的不同特点，四门思想政治理论课案例教学的共性与个性是怎样的，等等，我们将在课堂教学实践中不断探索和总结，以求对思想政治理论课的案例教学规律有更深刻的认识，努力使思想政治理论课成为当代大学生真心喜爱终身受益毕生难忘的优秀课程。

杨素群

2015年1月

前 言

为改进《中国近现代史纲要》课的教学方法，实现由教材体系向教学体系的转化，本书以高等教育出版社“马克思主义理论研究和建设工程重点教材”《中国近现代史纲要》（2013年修订版）的主要内容和逻辑结构为依据，围绕各章节的重点、难点以及学生普遍关心的热点问题，编写了近百个教学案例。这些案例取材广泛、主题鲜明，分析点评准确到位。本书不仅有助于教师开展教学活动，也有助于高校学生提高学习成绩、提升思维能力。

本书由官晓燕担任主编，刘斌担任副主编，负责设计本书写作框架，并统改、定稿。具体分工如下：上编综述、第一章、第十章，马德坤；第二章，于月霞；第三章，王鲁英；中编综述、第六章，王仕英；第四章、第九章，刘斌；第五章，官晓燕；第七章、第八章，刘承军；下编综述，宋立。

本书在编写过程中，参考了诸多历史文献、相关著作、报纸杂志、研究论文等，在此向相关作者一并表示真诚的感谢。

由于时间紧迫，加之编者研究水平和占有资料有限，书中难免有错漏和不足之处，恳请专家、同仁和读者批评指正。

编 者

2015年1月

contents

目　录

上　编

从鸦片战争到五四运动前夜（1840—1919）

综　述　风云变幻的八十年

教材内容分析

本编教材内容共涉及三个问题。帮助学生理解中国古代社会经济和文化的发展都对人类的文明做出了巨大贡献，只是到了近代，特别是鸦片战争后，由于帝国主义的侵略，中国才积贫积弱，从而使学生正确认识近代中国革命的任务和性质；了解近代中国半殖民地半封建社会的形成及基本特征，明确近代中国的阶级状况、主要矛盾和历史任务，从而对半殖民地半封建中国社会的基本国情有一个整体的把握和充分的了解。

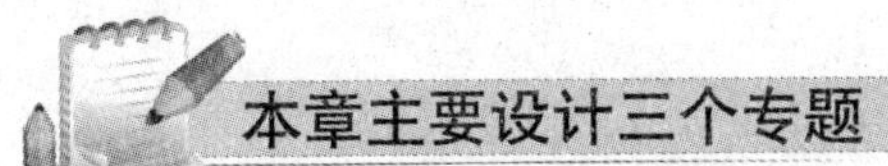

本章主要设计三个专题

- 专题一　鸦片战争前的中国和世界
- 专题二　外国资本主义入侵与近代中国社会的半殖民地半封建性质
- 专题三　近代中国社会的主要矛盾和历史任务

教学设计理念

专题一主要介绍鸦片战争前的中国与世界。在中国封建社会的较长时间里，中国在经济技术等各方面处于世界领先水平，不但推动了中国社会的迅速发展，也成为世界其他国家学习的榜样。从明朝后期起，尤其是在整个清朝，中国社会开始走下坡路，甚至在很长时间里处于停滞状态。与此同时，世界资本主义国家迅速发展，并且对外疯狂殖民，逐渐成为整个世界的统治者。

专题二主要介绍中国近代社会的性质。中国近代社会的性质是由中国近代的生产力状况和生产关系状况共同决定的。分析西方资本主义入侵给中国带来的巨大变化：一方面，西方资本主义在中国攫取了特权利益，使中国日益半殖民地化；另一方面，现代资本主义又使中国小农经济逐渐破产，使中国日益半封建化。

专题三主要介绍中国近代社会的主要矛盾和历史任务，这是由中国半殖民地半封建的社会性质决定的。中国近代社会的主要任务是江泽民在十五大报告中提出来的。这个提法关注了生产力和生产关系两个层面，更加全面。

专题一

鸦片战争前的中国和世界

案例呈现

1. 中国古代灿烂文明的特征

灿烂的中华文明具有显著的特点：

一是源远流长。早在七八千年前，中华民族的祖先就在黄河流域、长江流域进行耕作。三千年前的商代甲骨文，最早记录了我国的农事活动。战国末期，我国已经有了关于农业耕作技术的详细记载。公元6世纪北魏时期贾思勰的《齐民要术》，是我国最早的、最完整的农学名著。商朝晚期制造的司母戊大方鼎，重达875公斤，是现今世界上最大的精美铜器。公元前5世纪前半叶，我国已发明韧性铸铁技术，较欧洲早了两千年。大运河和长城两大工程，历史悠久，气势宏伟。四川都江堰和河北赵州桥，构思奇特、设计精巧，为世人所叹服。造纸、印刷术、火药、指南针四大发明，更是中华民族对世界文明的杰出贡献。春秋时期，我国就发现并记录了后来以哈雷命名的彗星。战国时期，我国编制出世界上第一个恒星表。公元132年，东汉的张衡发明了候风地动仪并用于观测。这是世界上最早的地震仪。南北朝的杰出数学家祖冲之，在世界上第一次把圆周率值的计算精确到小数点以后七位。在中国大地，无论东西南北、大陆海岛、内地边疆，到处可见悠久的中华文明风采。

二是博大精深。中华民族的文化丰富多彩。我国在政治、经济、军事、哲学、历史、教育、文学等许多方面，创造了曾经领先于世界并被后人至今奉为圭臬的思想和理论。如我国古代的学术方面，诸子百家，微言宏旨；经史子集，浩如瀚海。上古神话、春秋编订的《诗经》、战国编定的《楚辞》、汉赋与乐府、唐诗、宋词、元曲、昆剧、京剧等既相互继承又各有创新，不乏千古绝唱；《三国演义》《西游记》《水浒传》《红楼梦》等文学作品中，人物性格生动鲜明，场面恢弘，寓意深远，描写绘声绘色。又如绘画、雕刻方面，秦陵兵马俑和敦煌、麦积山、云冈、龙门四大石窟，鬼斧神工，不愧为世界奇观。我国古代的思想家、文学家、科学家、艺术家、军事家、航海家等多如繁星，孔子、老子、孙武、屈原、司马迁、张衡、祖冲之、李白、杜甫、关汉卿、郑和、汤显祖、李时珍、曹雪芹等至今仍被称为世界文化名人。

三是影响深远。中华文明是由各族人民共同创造的，既包括华夏文明，也包括各少数民族文明。中华文明随着中华民族的发展而不断丰富，形成以汉族文明为核心、各民族文明相互融合的多元一体的光辉灿烂的中华民族文明。它对中华民族的形成、繁衍、统一、稳定、发展产生了巨大影响，使中华民族以其伟大的创造力、强大的生命力和巨大的凝聚力屹立于世界民族之林。“自强不息”的奋斗精神，“杀身成仁，舍生取义”与“富贵不能淫，贫贱不能移，威武不能屈”的立身精神，“先天下之忧而忧，后天下之乐而乐”的奉献品德，“天下兴亡，匹夫有责”的爱国精神，“一粥一饭，当思来之不易”的勤俭节约信条，“天下为公”的“大同”思想，以及诚信谦和、敬业乐群、尊师重教、敬老爱幼、扶危济贫、助人为乐等，构成了中华文明的精华。它们至今脍炙人口，给人以启迪。它使中华民族虽屡遭曲折磨难，甚至几临倾覆的厄运，仍能转危为安，巍然屹立，如凤凰再生于烈火之中，如大鹏搏击于乌云之上。

中华文明以博大的胸怀，拥抱来自印度、阿拉伯以及地中海沿岸等地的文化，以丰富自己。张骞、班超、玄奘、郑和等许多先人，通过各种途径，既把中华文明向外传播，也把东西文化带回中国。明清之际来到中国的西方传教士也传播了西方天文、测量、历算、水利等方面的技术与原理，促进了中国科学文化的发展，影响了徐光启等科学家。中华文明就是在与世界文明的交流和融合中得到丰富和发展的。

——沙健孙等主编：《中国近现代史纲要教师参考书》，高等教育出版社2008年版，第3—4页。

2.19世纪中国的衰落

土地高度集中，贫富分化悬殊。我们知道，满洲贵族入关以后就对耕地进行了大规模的暴力圈夺，以后也不断地变着法儿霸占土地。到了乾、嘉、道这几朝的时候，土地集中的情况是惊人的。例如，根据嘉庆年间的统计资料，仅皇庄数就达1000多处，占地面积35000多顷。皇帝显然是最大的地主。皇帝以下的大贵族、大官僚当然也千方百计大量地倚势霸田、聚敛财物。例如，乾隆年间的权臣和珅占有土地80多万亩。此外，他的当铺、银号、古玩店、洋货店遍布各地。他获罪后，财产被抄，计数109号。其中，估价的26号即值2亿2千多万两，大致相当于当时5年的国库收入。其全部财产约值8亿两，合当时十七八年的国库收入。所以，时有“和珅跌倒，嘉庆吃饱”之语（和珅，满洲正红旗人。乾隆帝死后，嘉庆帝恨其专横，责令其自杀，抄没其家产）。道光年间的大学士、直隶总督琦善，占有土地256万余亩。与皇帝、贵族、官僚们形成鲜明对比的下层劳动人民的贫困、窘迫之况，就不必细说，可想而知了。

政权腐朽，军旅颓废。封建统治者的贪婪、残暴、寄生性、腐朽性与日俱增。乾嘉以来，清政府从中央到地方的高级官僚当中多次揭露出惊人的贪污案件，这不过是因统治集团内部矛盾而揭发出来的一小部分丑闻而已（如和珅案）。当时有人将清朝皇帝查办贪污案讽刺为“宰肥鸭”。贪污在清统治集团中成为不可遏制的一种流行病。结党营私在当时统治集团中也形成恶劣的风气。如道光时奸相穆彰阿当政，号称“门生故吏遍于中外”。其私党朝内不消说，外放总督、巡抚及道员、知府等也很多。知府大多竟目不识丁，以刮地皮为能事。至于当时的清朝军队，人数上很可观。仅八旗、绿营正规军就有八九十万人，每年消耗饷银2000万两以上（占当时清朝年财政收入的将近一半）。

军队到了腐朽不堪的程度。军官吞饷肥私，花天酒地，甚至夜间不到营房，外宿娼妓。上行下效，士兵们也是终日游闲，聚赌玩乐。军备怎能不废弛？这样的军队平时骚扰、祸害人民为患不小，一旦有外患又怎能应付？鸦片战争前夕，一个名叫郭实腊的外国传教士，在上海一带详细刺探驻扎在这里的中国军队的情况，包括武器装备、人员素质等各方面。得出的结论是，在西方军队的进攻面前，这里的中国军队抵抗不会超过半个小时。

阶级矛盾激化，人民反抗不断。如1796年爆发的白莲教大起义，涉及好几个省，绵延10余年。1713年的天理会起义，波及豫、鲁、冀等省，甚至连皇宫都遭到攻袭。天理教首领林清率领一支200多人的队伍，竟一举攻入了紫禁城（由宫内太监协助）。当时嘉庆帝不在北京，皇次子慌忙拿起鸟枪指挥抵抗。清军闻讯赶来，才把起义镇压下去。至今隆宗门匾额还留着一支箭头。

在揭露社会时弊方面，龚自珍表现得很典型。龚自珍是一个很了不起的人物。在当时严酷的封建文化专制之下，面对刑狱刀锯的威迫，再加上功名利禄的引诱，许多士人除了读四书五经、做八股之外，什么知识也不求；为了追求升官发财，什么廉耻也不顾。当时思想界处于一种相当麻木、压抑和沉闷的氛围中，但是龚自珍颇有“众人皆醉我独醒”的势头。他长歌当哭，不遗余力地揭露和抨击时弊。龚自珍对当时的封建衰世可谓揭露得淋漓尽致。他说当时是一个人心混乱，朝廷无才相，兵营无才将，学校无才士，田野无才农，居宅无才工，工场无才匠，街市无才商，甚至连“才偷”和“才盗”都没有的衰落时代。

——肖致治：《鸦片战争史》，福建人民出版社 1996 年版，第 4—6 页。

3. 英国和美国的资本主义发展

由于英国产业革命在时间上占先，到鸦片战争时期，它早已拥有世界工业垄断地位，工业发展也很迅速。拿棉织业的棉花消费量来说，英国的棉花消费量比法、美、德三国加在一起的消费量还多 90946 吨。再拿原煤产量来看，英国的原煤产量占世界全部原煤产量的 82.24%。又拿生铁产量来看，英国的生铁产量占世界全部生铁产量的 63.8%。总之，在 1840 年，英国的工业生产占全世界工业产量的一半以上。

美国自建国之日起，就把中国看作主要掠夺对象。1785 年 5 月返抵纽约的“中国皇后”号，所得纯利达“三万零七佰二拾七美元”，证明中国贸易有大利可图。该船管货员山茂召向外交部长洁伊上交的报告，大受国会欢迎。国会认为他的报告“有力地说明，中国贸易可以开辟一条美国财富的巨大发展道路”。洁伊是一个不惜以战争追求商业利益的人。他说：“只要有利可图，国家就可以发动战争。这虽然是贬抑人性的事情，然而是很真实的事情。”自此以后，美船就大量来到广州。1789 年有四艘美国船在广州，而 1804—1805 年就有 34 艘，1805—1806 年间则有 42 艘，1809—1810 年间为 37 艘。美国在广州的进出口合计贸易量，在 1816—1820 年的 4 年之内，从 700 万元上升到 1900 万元。1817—1818 年，美国在广州的进出口总额实际上已经超过英国东印度公司。

——牟安世：《鸦片战争》，上海人民出版社 1982 年版，第 78 页。

小组讨论

1. 如何正确认识中国古代灿烂的文明？如何传承中华民族悠久的历史文化？

2. 鸦片战争前，中国和英国呈现出什么不同的发展趋势？

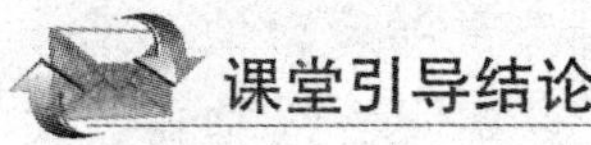

课堂引导结论

中国古代的灿烂文明是由中华各个民族共同创造的，其内容丰富多彩。我国在政治、经济、文化、历史、教育等方面创造了领先世界的民族文化，而且产生了众多的思想家、史学家、文学家、科学家、艺术家等。中华民族文化呈现出源远流长、博大精深、影响深远的特点。中国人民在古代创造的光辉灿烂的文化、文明不仅是中华民族的宝贵遗产，也是世界文化、文明的重要组成部分。今天，传承中华民族的优秀传统文化，是我们实现中华民族伟大复兴的精神动力，也应该成为当代大学生的自觉行动。

鸦片战争爆发前，清王朝已经走上衰败之路。这些加强中央集权、闭关锁国、禁锢思想的做法，严重地制约了中国社会的发展，同时也隔绝了向西方学习的机会，使中国与西方的差距日益拉大。当中国开始走下坡路时，西方国家正在发生着巨大的历史性变化。英国、美国等西方资本主义国家先后通过资产阶级革命建立了资产阶级政权，为资本主义发展创造了政治上的前提和条件。1640 年的英国资产阶级革命，标志着世界历史开始进入资本主义时代。从此以后的英国，在商业和工业方面迅速发展，率先完成从手工工场到机器大工厂的飞跃，成为世界上第一个工业化国家，引领着世界的发展。列宁指出：“资本主义如果不经常扩大其统治范围，如果不开发新的地方并把非资本主义的古老国家卷入世界经济的漩涡，它就不能存在和发展。”随着西方资本主义的快速发展，资产阶级需要更大的国外市场及更多的原料，推动了西方向世界的扩张。中国遇到了严重的挑战和危机。

教学要点

鸦片战争前的中国与世界

（一）中国古代灿烂的文明。中国古代文明具有源远流长、博大精深、影响深远的特点。我国在政治、经济、文化、哲学、科技、教育、艺术等领域都创造了曾领先于世界并至今仍被世人奉为圭臬的思想和理论。

（二）中国封建社会由昌盛到衰落。清朝康熙、雍正、乾隆时代是中国封建社会后期的鼎盛时期，形成了中华民族历史上的辉煌盛世，历史上被称为“康乾盛世”。同时，这也是封建社会开始没落的时期。清王朝政治上高度中央集权、外交上闭关锁国、经济上重农抑商、文化上大兴“文字狱”等，严重制约了社会的发展，使中国拉开了与世界的差距。

（三）世界资本主义的发展。到18世纪，英、美、法等国先后通过资产阶级革命，建立了资本主义政权，走上资本主义发展的道路。

教学建议

本案例要使学生通过了解中国古代灿烂的中华文明，增强对优秀传统文化的热爱之情。同时，要引导学生认清，鸦片战争前，清政府已经开始衰落，出现政治腐败、经济落后、国防空虚、人民生活困苦等状况。要讲清楚中国贫穷落后的根源是什么，以及西方资本主义的实质。

专题二 外国资本主义入侵与近代中国社会的半殖民地半封建性质

案例呈现

1. 鸦片贸易史

1800年，输入中国的鸦片已经达到2000箱。在18世纪，东印度公司与天朝帝国之间的斗争，具有外国商人与一国海关之间的一切争执都具有的共同点，而从19世纪初起，这个斗争就具有了非常突出的独有的特征。中国皇帝（嘉庆帝——编者注）为了制止自己臣民的自杀行为，下令同时禁止外国人输入和本国人吸食这种毒品，而东印度公司却迅速地把在印度种植鸦片和向中国私卖鸦片变成自己财政系统的不可分割的部分。半野蛮人坚持道德原则，而文明人却以自私自利的原则与之对抗。一个人口几乎占人类2/3的大帝国，不顾时势，安于现状，人为地隔绝于世并因此竭力以天朝尽善尽美的幻想自欺。这样一个帝国注定最后要在一场殊死的决斗中被打垮：在这场决斗中，陈腐世界的代表是激于道义，而最现代的社会的代表却是为了获得贱买贵卖的特权——这真是任何诗人想也不敢想的一种奇异的对联式悲歌。

——马克思：《马克思恩格斯选集》第1卷，人民出版社1995年版，第716页。

2. 中英南京条约

一、嗣后大清大皇帝、大英君主永存平和，所属华、英人民彼此友睦，各住他国者，必受该国保佑身家全安。

二、自今以后，大皇帝恩准大英国人民带同所属家眷，寄居大清沿海之广州、福州、厦门、宁波、上海等五处港口，贸易通商无碍。且大英君主派设领事、管事等官住该五处城邑，专理商贾事宜，与各该地方官公文往来，令英人按照下条开叙之例，清楚交纳货税、钞饷等费。

三、因大英商船远路涉洋，往往有损坏须修补者，自应给予沿海一处，以便修船及存守所用物料。今大皇帝准将香港一岛给予大英君主暨嗣后世袭主位者常远据守主掌，任便立法治理。

四、因大清钦差大宪等于道光十九年（1839年）二月间经将大英国领事官及民人等强留粤省，吓以死罪，索出鸦片以为赎命，今大皇帝准以洋银六百万元偿补原价。

五、凡大英商民在粤贸易，向例全归额设行商，亦称公行者承办，今大皇帝准以嗣后不必仍照向例，乃凡有英商等赴各该口贸易者，勿论与何商交易，均听其便；且向例额设行商等内有累欠英甚多无措清还者，今酌定洋银三百万元，作为商欠之数，准明由国官为偿还。

六、因大清钦命大臣等向大英官民人等不公强办，致须拨发军士，讨求伸理，今酌定水陆军费洋银一千二百万元，大皇帝准为偿补，惟自道光二十一年六月十五日（1841年8月1日）以后，英国因赎各城收过银两之数，大英全权公使大臣为君主准可，按数扣除。

七、以上三条酌定银数共二千一百万元，应如何分期交清，开列于左：

此时交银六百万元；

癸卯年（道光二十三年，1843年）六月间交银三百万元，十二月间交银三百万元，共银六百万元；

甲辰年（道光二十四年，1844年）六月间交银二百五十万元，十二月间交银二百五十万元，共银五百万元；

乙巳年（道光二十五年，1845 年）六月间交银二百万元，十二月间交银二百万元，共银四百万元；

自壬寅年（道光二十二年，1842 年）起至乙巳年（道光二十五年，1845 年）止，四年共交银二千一百万元。

倘有按期未能交足之数，则酌定每百元加息五元。

八、凡系大英国人，无论本国、属国军民等，今在中国所管辖各地方被禁者，大清大皇帝准即释放。

九、凡系中国人，前在英人所据之邑居住者，或与英人有来往者，或有跟随及俟候英国官人者，均由大皇帝俯降御旨，誊录天下，恩准全然免罪。且凡系中国人，为英国事被拿监禁受难者，亦加恩释放。

十、前第二条内言明开关俾英国商民住通商之广州等五处，应纳进口、出口货税、饷费，均宜秉公议定则例，今又议定，以便英商按例交纳；今又议定，英国货物自在某港按例纳税后，即准由中国商人遍运天下，而路所经过税关不得加重税例，只可按估价则例若干，每两加税不过分。

十一、议定英国住中国之总管大员，与大清大臣无论京内、京外者，有文书来往，用"照会"字样；英国属员，用"申陈"字样；大臣批覆用"札行"字样；两国属员往来，必当平行照会。若两国商贾上达官宪，不在议内，仍用"禀明"字样为著。

十二、俟奉大清大皇帝允准和约各条施行，并以此时准交之六百万元交清，大英水陆军士当即退出江宁、京口等处江面，并不再行拦阻中国各省商贾贸易。至镇海之招宝山，亦将退让。惟有定海县之舟山海岛、厦门厅之古浪屿小岛，仍归英兵暂为驻守；迨及所议洋银全数交清，而前议各海口均已开辟俾英人通商后，即将驻守二处军士退出，不复占据。

十三、以上各条均关议和要约，应俟大臣等分别奏明大清大皇帝、大英君主各用朱、亲笔批准后，即速行相交，俾两国分执一册，以昭信守；惟两国相离遥远，不得一旦而到，是以另缮二册，先由大清钦差便宜行事大臣等、大英钦奉全权公使大臣各为君上定事，盖用关防印信，各执一册为据，俾即日按照和约开载之条，施行妥办无碍矣。要至和约者。

道光二十二年七月二十四日，即英国记年之一千八百四十二年八月二十九日，由江宁省会行大英君主汗华丽船上钤关防。

——王铁崖编：《中外旧约章汇编》第 1 册，三联书店 1957 年版，第 30—33 页。

小组讨论

1. 鸦片的危害有哪些？

2. 如何理解鸦片战争是中国近代史的起点？

课堂引导结论

鸦片俗称大烟、烟土。最初吸食鸦片会让人感觉不舒服，出现头晕、恶心等症状，随即会有一种虚幻的快乐感。长期吸食鸦片，会使人骨瘦如柴、面黄肌瘦，精神萎靡。吸食成瘾，则会引起精神颓废，甚至呼吸抑制而死亡。英国为改变中英贸易状况，开始通过处于它的殖民地的东印度公司向中国走私鸦片。据不完全统计，鸦片战争前40年间，英国运入中国的鸦片约有40万箱，从中国掠走了3亿至4亿银元。鸦片走私使英国鸦片贩子和英国东印度公司获得惊人的暴利，而且英印殖民政府通过征收鸦片税，英国工商业资产阶级通过中、印、英三角贸易，英国政府通过征收进出口税，都获得了巨额收入。鸦片的走私，不仅使清政府的白银外流，物价上涨，国库空虚，而且使军队吸食成风，战斗力愈加低下。

为维护自身统治，道光皇帝任命林则徐为钦差大臣，到广州禁烟。林则徐以民族利益为重，进行了虎门销烟。英国以此为借口，发动了蓄谋已久的第一次鸦片战争。这次战争三起三落，时间长达两年之久。由于清政府的腐朽及经济技术落后等原因，战争失败。1842年8月29日，中英双方在南京下关签订了中国历史上第一个不平等条约——《南京条约》。接着，1843年10月，签订了中英《虎门条约》。美国、法国等西方列强趁火打劫，逼迫清政府签订不平等条约。如1844年7月，签订了中美《望厦条约》；10月，签订了中法《黄埔条约》。

通过这一系列不平等条约，西方列强在中国攫取了大量特权。如割占香港岛，破坏了中国的主权和领土完整；外国船舰可在中国领海自由航行，破坏了中国的领海主权；外国人在华不受中国法律管束，享有领事裁判权，破坏了中国的司法主权；协定关税，则破坏了中国的关税主权等。鸦片战争是中国社会性质发生根本变化的界碑，使中国由独立的封建社会开始进入半殖民地半封建社会，标志着中国近代史的开端。

教学要点

外国资本入侵与近代中国社会的半殖民地半封建性质

（一）鸦片战争是中国近代史的起点。鸦片战争使中国清政府与西方资本主义国家签订了历史上第一个不平等条约——《中英南京条约》，破坏了中国的主权和领土完整，破坏了中国的领海主权，破坏了中国的司法主权，破坏了中国的关税自主权。鸦片战争为外国资本主义打开了侵略中国的大门，使中国开始由封建社会转变为半殖民地半封建社会，对近代中国社会产生了深远的影响。

（二）近代中国半殖民地半封建性质。半殖民地是指因为外国资本主义的侵略，领土完整、主权独立的国家开始沦为表面上独立、实际上受帝国主义列强共同支配的半殖民地国家。半封建是指外国资本主义入侵后，中国自给自足的封建经济遭到破坏，资本主义经济得到初步发展，也就是经济形态由完全的封建经济变为了封建经济和资本主义经济共存的局面。

教学建议

使用案例过程中，应注意引导学生充分认识鸦片及鸦片贸易的危害、鸦片战争爆发的原因，并通过了解鸦片战争签订的一系列不平等条约，揭示鸦片战争的性质，对鸦片战争的危害性进一步加深认识。

专题三 近代中国社会的主要矛盾和历史任务

案例呈现

中国革命和中国共产党

帝国主义和中华民族的矛盾，封建主义和人民大众的矛盾，这些就是近代中国社会的主要的矛盾。当然还有别的矛盾，例如资产阶级和无产阶级的矛盾，反动统治阶级内部的矛盾。而帝国主义和中华民族的矛盾，乃是各种矛盾中的最主要的矛盾。这些矛盾的斗争及其尖锐化，就不能不造成日益发展的革命运动。伟大的近代和现代的中国革命，是在这些基本矛盾的基础之上发生和发展起来的。

既然现阶段上中国革命的敌人主要的是帝国主义和封建地主阶级，那么，现阶段上中国革命的任务是什么呢？

毫无疑义，主要的就是打击这两个敌人，就是对外推翻帝国主义压迫的民族革命和对内推翻封建地主压迫的民主革命，而最主要的任务是推翻帝国主义的民族革命。

中国革命的两大任务，是互相关联的。如果不推翻帝国主义的统治，就不能消灭封建地主阶级的统治，因为帝国主义是封建地主阶级的主要支持者。反之，因为封建地主阶级是帝国主义统治中国的主要社会基础，而农民则是中国革命的主力军，如果不帮助农民推翻封建地主阶级，就不能组成中国革命的强大的队伍而推翻帝国主义的统治。所以，民族革命和民主革命这样两个基本任务，是互相区别，又是互相统一的。

中国今天的民族革命任务，主要的是反对侵入国土的日本帝国主义，而民主革命任务，又是为了争取战争胜利所必须完成的，两个革命任务已经联系在一起了。那种把民族革命和民主革命分为截然不同的两个革命阶段的观点，是不正确的。

——《毛泽东选集》第2卷，人民出版社1991年版，第631—637页。

小组讨论

怎样理解近代中国社会的主要矛盾和任务？

课堂引导结论

鸦片战争前，中国社会的主要矛盾是地主阶级和农民阶级的矛盾。鸦片战争后，中国进入半殖民地半封建社会，民族不再独立。人民不仅遭受本国封建主义的压迫，而且遭受帝国主义的压迫。社会更加黑暗，人民生活水平更加低下。因此，近代中国社会的矛盾转变为资本——帝国主义和中华民族的矛盾、封建主义和人民大众的矛盾两对主要矛盾，这两种矛盾及斗争渗透在中国政治、经济、文化、军事等各个方面。近代中国社会的发展和演变，正是这两对主要矛盾相互交织作用的结果。这两对主要矛盾贯穿于整个半殖民地半封建社会发展的始终。

近代中国半殖民地半封建社会的主要矛盾决定了中国人民的两大历史任务：一是推翻帝国主义和封建主义，求得民族独立和人民解放；二是实现国家繁荣富强和人民共同富裕。这两大历史任务不是孤立存在的，而是相互联系的。前一个任务为后一个任务创造条件，清除障碍；后一个任务是前一个任务的归宿和最终的目的。

教学要点

近代中国的主要矛盾和历史任务

（一）两对主要矛盾及其关系。帝国主义与中华民族的矛盾、封建主义与人民大众的矛盾这两对矛盾贯穿于整个半殖民地半封建社会，是两对主要的矛盾。

（二）两大历史任务及其关系。近代中国人民面临的两大历史任务，一是求得民族独立和人民解放，二是实现国家繁荣富强和人民共同富裕。这两大历史任务相辅相成，不可分割。求得民族独立和人民解放是实现国家繁荣富强和人民共同富裕的前提条件，而实现国家繁荣富强和人民共同富裕是求得民族独立和人民解放的目的和归宿。

教学建议

本案例使学生把握资本——帝国主义和中华民族的矛盾、封建主义和人民大众的矛盾是近代中国社会的主要矛盾，贯穿于整个半殖民地半封建社会，而资本——帝国主义和中华民族的矛盾又是最主要的矛盾；与此相对应，近代中国的历史任务是争取民族独立、人民解放和实现国家繁荣富强、人民共同富裕。在应用此案例时，要讲清楚近代中国社会的主要矛盾和中国革命的关系。

第一章　反对外国侵略的斗争

教材内容分析

本章有三个专题，主要梳理了近代中国历史发展的两条基本脉络，即资本——帝国主义的侵略以及中国人民的反侵略。通过本章讲述，把握近代中国历史发展的两条基本脉络，使学生认识到资本——帝国主义的侵略给中国带来的深重灾难，从而能够正确认识资本——帝国主义侵略中国的根本目的；了解近代中国人民抵御外国侵略斗争的历程，认识反侵略斗争的意义。通过讲授近代中国历次失败的反侵略斗争，引导学生认识社会制度腐败和经济技术落后是导致失败的根本原因；懂得正是民族危机激发了中华民族的觉醒，促使中国人民去探索救亡图存与振兴中华的道路。

本章主要设计三个专题

- 专题一　资本——帝国主义对中国的侵略
- 专题二　抵御外国侵略的斗争
- 专题三　民族意识的觉醒

教学设计理念

通过讲解、讨论，让学生明白西方资本——帝国主义国家侵略的经过以及究竟给中国社会带来了什么样的影响。通过讲授中国人民的历次反侵略战争及其失败，让广大同学明白中华民族的反侵略斗争精神是我们中华民族的精神财富，必须继续传承与发扬；同时懂得历次反侵略斗争之所以失败是因为社会制度的腐败和经济技术的落后。

专题一

资本帝国主义对中国的侵略

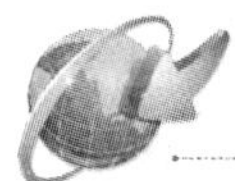

案例呈现

1. 八国联军目击记

现在，城里开始了野蛮无阻、贪得无厌的抢劫。这是毫不奇怪的事，不仅抢劫那些中国商人、官吏和其他市民仓促逃跑而丢弃的房屋和财产，甚至抢劫还有主人住着的房屋。对中国人根本不讲什么人权。有一种奇怪的中世纪观点，认为对中国人什么事都可以干。他们被当做是卑贱的牲畜，可以，且应当对他们任意虐待、蹂躏，甚至可以打死，如果他们胆敢反抗的话。中国人的财产被洗劫一空：银子、绸缎衣服和一切多少有点价值的东西全被抢光。如果主人不愿指出他的财产存放的地方，则以枪支威胁他或污辱其妻女。遗憾的是各国都有人在抢劫，胡作非为。甚至中国人自己也抢劫那无主的房子。

在这个百万人口的城市里，简直不可能建立对中国人的人身和财产的哪怕是些许有效的保护。某些国家的军队甚至认为没有这个必要。他们认为掠夺被占领的野蛮人的城市，这是理所当然的战利品。

如果说，还可以找到一些理由来为军人的这种行为辩护的话（尽管从现代对征服者与被征服者的权利的概念来说，这种行为是毫无道理的），那么，那些居住在天津的欧洲先生和绅士们的行为则只能令人惊讶。他们一时间忘了自己的绅士身份，推着手推车闯进中国人的住宅，根据中国仆人的指点，搜索关闭了的中国银行和钱庄。他们破门而入，然后小车满载银子而归。在这些奇特的中国古钱的爱好者之中，不仅有小商人，而且有受人敬重的大公司的经理。

联军不仅抢劫城市。在他们看来，中国人不是与他们享有同样权利的人，而是蛮子和苦力，即干粗活的人，因此，对待他们就像对待奴隶一样。为了抓中国人来干粗活、重活，联军还组织了一些专门的猎捕队，派出一分队士兵。他们受命要抓一大批中国人来干活。士兵们来到城里，谁倒霉被碰到，谁就给抓走，根本不问他愿意不愿意、能不能干活，反正命令抓多少就抓多少。这些中国人被抓来干活，只给饭吃。如有逃跑或流露些微的不服或不满，就挨棍子打。由于中国人夏天一般都穿蓝布褂，士兵们在抓人时当然是不加分辨的。工人、商人、手工匠人、学生、老头、成年人、小孩子，都抓在一起，而他们的家人却在望眼欲穿地等待着自己失踪的儿子、丈夫和父亲的归来。联军不管那些突然失去了男人的安分守己的平民家庭会怎么样，而只管弄到足够数量的苦力。

——〔俄〕德米特里·扬契维茨基著：《八国联军目击记》，许崇信、谢瀚如等译，福建人民出版社 1983 年版，第 245—246 页。

2. 中日马关条约

第二款

中国将管理下开地方之权并将该地方所有堡垒、军器、工厂及一切属公物件，永远让与日本。

第一，下开划界以内之奉天省南边地方。从鸭绿江口溯该江抵安平河口，又从该河口划至凤凰城、海城及营口而止，画成折线以南地方；所有前开各城市邑，皆包括在划界线内。

该线抵营口之辽河后，即顺流至海口止，彼此以河中心为分界。辽东湾东岸及黄海北岸在奉天所属诸岛屿，亦一并在所让界内。

第二，台湾全岛及所有附属各岛屿。

第三，澎湖列岛。即英国格林尼次东经百一十九度起至百二十度止及北纬二十三度起至二十四度之间诸岛屿。

第三款

前款所载及黏附本约之地图所划疆界，俟本约批准互换之后，两国应各选派官员二名以上为公同划定疆界委员，就地踏勘确定划界。若遇本约所约疆界于地形或地理所关有碍难不便等情，各该委员等当妥为参酌更定。各该委员等当从速办理界务，以期奉委之后限一年竣事。

但遇各该委员等有所更定画界，两国政府未经认准以前，应据本约所定画界为正。

第四款

中国约将库平银二万万两交与日本，作为赔偿军费。

第五款

本约批准互换之后限二年之内，日本准中国让与地方人民愿迁居让与地方之外者，任便变卖所有产业，退去界外。但限满之后尚未迁徙者，酌宜视为日本臣民。又，台湾一省应于本约批准互换后，两国立即各派大员至台湾限于本约批准后两个月内交接清楚。

第六款

中日两国所有约章，因此次失和自属废绝。中国约俟本约批准互换之后，速派全权大臣与日本所派全权大臣会同订立通商行船条约及陆路通商章程；其两国新订约章，应以中国与泰西各国见行约章为本。

第七款

日本军队见驻中国境内者，应于本约批准互换之后三个月内撤回，但须照次款所定办理。

第八款

中国为保明认真实行约内所订各款，听允日本军队暂占守山东省威海卫。

——王铁崖编：《中外旧约章汇编》，三联书店 1957 年版，第 614—619 页。

3. 雨果关于圆明园的一封信

致巴雷特大尉

1861 年 11 月 25 日

在地球上的一个角落里，有一个神奇的世界，这个世界就叫做夏宫。您尽可以凭人类所具有的无限丰富和无可比拟的想象力，把它想象为一座庙堂、一座宫殿。这样，这个神奇的世界就会展现在您的眼前了。为了创造它，需要整整两代人成年累月地进行劳动。这座庞大得跟一座城池一样的建筑物，是经过好几个世纪才建筑起来的。这是为什么人建筑的呢？是为世界的各族人民。因为创造这一切的时代是人民的时代。艺术家、诗人、哲学家，个个都知道这座夏宫；伏尔泰就提到过它。人们常常这样说：希腊有帕特农神殿，埃及有金字塔，古罗马有大剧场，巴黎有圣母院，东方有夏宫。没有亲眼看见过它的人，那就尽管在想象中去想象它好了。这是一个令人叹为观止的、无与伦比的艺术杰作。这里对它的描绘还是站在离它很远很远的地方，而且又是在一片神秘色彩的苍茫暮色中做出来的。它就宛如在欧洲文明的地平线上影影绰绰地呈现出来的亚洲文明的一个剪影。

这个神奇的世界现在已经不见了。

有一天，两个强盗闯入了夏宫，一个动手抢劫，一个把它付诸一炬。原来胜利就是进行一场掠夺。胜利者盗窃了夏宫的全部财富，然后彼此分赃。这一切所作所为，均出自额尔金之名。这不禁使人油然想起帕特农神殿的事。他们把对待帕特农神殿的手法搬来对待夏宫，但是这一次做得更是干脆，更是彻底，一扫而光，不留一物。即使把我国所有教堂的全部宝物加在一起，也不能同这个规模宏大而又富丽堂皇的东方博物馆媲美。收藏在这个东方博物馆里的不仅有杰出的艺术品，而且还保存有琳琅满目的金银制品。这真是一桩了不起的汗马功劳和一笔十分得意的外快！有一个胜利者把一个个的口袋都塞得满满的。至于那另外的一个，也如法炮制，装满了好几口箱子。之后，他们才双双手拉着手荣归欧洲。这就是这两个强盗的一段经历。

我们欧洲人，总认为自己是文明人。在我们眼里，中国人是野蛮人。然而，文明却竟是这样对待野蛮的。

在将来交付历史审判的时候，有一个强盗就会被人们叫做法兰西，另一个叫做英吉利。不过，我要在这里提出这样的抗议，而且我还要感谢您使我有机会提出我的抗议。绝对不能把统治者犯下的罪行跟受他们统治的人们的过错混为一谈。做强盗勾当的总是政府。至于各国的人民，则从来没有做过强盗。

法兰西帝国侵吞了一半宝物。现在，她居然无耻到这样的地步，还以所有者的身份把夏宫的这些美轮美奂的古代文物拿出来公开展览。我相信，总有这样的一天——这一天，解放了的而且把身上的污浊洗刷干净了的法兰西，将会把自己的赃物交还给被劫夺的中国。

我暂且就这样证明：这次抢劫就是这两个掠夺者干的。

——程代熙译：《文史参考》2010年第10月上。

4. 郑观应《论传教》

窃谓外国传教之士，实中国召衅之由也。洋人之到中华，不远数万里，统计十余国，不外通商、传教两端。通商则渐夺中国之利权，并侵中国之地；传教则侦探华人之情事，欲服华人之心。阳托修和，阴存觊觎，互相联络，恃其富强，致华人谋生之计日穷，而教民交涉之案迭起，其中煽害，倍甚通商。

查泰西本基督一教分而为三。其中见解各殊，规条亦异。或结教民之党，或夺君王之权，互相讪谤，积不能容，时动干戈，务求争胜。一曰耶稣教，英国、德国、丹国、荷兰、瑞威顿、瑙威、瑞西等七国从之；一曰天主教，意大利、奥马加、北非利亚、法兰西、日斯巴尼亚、葡萄牙、比利时等七国从之；一曰希腊教，小亚细亚、欧罗巴之东、俄罗斯、希腊国等四国从之。其教或合或分，有衰有盛，而教士则必欲周游各地，劝导人民，使之尊奉其教，以遂其奢愿耳。

今中国既许洋人传教，不得不按照条约为之保护，而各教士所到之处，理应归地方官约束，不得干预公事，任意妄为。无如中国莠民，每倚进教为护符，作奸犯科，无所不至：或乡愚被其讹诈，或孤弱受其欺凌，或强占人妻，或横侵人产，或租项应交业主延不清偿，或钱粮应缴公庭抗不完纳，或因公事而藉端推诿，或因小忿而殴毙平民。种种妄为，几难尽述。传教者又往往不知底细，受其瞒耸，反以先人之言为之私心袒护，出面扛帮。常有被控在官，匿不到案；甚至犯法既经议罪，竟公然纵之出洋，致令无处缉凶，案悬莫结。而地方官凡遇教民交涉之案，恐启衅端，先存戒慎；又不知外国例律，办理茫然，迁就定谳。是以平民受屈，伸理无从，积怨日深，群思报复，以致拆教堂，辱教士，及民教互斗之案，层见叠出。虽迭经大臣查办，或以相距太远，未悉隐情；或以律例不同，各执一是。讯断殊形周折，定案每致稽延。彼遂恃强多方要挟，有司既已革职，复请添开口岸；首犯既已抵罪，恣情另议赔偿。蔑理悖情，殊乖和约。如欲顾全大局，必须善筹良法，彼此遵守，永远相安。

第华民各具天良，稍明义理者从不为彼教所惑。凡进教者，或为财利所诱不克自持，或以狂病未瘳失其本性，或奸民倚为声势，或犯罪求为系援。必先有藐官玩法之心，乃敢作逆理拂情之事。夫教士虽属西人，而进教者固中国之黎民也。以中国之黎民准彼传教，已觉曲全和谊，大度涵容。惟令入教之人，开列姓名，报明地方官与该国领事注入册内，遇有事故，仍依华例照办，惟与领事会审。如无领事之处，专归地方官办理，然必须由地方官查无过犯，方准照条约保护。倘系现在案犯及先未报明注册者，概不作教民论，径由地方官自办，教士断不得过问焉。至各教士有干预公事，挟诈多端者，应议重罚，立即咨请该国公使饬遣回国，以儆效尤。

本朝自顺治中始许荷兰通商，洋船遂辐辏粤东，垂二百年，初无领事兵船保护之事，亦未闻有华洋仇杀之端。推原中西失欢，实由于贩烟、传教。此二事本出于英、法，他国所无。英、法恃其火器兵船，挟官吏以制商民，积怨日深，禁而愈烈，使中国儿童、妇女不及辨其种类，闻声相恶。英、法实有自取之由。故近年两国稍有违言，各口洋商均虑变生不测，是非徒中国殷忧，抑亦西国通商之大害也。同治时普法之战，教人实启其端。拿破仑第三为教所误，国破身俘为天下笑。墺相安得拉讥法人甘为教奴。西班牙谓法独居恶名，受其实祸。美国论法国三次大乱，死亡数百万，职此之由。是教者又即法国之蟊贼也。他如印度拒额力士教，德国逐耶稣会，葡萄牙、西班牙皆籍教党财产入官，意大利封教堂七十余间，簿录其产，罗马王遣教人驻瑞士，国人殴之，法国无如何也。法不能行其教于万国，而独施之中国，可乎？且各口洋商供亿教堂费用岁数百万，又因烟、教之故，中外相猜，各驻兵船费盈千万，即外国庸有利乎？

夫毕士麻克，泰西之名相也，实创禁教之令。理雅各，泰西之名儒也，尤以贩烟为非。原英、法之初心，贩烟将以牟利，乃自烟税列于条约，懋迁之局日衰。传教将以诱民，乃自教堂遍于寰区，仇杀之案日棘。地方官虽强与周旋，亿万姓倍深其怨毒，并波及于不贩烟不传教之各国，究何为哉？今欲中外相安，惟有会集万国公议妥商，劝令英不贩烟，法不传教。至保护洋商之责，我中国自任之，以恪遵高庙怀柔远人之成宪。庶几联络一气，中外一家，而各商既可免教堂供亿之繁，各口复可少减驻泊兵船之费。猜嫌悉泯，情好日隆，于中西之国计民生当不徒小补矣。

——郑观应：《郑观应集》上册，上海人民出版社1982年版，第121—123页。

小组讨论

1. 西方资本——帝国主义国家是如何侵略中国的？
2. 西方资本——帝国主义国家的侵略给中国带来了什么危害？

课堂引导结论

本组案例揭露了西方资本——帝国主义侵略给中华民族带来了深重的灾害和伤害。从1840年鸦片战争以来，资本——帝国主义列强发动了一次又一次的侵华战争。在1840年至1919年的80年里，较大规模的侵华战争就有10多次，几乎每隔几年就有一次。资本——帝国主义国家多次发动侵华战争，大规模的侵华战争就发动五次，如1840—1842年英国发动的侵略中国的第一次鸦片战争，1856—1860年英国和法国发动的侵略中国的第二次鸦片战争，1883—1885年法国发动的侵略中国和越南的中法战争，1894—1895年日本发动的侵略朝鲜和中国的甲午战争，1900—1901年英、法、德、意、俄、美、日、奥等八国联军侵华战争。

在历次的侵华战争中，西方资本——帝国主义者屠杀了大批中国人民。资本——帝国主义者在进行军事侵华的同时，还与清政府签订大量不平等条约，强迫清政府割地赔款，抢夺中国的财富。如《南京条约》，中国赔款2100万银元；《天津条约》《北京条约》，中国向英国、法国各赔款800万两白银；《马关条约》，中国赔偿日本军费2亿两白银，是清政府年收入的3倍；三国干涉还辽，索取“赎金”3000万两白银；《辛丑条约》，中国赔款4亿5千万两白银，年息4厘，39年还清，本息共计9亿8千万两白银。

第二次鸦片战争中，英法联军还抢劫和焚烧了清王朝的离宫——圆明园。法国作家雨果在致联军巴特勒上尉的信中形象地描述了侵略者的侵略行为：“有一天，两个强盗闯入了夏宫，一个动手抢劫，一个把它付诸一炬。原来胜利就是进行一场掠夺。这真是一桩了不起的汗马功劳和一笔十分得意的外快！有一个胜利者把一个个的口袋都塞得满满的，至于那另外的一个，也如法炮制，装满了好几口箱子。之后，他们才双双手拉着手荣归欧洲。这就是这两个强盗的一段经历。”严厉痛斥了西方侵略者的罪行。

资本——帝国主义者还对中国进行文化渗透，为侵略制造舆论。郑观应的《论传教》就揭露了西方侵略者制造侵略有功的舆论的事例。资本——帝国主义的侵略给中国人民带来深重灾难。

教学要点

资本——帝国主义对中国的侵略

（一）军事侵略。资本——帝国主义对中国，首先和主要进行的是军事侵略。西方资本——帝国主义国家通过发动多次侵华战争，屠杀中国军民，强迫清政府签订一系列不平等条约，割占中国领土，勒索大量赔款和掠夺中国财富。近代中国的历史就是西方资本——帝国主义国家侵略、压迫、掠夺和剥削的历史。

（二）政治控制。西方资本——帝国主义国家对中国的政治控制，主要表现在控制中国的内政外交，镇压中国人民的反抗和扶植、收买代理人。西方资本——帝国主义国家通过以上方式控制中国，把中国的封建统治者变成了自己的代理人和统治工具。他们之间相互勾结，共同来压迫中国人民。

（三）经济掠夺。资本——帝国主义国家对中国进行经济掠夺的主要方式是强迫中国开放通商口岸，剥夺中国的关税自主权，向中国进行大规模的商品输出和资本输出，控制中国的经济命脉，把中国逐渐纳入资本主义的世界经济体系，使其成为西方大国的经济附庸。

（四）文化渗透。西方资本——帝国主义对中国的文化渗透，主要是披着宗教的外衣进行侵略活动，为侵略中国制造舆论。其目的是麻醉中国人民的精神，美化帝国主义的侵略，宣扬殖民主义奴化思想，摧毁中国人民的民族自尊心和自信心。

教学建议

正确认识和评价西方资本——帝国主义对中国的侵略，是学习中国近现代史必须要弄清的基本问题，也是了解和把握中国近代历史和国情的重要内容。警惕西方某些美化殖民侵略言论的危害以及对大学生思想上引起的困惑。因此，在讲授这一专题时，可以结合以上四个案例对西方的侵略进行全面、客观、辩证的阐述与分析。

专题二　抵御外国侵略的斗争

案例呈现

1. 三元里打仗日记

然逆夷在三元里一带，恣其淫掠，人人为之发指。予连日与杨汝正劝谕数十乡，激以忠义，怵以利害，于是乡民怦怦欲战。道光二十一年四月初九日（1841 年 5 月 29 日），予与各乡约，每乡设大旗一面，上书乡名，大锣数面，倘有缓急，一乡鸣锣，众乡皆出。予仍以水勇当头阵。约成，予即间谍密禀宫保，而举事犹无定期也。初十日（5 月 30 日）辰刻，逆夷由三元里过牛栏冈抢劫。予闻锣声不绝，即带水勇应之，而八十余乡，亦执旗继至。不转眼间，来会者众数万。刀斧犁锄，在手即成军器；儿童妇女，喊声亦助兵威。斯时也，重重叠叠，遍野漫山，已将夷兵困在垓心矣。彼此发炮，互有死伤，而最先阵亡者，则唯予之家人谭胜也。

（谭胜者，顺德人，死时年十八，现在义勇祠供为首座）时天色晴明，忽而阴云四起。午刻迅雷烈风，大雨如注，日夜不息。未刻后，逆夷之鸟枪火炮，俱被雨水湿透，施放不响。且夷兵俱穿皮底靴，三元里四面皆田，雨后泥泞土滑，夷兵寸步难行。水勇及乡民，遂分头截杀。予水勇砍得逆夷兵头首级一颗，杀毙夷兵十二名。乡民杀得夷兵二百余名，而水勇乡民战死者共二十名。盖是日夷兵之在四方台下者，无一脱生去。时逆兵头义律、马礼逊尚带夷兵二十余名在台上，水勇等争欲上台擒杀。唯已三更，予恐黑夜上台，其枪炮由上击下，必致民勇受伤，且恐黑夜易致逃脱，爰命水勇乡民，屯在台下，终夜严守，将待天明而后捉生。不意十一（5月31日）朝，有当事开城弹压者，且斥予等多事也，而人心解体矣，散矣，义律、马礼逊生矣，和矣。既得粤东之六百万，又往寇闽、浙、江苏矣，而后患遂无穷矣。假令是日一鼓歼绝，使其入虎门者片帆不返，则六百万固可不必破钞，而逆夷之辎重船只，反为我有，彼在外洋者，又乌能测内地之虚实，又何至有江、浙之患哉？一日纵敌，数世之患。天乎！人乎！

——中国近代史资料丛刊：《鸦片战争》（四），上海人民出版社1957年版，第600—601页。

2. 吴淞保卫战

奕经“反攻”失败后，道光皇帝再也提不起抵抗的精神来了。他任命投降派官僚耆英代理杭州将军，让伊里布为钦差大臣，到浙江去办理军政事务，并下命令说不得冒昧进攻英军，不准杀害英军俘虏，以便把俘虏作为向侵略者求和的资本。英国侵略者见此情景，得寸进尺。为了进行更大的讹诈，在增加了新的援军后，乘机向长江中下游发动了进攻。

道光二十二年四月九日（1842年5月18日），英国侵略者调集大军进攻浙江和江苏的海防重镇乍浦，在乍浦城南的天尊庙遇到由佐领隆福率领的满族兵的英勇阻击。二百多满族兵见黑压压的一片英军冲了过来，立即迎头痛击，打死侵略军陆军上校汤木森；其他军官、士兵也死了不少。英军依仗着人多和武器精良，又冲了过来，攻占了守军阵地；然后堆起火药袋把它炸毁，并对隆福率领的满族兵发动猛烈的围攻。隆福冒着枪林弹雨率众突围，接连砍死好几个英兵，不幸阵亡。其他守军退到天尊庙内，继续英勇抵抗，火炮、弓箭齐发，又使敌人死伤了很多。但是守军人少，英军援兵不断而来。守军经过三小时激烈鏖战，最后失败。英军占领了乍浦。

侵略者毁坏了守军的要塞和全部设施，并纵兵大肆屠杀抢掠。屠杀抢掠后又纵火烧毁，使大半个乍浦城变为灰烬瓦砾，街上和河里到处是尸体。接着，英军进犯到了长江出海口处的吴淞口。他们想突破吴淞进入长江，打入中国的内地。驻守在吴淞的江南提督陈化成已经是六十六岁的老将了。自从中英开战以来，他一直密切注视着战局的发展，作了迎战的准备。他意识到，保卫吴淞使它不落入敌人的手里是多么重要。但是，一想到战争的前途，他又心情沉重了。两年来，由于国防虚弱，再加上投降派官员把持朝政，多少爱国官兵丧失了生命。陈连陞、关天培、定海三总兵，还有不知名姓的士兵们，都是因为腐败的官员贪生怕死，只落得空怀报国壮志而倒在血泊中。如今，吴淞的命运又将如何？陈化成想到这里，派人把部下的官兵召集起来，严肃地说："我二十岁投军，到如今快五十年了。在这几十年当中，出生入死的次数真是难以数计。人生在世，总有一死。为国捐躯，死了也值得。"停顿了一下，他又接着说："英军倚仗的无非是大炮，我们也同样可以用大炮来对付他们。吴淞口有东西两座炮台，西台发炮，东台响应，东西密切配合。敌人腹背受敌，顾东顾不了西，必然失败。我们必定能够取胜！"将士们听了，都显出激动的神情，表示要同侵略者决一死战。

驻守镇江的两千多名官兵在没有增援的情况下，英勇奋战，决心与城池共存亡。英军用炸药轰开西门，爬上城墙，端着明晃晃的刺刀向他们杀来。守城的满族八旗士兵奋不顾身地冲杀过去，和敌人进行肉搏战，打死打伤英军一百八十多人。有的士兵身负重伤，还抱住敌人一同滚下城去。血战到最后，没有一个人投降、退却和逃跑。

——吕登来编写：《鸦片战争的故事》，上海人民出版社 1976 年版，第 113—115 页。

3. 台湾人民抗战檄文

痛哉！吾台民，从此不得为大清国之民也！吾大清国皇帝何尝弃吾台民哉！有贼臣焉，大学士李鸿章也，刑部尚书孙毓汶也，吏部侍郎徐用仪也。台民与汝李鸿章、孙毓汶、徐用仪有何仇乎？大清国列祖列宗与汝有何仇乎？太后、皇上与汝有何仇乎？汝既将发祥之地、陵寝迫近之区割媚倭奴，祖宗有知，其谓我太后、皇上何？尚且不足以快汝意，又将关系七省门户之台湾，海外二百余年戴天不二之台湾，列祖列宗深仁厚泽不使一夫失所之台湾，全输之倭奴！我台民非不能毁家纾难也；我台民非不能亲上死长也；我台民非如汝李鸿章、孙毓汶、徐用仪无廉耻，卖国固位，得罪于天地祖宗也。我台民父母妻子、田庐坟墓、生理家产、身家性命，非丧于倭奴之手，实丧于贼臣李鸿章、孙毓汶、徐用仪之手也。

我台民穷无所之，愤无所泄，不能呼号于列祖列宗之灵也，又不能哭诉于太后、皇上之前也。均之死也，为国家除贼臣而死，尚得为大清国之雄鬼也矣！我台民与李鸿章、孙毓汶、徐用仪，不共戴天。无论其本身，其子孙，其伯叔兄弟侄，遇之船车街道之中，客栈衙署之内，我台民族出一丁，各怀手枪一杆、快刀一柄，登时悉数歼除，以谢天地祖宗、太后皇上，以偿台民父母妻子、田庐坟墓、生理家产、身家性命；无冤无仇，受李鸿章、孙毓汶、徐用仪之毒害，以为天下万世无廉无耻、卖国固位、得罪天地祖宗之炯戒。

除京都及各省码头自行刊刻告白外，凡有血气者，恐未周知。贵报馆食毛践土有年，主持公论有年，向为我台民所钦佩。兹奉上《申报》《沪报》《新闻报》刊资各四元，请为连日用大文字刊登报首。乱臣贼子，人人得而诛之，圣训昭然。贵报馆如一一照登，我台民有一线生机，必图衔报；如将贼臣名字隐讳，我台民快刀手枪俱在，必将所以待李鸿章、孙毓汶、徐用仪者，转而相待。生死呼吸，无怪卤莽，贵报馆谅之。清光绪二十一年（1895年）四月台湾省誓死不与贼臣俱生之臣民公启。

——中国近代史资料丛刊：《中日战争》（六），新知识出版社1956年版，第449—450页，转引自康沛竹等主编：《中国近现代史纲要教学重点文献资料选编》，北京大学出版社2012年版，第45页。

4. 义和团揭帖

神助拳，义和团，只因鬼子闹中原；劝奉教，乃霸天，不敬神佛忘祖先。男无伦，女鲜节，鬼子不是人所生。如不信，仔细看，鬼子眼睛都发蓝。不下雨，地发干，全是教堂止住天；神爷怒，仙爷烦，伊等下山把道传。非是谣，非白莲，口头咒语学真言；升黄表，焚香烟，请来各等众神仙。神出洞，仙下山，扶助人间把拳玩；兵法易，助学拳，要摈鬼子不费难。挑铁道，把线砍，旋再毁坏大轮船。大法国，心胆寒；英吉、俄罗势萧然。一概鬼子全杀尽，大清一统庆升平。

——康沛竹等主编：《中国近现代史纲要教学重点文献资料选编》，北京大学出版社2012年版，第45页。

小组讨论

1. 中国各阶级与各阶层进行了怎样的反侵略斗争？

2. 瓜分中国图谋的破产原因是什么？

课堂引导结论

正是帝国主义的压迫，驱使中国人民走入了反对帝国主义伟大斗争的历史时代。随着外国资本——帝国主义对中国的侵略和对中国人民奴役的加深，中国人民先后起来不断反抗他们的侵略和压迫，进行了一次又一次不屈不挠的斗争。既包括广大人民群众的反侵略斗争，也包括广大爱国官兵的英勇斗争。

案例描述了三元里人民的抗英斗争。三元里附近103乡人民闻讯后“义愤同赴”，组成一支反侵略的武装力量。数千名义勇军逼近英军司令部所在地四方炮台，诱敌军至预设的包围圈牛栏岗。经一天激战，打死英军200多人（其中有两名校官）。英军逃回四方炮台。牛栏岗一仗，三元里人民大获全胜，英军惨败。三元里人民的抗英斗争是中国人民第一次自发的大规模武装反侵略斗争，有力地证明了人民群众是反侵略的主力军。台湾军民为保卫祖国神圣领土，写下了可歌可泣的一页。此后，在日本统治台湾的半个世纪里，台湾人民反抗日本侵略者的斗争从未间断过。1900年八国联军侵华时，义和团及部分清军与之展开殊死战斗。6月，英国海军中将西摩指挥的八国联军2000多人，从天津乘火车向北京进犯，在廊坊遭到义和团的阻击。撤到杨村又遭到当地义和团和清军的围攻，死伤近300人。义和团和清军一起在天津老龙头火车站、紫竹林租界等地与八国联军拼死鏖战。义和团与清军还在东北抗击沙俄侵略军。

案例也描述了鸦片战争后，清政府以陈化成为代表的部分爱国官兵，表现了坚持抗战、视死如归的英雄气概。

近代中国人包括统治阶级中的爱国人物在反侵略斗争中表现出来的爱国主义精神，铸成了中华民族的民族魂。正是由于中国人民前仆后继、英勇顽强的斗争，我们的国家和民族才历尽劫难、屡遭侵略而不亡。那些不畏强暴、赴汤蹈火、血战疆场、宁死不屈的民族英雄，乃是中华民族的脊梁。

中国军民不屈不挠的英勇反抗斗争，粉碎了帝国主义列强瓜分中国的图谋。青年学生要自觉地继承和发扬近代以来的爱国主义传统和英勇斗争精神，进一步增强民族自信心和自豪感。

教学要点

反抗外国侵略的斗争历程

（一）人民群众的反侵略斗争。为了救亡图存，一代又一代的中国人民进行了不屈不挠的斗争，包括三元里人民的抗英斗争、太平天国农民起义、台湾人民的反割台斗争、义和团运动。中国人民在反侵略斗争中前仆后继，充分显示了中华民族不屈不挠的斗争精神和血战到底的坚强意志。

（二）爱国官兵的反侵略斗争。在历次反侵略斗争中，广大爱国官兵表现出了大无畏的英雄气概，包括第一次鸦片战争中，爱国官兵血染炮台；中法战争中，老将冯子材领导镇南关大捷；甲午战争中，邓世昌、林永升顽强抵抗；八国联军侵华期间，直隶提督聂士成以身殉国等。

教学建议

讲述中国广大军民反抗外国侵略、争取民族独立斗争的历程时，要正确分析反侵略斗争的重大意义。特别要客观分析义和团在粉碎外国侵略者瓜分中国图谋中的积极历史作用，而不要过分强调其盲目排外、封建迷信等消极因素。

专题三 民族意识的觉醒

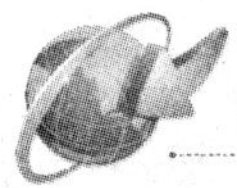

案例呈现

1. 海国图志

《海国图志》六十卷，何所据？一据前两广总督林尚书所译西夷之《四洲志》，再据历代史志及明以来岛志，及近日夷图、夷语，钩稽贯串，创榛辟莽，前驱先路。大都东南洋、西南洋，增于原书者十之八；大小西洋、北洋、外大西洋，增于原书者十之六。又图以经之，表以纬之，博参群议以发挥之。

何以异于昔人海图之书？曰：彼皆以中土人谭西洋，此则以西洋人谭西洋也。是书何以作？曰：为以夷攻夷而作，为以夷款夷而作，为师夷长技以制夷而作。

——魏源：《海国图志》（上），岳麓书社 1998 年版，第 1 页。

2. 五十年中国进化概论

古语说得好："学然后知不足。"近五十年来，中国人渐渐知道自己的不足了。这点子觉悟，一面算是学问进步的原因，一面也算是学问进步的结果。第一期，先从器物上感觉不足。这种感觉，从鸦片战争后渐渐发动，到同治年间借了外国兵来平内乱，于是曾国藩、李鸿章一班人，很觉得外国的船坚炮利，确是我们所不及，对于这方面的事项，觉得有舍己从人的必要，于是福建船政学堂、上海制造局等等渐次设立起来。但这一期内，思想界受的影响很少。其中最可纪念的，是制造局里头译出几部科学书。这些书现在看起来虽然很陈旧、很肤浅，但那群翻译的人，有几位颇忠实于学问。他们在那个时代，能够有这样的作品，其实是亏他。因为那时读书人都不会说外国话，说外国话的都不读书，所以这几部译本书，实在是替那第二期"不懂外国话的西学家"开出一条血路了。第二期，是从制度上感觉不足。自从和日本打了一个败仗下来，国内有心人，真像睡梦中着了一个霹雳。因想道，堂堂中国为什么衰败到这田地，都为的是政制不良，所以拿"变法维新"做一面大旗，在社会上开始运动。那急先锋就是康有为、梁启超一班人。这班人中国学问是有底子的，外国文却一字不懂。他们不能告诉人"外国学问是什么，应该怎么学法"，只会日日大声疾呼，说中国旧东西是不够的，外国人许多好处是要学的。这些话虽然像是囫囵，在当时却发生很大的效力。他们的政治运动，是完全失败。只剩下前文说的废科举那件事，算是成功了。这件事的确能够替后来打开一个新局面。国内许多学堂，外国许多留学生，在这期内蓬蓬勃勃发生。第三期新运动的种子，也可以说是从这一期播殖下来。这一期学问上最有价值的出品，要推严复翻译的几部书，算是把十九世纪主要思潮的一部分介绍进来。可惜国里的人能够领略的太少了。第三期，便是从文化根本上感觉不足。第二期所经过时间，比较的很长——从甲午战役起到民国六七年间止。约二十年的中间，政治界虽变迁很大，思想界只能算同一个色彩。简单说，这二十年间，都是觉得我们政治、法律等等，远不如人。恨不得把人家的组织形式，一件件搬进来。以为但能够这样，万事都有办法了。革命成功将近十年，所希望的件件都落空，渐渐有点废然思返，觉得社会文化是整套的，要拿旧心理运用新制度，决计不可能，渐渐要求全人格的觉悟。恰值欧洲大战告终，全世界思潮都添许多活气。新近回国的留学生，又很出了几位人物，鼓起勇气做全部解放的运动。所以最近两三年间，算是划出一个新时期来了。

这三期间思想的进步，试把前后期的人物做个尺度来量他一下，便很明白：第一期，如郭嵩焘、张佩纶、张之洞等辈，算是很新很新的怪物。到第二期时，嵩焘、佩纶辈已死去，之洞却还在。之洞在第二期前半，依然算是提倡风气的一个人；到了后半，居然成了老朽思想的代表了。在第二期，康有为、梁启超、章炳麟、严复等辈，都是新思想界勇士，立在阵头最前的一排。到第三期时，许多新青年跑上前线。这些人一趟一趟被挤落后，甚至已经全然落伍了。这种新陈代谢现象，可以证明这五十年间思想界的血液流转得很快，可以证明思想界的体气实已渐趋康强。

——梁启超：《梁启超选集》，上海人民出版社1984年版，第833—835页。

3. 胡适谈《天演论》的影响

《天演论》出版之后，不上几年，便风行到全国，竟作了中学生的读物了。读这书的人，很少能了解赫胥黎在科学史和思想史上的贡献。他们能了解的只是那“优胜劣汰，适者生存”的公式在国际政治上的意义。在中国屡次战败之后，在庚子辛丑大耻辱之后，这个“优胜劣汰，适者生存”的公式，确是一种当头棒喝，给了无数人一种绝大的刺激。几年之中，这种思想像野火一样，燃烧着许多少年的心和血。“天演”“物竞”“天择”等术语，都渐渐成了报纸文章的熟语，渐渐成了一班爱国志士的“口头禅”。还有许多人爱用这种名词作自己或儿女的名字，陈炯明不是号竞存吗？我有两个同学，一个叫孙竞存，一个孙天择。我的名字也是这种风气底下的纪念品。

——胡适：《四十自述》，上海亚东图书馆1933年版，第17页。

小组讨论

1. 分析中国近代历次反侵略战争失败的原因。

2. 民族意识有着怎样的觉醒？

课堂引导结论

社会制度的腐败及经济技术的落后是导致中国人民历次反侵略斗争失败的主要原因。民族危机激发了中华民族的觉醒。近代以来的仁人志士正是怀着强烈的民族意识和忧患意识，开始了向西方学习的历程。

近代中国人民的反侵略战争，教育了中国人民，促进了中国人民的奋起直追，大大提高了中国人民的民族觉醒意识。鸦片战争后，先进的中国人民开始痛定思痛，注意了解国际形势，研究外国史地，总结失败教训，寻求救国的道路和御敌的方法。于是魏源提出了“师夷长技以制夷”的思想，主张学习外国先进的军事和科学技术，以期富国强兵，抵御外国侵略；开创了中国近代向西方学习的新风。19 世纪 70 年代以后，王韬、薛福成、马建忠、郑观应等人不仅主张学习西方的科学技术，而且提出也要学习西方的政治、经济制度，强烈地反对外国侵略，希望中国独立富强。

中日甲午战争以后，当中华民族面临生死存亡的关头时，中国人才开始有了普遍的民族意识的觉醒。梁启超指出：“吾国四千余年大梦之唤醒，实自甲午战败割台湾偿二百兆以后始也。”严复在其《救亡决论》中国喊出了“救亡”的口号；在其《天演论》中用“物竞天择”“适者生存”的社会进化论思想指出，中国如不自强，有可能亡国灭种，失去民族生存权利。这对中国人来说是一服猛烈的清醒剂，也是一个震耳发聩的警世钟。正是这种亡国灭种的危机感，增强了中华民族整体民族利益休戚与共的民族认同感和凝聚力。

近代以来，中国的志士仁人正是怀着强烈的危机感和民族意识，历尽千辛万苦，不怕流血牺牲，去探索挽救中华民族危亡的道路的。甲午战争以后的戊戌维新、辛亥革命，都是在救亡图存、振兴中华这面爱国主义大旗下发生的。这些斗争和探索，使中华民族燃烧起了新的希望，标志着中华民族进一步的觉醒。

教学要点

一、反侵略斗争失败的原因

（一）社会制度的腐败。1840年以后，中国封建制度已经腐朽没落，封建专制制度发展到了登峰造极的地步。清政府国家机器腐败，从中央到地方的官僚中多次揭露出惊人的贪污案件。清朝统治者对世界大势一无所知。

（二）经济技术的落后。在武器装备上，清政府的武器仍处于冷兵器时代，而英军则武器装备精良。清政府军队素质差，文化水平低，不懂近代军事指挥；英军训练有素，指挥统一，多种兵种协同作战，战斗力较强。

二、民族意识的觉醒

（一）"师夷长技以制夷"的思想主张。林则徐是近代睁眼看世界的第一人，编成《四洲志》一书。魏源则在1843年1月编成《海国图志》，明确提出了"师夷长技以制夷"的思想，主张学习外国先进的军事和科学技术，开创了中国近代向西方学习的新风。

（二）"救亡图存"口号的发出。甲午战争后，中华民族开始有了普遍的民族意识的觉醒，各阶级、各阶层普遍产生了亡国灭种的危机感。康有为在保国会的演说中把这种民族意识表达得淋漓尽致。严复写了《救亡决论》，响亮地喊出了"救亡"的口号。

（三）"振兴中华"时代的最强音。民族危机激发了中华民族的觉醒，增强了民族的凝聚力。孙中山在1894年11月创立革命团体兴中会，喊出了"振兴中华"这个时代的最强音。

教学建议

讲述本专题时，应让学生了解到晚清时期既是受资本——帝国主义国家侵略、社会动荡的时期，也是中国开始觉醒的时期。先进的中国人开始睁眼看世界了。为挽救民族危机，中国开启了向西方学习的历程，经历了由物质层面到制度层面再到文化层面的探索历程。挽救民族危机成了时代的主旋律。案例中涉及的历史人物，是不同历史时期先进中国人的代表。从他们的言论著作中，可以感受到时代的脉搏、思想的激荡。

第二章　对国家出路的早期探索

教材内容分析

围绕本章内容设计了三个专题，主要讲述随着资本——帝国主义的入侵，中国的民族危机和社会危机日益加深；在生死存亡的紧要关头，中国社会各阶级面临着“怎么办”的问题。农民阶级、地主阶级、资产阶级的维新派和革命派分别提出了不同的救国方案，开始了对国家出路的探索。

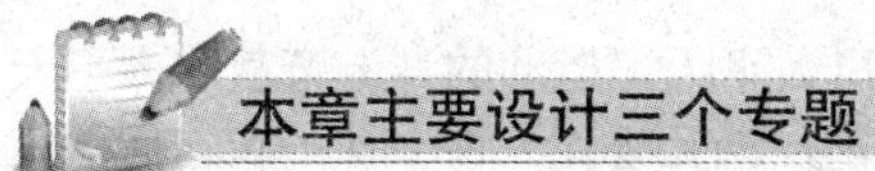

本章主要设计三个专题

- 专题一　农民群众斗争的风起云涌
- 专题二　洋务运动的兴衰
- 专题三　维新运动的兴起和夭折

教学设计理念

通过本章的讲述、讨论，使学生认识到在中国沦为半殖民地半封建社会的过程中，社会各个阶级和阶层的有识之士在努力不懈地探索救国救民之路；全国人民同入侵者进行了不屈不挠的斗争，不仅沉重打击了侵略者，粉碎了列强灭亡和瓜分中国的图谋，而且表现出中国人民捍卫民族尊严、保家卫国的决心和勇气。

专题一

农民群众斗争的风起云涌

案例呈现

洪秀全与太平天国运动

洪秀全（1814—1864），原名火秀，族名仁坤，广东花县人。他 7 岁入私塾读书，16 岁因家境贫困失学务农，18 岁受聘为本村私塾教师。他曾经先后 4 次去广州参加科举考试，都没有考中。一次次梦想的破灭，使洪秀全的精神和身体都难以承受。在第三次科考失败之后，他大病一场，病了 40 多天，经历了异常奇异的梦幻，后来以此创立了开启太平天国运动的拜上帝教。太平天国的文献记载，1837 年，洪秀全再次落榜后病倒在客栈，被人从广州抬回家。他昏迷不醒。半梦半醒之间，忽然觉得眼前是刺目的金光，金光中隐约有一龙一虎一鸡。恍惚中，他随着龙、虎、鸡来到一处光明华丽的处所，在那里遇见了一位端坐在宝座上的老人。洪秀全说那就是"上帝""神爷火华"。老人拿出一柄宝剑、一颗印玺交给洪秀全，并对他说：奉上天的旨意，命他到人间来斩妖除魔。一连 40 多天，洪秀全都时梦时醒。睡着了，他就觉得自己升了天；醒了，他就劝周围的人敬拜"神爷火华"。别人都说他疯了，他却说："鸟向晓兮必如我，我今为王事事可。身照金乌灾尽消，龙虎将军都扶佐。"大病初愈之后，他就将名字正式改为洪秀全，自称天王大道君王全。

因屡试不第，科举失败，洪秀全在 1843 年创立拜上帝教。洪秀全思想的形成很复杂，在他的一些重要文章里能够体现出来，如《原道救世歌》《原道醒世训》《原道觉世训》等。这些文章表达了以洪秀全为代表的中国农民千百年来所要求的摆脱封建压迫、封建剥削的强烈愿望，号召人们为实现平等自由、太平一统的大同社会而斗争。同时，他还吸取了基督教中的积极因素，主张信仰上帝且上帝面前人人平等，但又不同于基督教中死后升入天堂的说法，认为地下也有天国。这些是洪秀全思想中的重要内容。它奠定了太平天国运动的理论基础，对广大劳动人民具有很大的号召力。

洪秀全自认为受上帝之命下凡诛妖，自认上帝的幼子、耶稣的幼弟，并称上帝耶和华为天父，称耶稣为天兄。他抛开了孔孟之书，不再做一名儒生而改信了基督教的教义，索性把家里的孔子牌位换成了上帝的牌位。虽然未曾读过《圣经》，洪秀全却开始逢人便宣传他所理解的基督教教义，称之为拜上帝会。洪秀全说："人心太坏，政治腐败，天下将有大灾大难，唯信仰上帝入教者可以免难。入教之人，无论男女尊贵一律平等，男曰兄弟，女曰姊妹。"

洪秀全最初在广州附近传教，但未取得很大成功。1844 年，洪秀全和冯云山转至广西一带传教，洪不久便返回广东，冯留下发展，在当地的信徒日增。

洪秀全的拜上帝会与地方衙门的矛盾日渐加深，洪氏等人在 1850 年决定反清，会众在下半年间陆续前来金田团营。12 月，洪氏聚集会徒宣布揭竿起义，建立太平天国，并以会徒组编建成太平军与清廷兵马开战。金田起义后，太平军由于受到清军围堵，转战至武宣东乡。在此，洪秀全称天王。后太平军北上，1851 年 9 月攻克永安，封王建制，初步建立政权。此时，清军 3 万余人包围了永安。由于城中粮盐弹药缺乏，太平军陷入困境。1853 年初，太平军攻克武汉三镇，声威大震。附近农民踊跃加入太平军，队伍迅速壮大。在洪秀全、杨秀清指挥下，50 万大军从武昌出发，水陆并进，浩浩荡荡，沿江东下。最终攻占南京后，改名天京并定都在此，正式建立了与清廷对峙的农民政权。洪秀全一面派出军队西征北伐，一面颁布《天朝田亩制度》等政策法规，试图达到"有田同耕，有饭同食，有衣同穿，有钱同使，无处不均匀，无人不饱暖"的理想社会。与此同时，他还致力于确立天朝的政治、经济、思想文化体制，力图建立起一个符合其阐释改造了的基督教神学精神的新型社会。

就在太平天国政局粗安之后，洪秀全却日益追求享乐，沉湎酒色。除一再大兴土木兴建天王府与大选秀女入宫外，倾力于埋头撰写自我神化的宗教著作，军国大计一概推诿东王杨秀清全权处置。由此引发了杨秀清居功自傲，极欲取而代之的野心。1856 年 5 月，清军围困南京的江北、江南两大营但先后被太平军攻破后，已权倾天京朝野的杨秀清更加权欲膨胀，假托自己是天父下凡，当着文武百官之面下令杖责洪秀全，又强要洪封其为"万岁"称号，以作"逼宫"之举。洪秀全遂决心谫除杨秀清，密诏北王韦昌辉率兵捕杀杨及其部属 2 万余人。未久，洪又以韦昌辉滥杀无辜为由，下令诛杀了他。东王、北王等先后被诛。翼王石达开在天京主政一段时间，为洪秀全所忌。洪秀全以亲兄弟洪仁发、洪仁达牵制石达开。石达开不满。1857年，石带领大军出走，脱离天王指挥。其带走的部属均为拱卫天京的精兵猛将，导致天京的防卫力量大为减弱。由是清兵乘机反攻，并得以重建江北、江南两大营并再围南京。洪秀全虽新委任陈玉成、李秀成为各军主帅，以灵活的战术多次攻破清军防线，并一度攻克苏州、常州等地，但由于太平军二次西征失利，未能占领战略重镇武昌，战局又再次转危。其间，洪秀全曾封洪仁玕为干王，以重振朝纲，力挽危局，但未能取得如期效果。而洪秀全又滥封王爵，亲信小人，排斥、猜忌李秀成等人，以致朝政日坏，上下皆无斗志。

1862年，陈玉成战死，形势急转直下。曾国荃率湘军又进逼雨花台，围困南京城。洪秀全急调李秀成部回援，激战月余终未能解围。李秀成知道天京难以久守，向洪秀全建议弃城出走，被洪秀全斥责。1864年3月，天京遭到包围后，城内粮食不足，洪秀全带头吃“甜露”（草团）充饥，因而致病。1864年6月，洪秀全病逝天京（一说为服毒自尽），南京陷敌，太平天国灭亡。

——简又文：《太平天国典制通考》，简氏猛进书屋1958年版。简又文：《太平天国全史》，简氏猛进书屋1962年版。洪秀全：《洪秀全集》，广东人民出版社1985年版。罗尔纲：《太平天国史》，中华书局1991年版。茅家琦：《基督教、儒家思想和洪秀全》，《南京大学学报》1979年第2期。梁发：《劝世良言》，《近代史资料》1979年第2期。沈渭滨：《洪秀全与基督教论纲》，《学术月刊》1998年第1期。魏万磊：《近50年来有关洪秀全的心态史学研究综述》，《史学理论研究》2005年第4期。

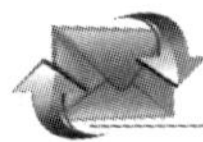

小组讨论

1. 太平天国农民战争有什么意义？
2. 太平天国农民战争失败的主观原因是什么？

课堂引导结论

洪秀全从开始的激情、幻想，在环境的推动中，举起大旗。作为领袖，他应该对起义的目的和方向有个战略性的基本设想，但从金田到永安，到全州，到武昌，直到南京，包括后来的北伐和西征，都是在犹豫不决中推行的。而随着封王、进军、定都和内讧，洪秀全等领导人的性格缺点都一一暴露出来：懦弱、多疑、自负，甚至癫狂。太平天国领袖洪秀全领导的起义及其失败表明，在半殖民地半封建的中国，农民具有伟大的革命潜力，但它自身不能担负起反帝反封建取得胜利的重任，单纯的农民战争不可能完成争取民族独立和人民解放的历史重任。中国历史走到19世纪中期，面临"内忧外患"。时代提出的使命是体制创新和文化创新，否则无以自存。如果重复改朝换代的历史，又怎能回应时代和历史的召唤？

教学要点

一、《天朝田亩制度》和《资政新篇》

（一）《天朝田亩制度》的内容。

（二）《天朝田亩制度》的评价。

（三）《资政新篇》的评价。

二、太平天国农民斗争的意义和局限

（一）太平天国运动的历史意义。

（二）太平天国运动的历史局限。

教学建议

案例选择的目的在于帮助学生了解以太平天国为首的农民阶级斗争的意义和局限。案例讲解时注意帮助学生分析起义领袖洪秀全、杨秀清本身的局限，以理解农民阶级不能担负起反帝反封建取得胜利的重任，单纯的农民战争不可能完成争取民族独立和人民解放的历史重任。

专题二 洋务运动的兴衰

案例呈现

1. 李鸿章与北洋舰队

李鸿章（1823—1901），字子黻、渐甫，号少荃、仪叟，谥文忠，世人多尊称李中堂，亦称李合肥，安徽合肥人。晚清名臣，淮军、北洋海军的创始人和统帅，洋务运动的领袖。官至直隶总督兼北洋通商大臣，授文华殿大学士，曾经代表清政府签订了《越南条约》《马关条约》《辛丑条约》等。

李鸿章是晚清重臣，建了大批近代企业，并派遣留学生等，开启了中国近代化的浪潮。其一生，也与中国近代史上的诸多军国大事结有不解之缘。可以说，李鸿章是近代中国海军海防事业的积极倡导者。

1874 年，日本寻找借口出兵侵犯台湾。此事虽以和议告终而未开启更大战端，却在中国朝野上下引起更强烈的震动，在清朝统治集团内部引发了一场轰轰烈烈的海防大讨论。

此时身任直隶总督兼北洋通商事务大臣的李鸿章呈交了洋洋万言的《筹议海防折》，急切陈述了海军海防大业的重要战略意义，系统提出以定购铁甲舰组建北、东、南三洋舰队的设想，并辅以沿海陆防，形成了中国近代海防战略。

清朝政府开始较为认真地筹划并采取了兴办海军海防的步骤。但在清政府对刚刚建成的福建、北洋、南洋和广东四支小规模的海军舰队感到欣慰之际，1884 年 8 月，中法战争爆发，法国远征军竟然全歼了最早组建的整个福建海军。清廷鉴于福建船政水师几乎全军覆没，决定“大治水师”。1885 年，光绪皇帝下谕设立了总理海军事务衙门（简称海军衙门），醇亲王奕譞总理海军事务，李鸿章为会办。年富力强且比较了解西方情况的李鸿章如鱼得水，立即埋头致力于海军海防建设的庞大系统工程。购船、制械、选将、练兵诸事均由李鸿章一手经办。1888 年 10 月，在李鸿章的苦心营办下，海军衙门上奏朝廷，获准颁行《北洋海军章程》，标志着北洋海军正式组建成军，海军正式成为国家一个十分重要的经制军种。

成军后的北洋海军，拥有舰艇 25 艘、官兵 4 千余人，在当时是亚洲最强大的海上军事力量。（此举使我国东边的邻居日本望而生畏）与此同时，李鸿章加紧旅顺、大沽、威海等海军基地的建设，以加强海防。但是，清廷文恬武嬉，内耗众生。户部尚书翁同和迭次以经费支绌为借口，要求停止添船购炮。自此，北洋海军的建设陷于停顿、倒退的困境。更不幸的是 1894 年的中日甲午战争中，北洋海军初受挫于丰岛，继则受创于黄海，最终竟落得一个全军覆灭的悲惨下场。

在许多历史著作中，李鸿章都被写成是他严令北洋海军“避战保船”、株守威海卫军港而直接造成了北洋海军全军覆灭的结局。传统说法常认为李指示给丁要“避战保船”，但是实际上这是一种偏颇和误传，如 1894 年 9 月 28 日就电令“丁督催修理各船早竣，以后专在北洋各要口巡击”。而末期也曾命令丁试着突围逃跑，而丁此时连拼力挣脱漏网的意志都已失去，回电拒绝。时人认为李鸿章对甲午战败的责任，尚存在争议。虽存在着分歧，但从整个甲午战争的进程来看，李鸿章在甲午战争中确实将所有淮军主力部队派往前线，从主观上希望全力与日本一战，但双方实力悬殊，同时用人不当导致了战败。梁启超则说“李之失机之处多矣，然不失机亦绝无可胜之理”。

梁启超评价李鸿章：若以中国之失政而尽归于李鸿章一人，李鸿章一人不足惜，而彼执政误国之枢臣，反得有所诿以辞斧钺，而我四万万人放弃国民之责任者，亦且不复自知其罪也。西报有论者曰：日本非与中国战，实与李鸿章一人战耳。其言虽稍过，然亦近之。不见乎各省大吏，徒知画疆自守，视此事若专为直隶满洲之私事者然，其有筹一饷出一旅以相急难者乎？即有之，亦空言而已。乃至最可笑者，刘公岛降舰之役，当事者致书日军，求放还广丙一船。书中谓此舰系属广东，此次战役与广东无涉云云。各国闻者，莫不笑之，而不知此语实代表各省疆臣之思想者也。若是乎，日本果真与李鸿章一人战也。以一人而战一国，合肥合肥，虽败亦豪哉！中国俗儒骂李鸿章为秦桧者最多焉。法越中日两役间，此论极盛矣。出于市井野人之口，犹可言也。士君子而为此言，吾无以名之，名之曰狂吠而已。李鸿章之败绩，既已屡见不一见矣。后此内忧外患之风潮，将有甚于李鸿章时代数倍者。乃今也欲求一如李鸿章其人者，亦渺不可复睹焉。念中国之前途，不禁毛发栗起，而未知其所终极也。

——戚其章：《北洋舰队》，山东人民出版社1981年版。梁启超：《李鸿章传》，天津百花文艺出版社2000年版。王家俭：《李鸿章与北洋舰队》，三联书店2008年版。许华：《李鸿章“避战保船”新探》，《福建论坛》1989年第04期。

2. 晚清留美幼童悲喜剧

1872年，由容闳倡议，在曾国藩、李鸿章的支持下，清政府终于派遣了第一批留学生——30名幼童赴美国留学。8月11日由上海出发，幼童们怀着寂寞、凄凉、悲哀但又兴奋、好奇、激动的复杂心情，跨越太平洋，来到了万里以外的新大陆。他们在美国旧金山登陆，乘坐刚刚贯通北美大陆的蒸汽火车。从美国西部乘火车去东部的时候，幼童们欢呼雀跃，高兴不已；再看到印第安人插着羽毛的奇装异服，成群的野牛在山谷中奔跑，他们更无法抑制心中的快活。到达美国东部的新英格兰地区，从此开始了他们长达十五年的留学生涯。

刚到达东部城市哈特波特（Hartford）后，一系列困难就接踵而来，幼童们兴奋的心情顷刻挥之而去，扑面而来的是语言问题。没有经过英语训练，无法和美国人交流，而且将他们三五人一组分到了美国友人家里，生活上更摸不着门道。他们的女主人出于爱怜，常常见面就抱起来亲他们的脸颊。这些幼童个个满脸通红，不知所措。礼拜天，房主人带他们去教堂。他们想拒绝又不好张口，只好偷偷地溜走，因为清廷明确规定他们不许信仰基督教。这自然破坏了他们和房主人的友好感情。至于西餐，他们更吃不惯，饿肚子在所难免。带队的清廷官僚自带了一些腌黄瓜，没几天就被幼童给偷吃光了。

刚到美国的幼童一身中国打扮——瓜皮帽、蓝缎褂、崭新的黑布鞋、油亮的黑大辫，特别引起美国人的好奇感。幼童一上街，就会有一群美国小孩子跟在后面围观，有的还高喊："中国女孩子！"让这些中国幼童非常难堪，有的急得直哭。学习上的问题也很多。他们要补习英文，还要集中起来学汉语，每周写一篇作文。如果写不出来，汉语先生会打屁股。从现存的幼童们写的一些作文中，可以发现他们那时的中文水平很低。每次学汉语，首先必须脸朝中国方向向清朝皇帝朝拜；然后再给孔老夫子的画像叩头，给师长请安。稍不听话，就会挨罚。幼童们到美国，带给他们的就是这样枯燥而缺少自由的留学生活。

清政府派留美幼童的如意算盘是，在政治和思想上保持封建文化传统的前提下，把美国的先进技术学到手，旧瓶装新酒，换汤不换药。事实证明，这是不可能的。幼童们在美国接受的是西方资产阶级的教育，过的是美国式的生活。特别对于十来岁的孩子来讲，非常容易"美国化"。随着时间的推移，这些幼童不愿穿中式服装，经常是一身美式打扮。尤其是那根拖在脑后的长辫子，既麻烦，又常遭人白眼。不少幼童索性把辫子剪掉，见清廷长官时再弄一根假辫子装上。众所周知，在清朝，辫子不是简单的装束问题，而是是否忠于清廷的政治问题。当清廷官吏发现有的幼童剪掉了辫子，就一面严厉管教，一面上奏清廷。清政府自然对这批留美幼童失去了政治上的信任。

还有一些幼童受美国宗教文化的影响，渐渐地信奉了基督教，诵圣经，做礼拜，十分虔诚。几个极端分子还暗地里组成了"中华归主团"，提出"中华帝国基督化"。这更是清政府不能容忍的。因为惧怕这批幼童到美国后信了洋教，清廷曾三令五申，不许幼童进教堂，结果还是在这方面出了问题。幼童们从小学到中学，用的都是西方的教材，不但学到了许多新的自然科学知识，而且也接触了较多的资产阶级启蒙时期的人文社会科学文化。数年之后，他们渐渐地对学习四书、五经等失去了兴趣，对孔夫子也不那么崇拜了，对烦琐的封建礼节也不大遵守了，反而对个人权力、自由、民主之类的东西十分迷恋。

个别的幼童还和美国的女孩子暗暗约会，自由恋爱。现存的几位留美幼童所写的情书，充满着缠绵悱恻而情真意切的炽热情感。充满青春活力的幼童们还特别好动。他们参加各类体育活动，经常出没于篮球和足球场上。詹天佑等人还组织了棒球队，在不少比赛中取得了好成绩。这也是中国最早的棒球队了。以中国留学生为主组织的耶鲁大学划船队，曾多次在比赛中击败了哈佛大学队。

在受过美国文化熏陶的容闳眼里，幼童们的这些变化都是很自然的。他在《西学东渐记》里说："此多数青年之学生，既至新英国省，日受新英国教育之熏熔，且习与美人交际，故学识乃随年龄而俱长。其一切言行举止，受美人之同化而渐改故态。……况彼等既离去中国而来此，终日饱吸自由空气，其平日性灵上所受极重之压力，一旦排空飞去，言论思想，悉与旧教育不睦，好为种种健身之运动，跳踯驰骋，不复安行矩步。"[①] 但是，和他一起负责管理留美幼童的清廷守旧官僚却视幼童的这种新变化为大逆不道，处处给幼童们出难题。一场围绕留美幼童的中西文化冲突不可避免了，最后不得不以将幼童凄然撤回而告终。

1881 年 9 月 6 日，对于留美的中国留学生来说，是一个阴云密布、极为伤心的日子。清朝政府下令将他们这些留学生全部招回。他们被迫中断学业，被"遣送回国"。这一百多名留学人员经过八九年的美国生活、学习，已经融入这个自由的国度。遣送回国的指令让他们都黯然神伤，眼前一片迷茫。由于这些留学生大部分都在美国民众家生活，也结下一定的情谊，大棒强加下的分离更加渲染了一份悲情。幼童被撤回的消息，对于这些幼童，乃至教育幼童的美国老师和朋友来说，都似晴天霹雳。因为再过四五年，有一些幼童就要大学毕业，其他的一部分也会陆续升入大学，真是眼见成熟的果子被硬给剥掉了！耶鲁大学的朴德（Porto）校长联合一批美国友人致信清廷总理各国事务衙门，有理有据地指明了撤回留学生的错误，并要求改正。但清政府从政治着眼，还是将幼童撤回来了。

---

① 容闳：《西学东渐记》，湖南人民出版社 1980 年版，第 102—103 页。

原定15年的幼童留美计划中途夭折。当时，耶鲁大学的22位留学幼童中，只有詹天佑和欧阳庚2人顺利完成学业。容揆和谭耀勋抗拒召回，留在美国耶鲁大学完成学业。李恩富和陆永泉则是被召回后，重新回到美国，读完了耶鲁。这样，120名留美幼童，除先期因不守纪律被遣返、执意不归及病故者26名外，其余94人于1881年分三批被遣送回国。第一批返回的21名学生均被送入电局学传电报；第二、三批学生由中国当时的新式企业如福州船政局、上海机器局留用23名外，其余50名分赴天津水师、机器、电报、鱼雷局等处当差。这批留美幼童后来分散到政界、军界、实业界、知识界等各个领域。在他们中，有铁路工程师詹天佑、开滦煤矿矿冶工程师吴仰曾、北洋大学校长蔡绍基、清华大学校长唐国安、民初国务总理唐绍仪、清末交通总长梁敦彦。这些人成为中国近代历史上的知名人物。他们中的一部分人又历经了1884年中法海战和1894年中日甲午海战，为国捐躯。总之，除早亡、留美不归和埋没故里者外，大都在不同的岗位上为中国的现代化做出了应有的贡献。

——钱钢、胡劲草：《大清留美幼童记》，当代中国出版社2010年版。

高宗鲁：《中国留美幼童书信集》，珠海出版社2006年版。

小组讨论

1. 以案例为中心认识洋务运动的历史作用。
2. 以案例为中心讨论洋务运动失败的原因与教训。

课堂引导结论

洋务派继承了魏源“师夷长技以制夷”的思想，提出“自强”“求富”的主张，通过所掌握的国家权力集中力量优先发展军事工业，同时也试图“稍分洋商之利”，发展若干民用企业，并兴办学校、派遣留学，建立新式海陆军，在客观上为中国近代化开启了道路。但是，其本质还是地主阶级的自救运动，不可能真正担负起在中国发展资本主义的使命，也没有使中国真正富强起来。

教学要点

洋务事业的兴办

（一）兴办近代军事事业。

（二）兴办近代经济事业。

（三）兴办近代文化教育事业

教学建议

通过案例教学，引导学生了解李鸿章等人倡导洋务运动，创办江南制造总局、天津机器局、北洋舰队、轮船招商局、电报局、开平矿务局，派遣中国第一批学生留美等。这些实业对中国的现代化进程起到了举足轻重的作用，洋务运动也是另一种形式的改革开放。但因洋务派的阶级属性和自身的局限，他们不可能为中国的富强找到出路，最终避免不了失败的命运。

对洋务运动的评价，有的全面肯定，有的全面否定，有的坚持两点论。案例选择的目的是帮助学生全面认识洋务运动，不能简单机械地全盘否定或全盘肯定，应该从史实中实事求是地加以分析。

专题三　维新运动的兴起和夭折

案例呈现

1. 康有为其人其事

康有为（1858—1927），原名祖诒，字广厦，号长素，广东省南海县人，人称康南海。中国近代史上著名的思想家、政治家、教育家和文学艺术家，资产阶级改良主义的代表人物，清末戊戌变法的主要发起者。

康有为生于官僚家庭，自幼学习儒家思想。他 18 岁时拜南海九江有名的学者朱次琦为师。

1879 年，康有为开始接触西方文化。1880 年冬，初游香港，始知西人治国有法度，开始购买西书，“购地球图，渐收西学之书，为讲西学之基矣”。这一年是康有为从中学转为西学的重要开端。

1882 年，康有为到北京参加顺天乡试，没有考取。南归时途经上海，购买了大量西方书籍，吸取了西方传来的进化论和政治观点，初步形成了维新变法的思想体系。

1894 年，中日甲午战争爆发。1895 年，《马关条约》签订时，康有为正在北京应会试。听到与日本议和，割让奉天沿边及台湾一省的消息，震惊愤慨，于 5 月 2 日联合在北京会试的举人一千三百余人发动“公车上书”，极陈时局忧危，请求拒和、迁都、练兵、变法，并在政治、经济、文教等各个方面，提出了具体改革措施，初步形成资产阶级改良主义的变法纲领。会试榜发，康得中进士，授工部主事。5 月 29 日，在《上清帝第三书》中，再次阐述变法的理由和步骤，提出富国、养民、养士、练兵的自强雪耻之策。接着，又上“第四书”，正式提出“设议院以通下情”的主张。

1897 年，德国强占胶州湾，康有为再次上书请求变法。次年 1 月，光绪皇帝下令康有为条陈变法意见。他呈上《应诏统筹全局折》，又进呈所著《日本明治变政考》《俄罗斯大彼得变政记》二书。4 月，他和梁启超组织保国会，号召救国图强。

根据翁同龢、徐致靖、杨深秀等人的建议，光绪帝于 6 月 11 日下诏明定国是，宣布变法。6 月 16 日，光绪帝在颐和园勤政殿召见康有为，任命他为总理衙门章京。在维新变法期间，康有为迭上奏折，起草诏令，对政治、经济、军事、文教等方面提出改革建议，与谭嗣同等全力策划新政，期望按照西方资本主义国家模式改变中国的国家制度和社会制度，挽救民族危亡。康有为等维新派人士在光绪帝支持下，联合一部分帝党官僚，虽然力排旧议，锐意维新，但遭到以慈禧太后为首的顽固势力的极力反对，时时准备扑灭新政。9 月 21 日，慈禧太后发动政变，以“结党营私，莠言乱政”为名，将康通缉。慈禧太后宣布“临朝听政”，光绪皇帝被软禁，戊戌六君子被杀，康有为流亡海外。

1898 年至 1913 年的 16 年间，康有为四渡太平洋，九涉大西洋，八经印度洋，泛舟北冰洋七日，先后游历美、英、法、意、加拿大、希腊、埃及、巴西、墨西哥、日本、新加坡、印度等 30 多个国家和地区。

1899 年 7 月 20 日，康有为与李福基等创设保皇会。保皇会以保救光绪帝，排除慈禧太后、荣禄、刚毅等顽固势力为宗旨。康有为成为保皇派首领。

辛亥革命成功后，康有为于 1913 年回国，定居上海辛家花园，主编《不忍》杂志，宣扬尊孔复辟。作为保皇党领袖，他反对共和制，一直谋划清废帝溥仪复位。1917 年 6 月 28 日，康有为从天津秘密进京，与效忠前清的北洋军阀张勋发动复辟，拥立溥仪登基，不久即在当时北洋政府总理段祺瑞的讨伐下宣告失败。

康有为晚年始终宣称忠于清朝皇帝。1924年，溥仪被冯玉祥逐出紫禁城后，他曾亲往天津，到溥仪居住的张园觐见探望。1927年3月病逝于青岛。

——麦海建：《戊戌变法史事考》，三联书店2005年版。马洪林：《康有为评传》，南京大学出版社2009年版。张耀鑫、刘媛：《康有为大传》，华中科技大学出版社2012年版。茅海建：《戊戌政变的时间、过程与原委：先前研究各说的认知、补证、修正》，《近代史研究》2002年第4、5、6期。田小燕：《康有为曾篡改"光绪密诏"》，《中国档案报》，2012年3月19日，总第2281期。

2. 光绪皇帝的不幸人生

爱新觉罗·载湉，清德宗光绪皇帝，清朝第十一位皇帝。1871年出生于宣武门太平湖畔的醇郡王府的柳荫斋。其父醇亲王奕譞是道光皇帝的第七子，咸丰皇帝的弟弟。其母叶赫那拉氏，是慈禧太后的妹妹。从这些关系讲，他既是慈禧的侄子，又是慈禧的外甥。

光绪元年正月二十日（1875年2月25日），四岁的载湉在太和殿正式即位。从这一天起，光绪就被慈禧抓在手里。入宫后的光绪，是在孤独中长大的。没有童年的欢乐，致使他从小就心情抑郁，造成身体积弱，留下了难以愈治的病根。

没有爱情的婚姻。按照清王朝祖上留下的规矩，皇帝十六岁就要临朝亲政。慈禧选自己容貌丑陋的侄女为皇后，为的是朝政交给光绪后，还能利用皇后来控制和操纵皇帝，起码可以通过皇后监视和掌握皇帝的一举一动。

光绪的两位妃子是瑾妃和珍妃。珍妃貌美端庄，性格开朗，活泼机敏，颇有见地。珍妃的入宫犹如一块石子投入一潭死水。她对光绪的同情和体贴，激起了光绪对未来的憧憬和热情。同时，珍妃又向光绪推荐了她的老师文廷式。这位素以评论时政、忧心国事的著名清流人士很有才华，颇有政治见地。他被光绪帝重用后，对光绪帝很有影响，引发了光绪帝要改革政治及摆脱束缚而有所作为的欲望。

光绪临朝亲政后，五十三岁的慈禧，表面退居颐和园颐养天年，实则权势依旧，裁决政事，一如既往。她一方面处处限制光绪的权利，国家重要大事都要秉承她的懿旨去办理；一方面又通过自己的侄女隆裕皇后及亲信太监李连英等人，暗中监视光绪的行踪。并规定：光绪每隔一日，必须亲往颐和园向她汇报政务，听候训示。以致光绪经常披着星星来，头顶月亮去，饱受奔波。遇有重大事情，更得随时请示。名为皇帝，实为傀儡。光绪的政治抱负不能得以实现，日久天长，精神更加抑郁，情志愈益不畅，旧病不去，又添新愁。

光绪帝在康有为、梁启超等人的影响下，在珍妃的积极支持下，于光绪二十四年四月二十三日（1898年6月11日），颁布“明定国是诏”，宣布变法，强调博采西学，推行新政，授予康有为“专折奏事”特权。那些守旧的亲贵重臣害怕光绪皇帝在改革政治中触动他们的地位，纷纷投靠慈禧并竭力挑拨他们“母子”的关系。慈禧也深恐光绪改革的成功会影响到她的独裁。这样朝臣内出现了“后党”与“帝党”，双方展开了激烈的斗争。

在以慈禧为首的守旧势力的反对和镇压下，变法运动最终失败，康有为、梁启超出逃，谭嗣同等“戊戌六君子”遇害。光绪本人亦被软禁在中南海瀛台，他的政治生涯实际上到此已经结束。此后，光绪度过了十年没有人身自由的囚徒生活。他虽然名义上仍保持着皇帝的名位，但实际已没有了皇帝的权力。戊戌变法失败后，慈禧又将光绪挚爱的珍妃囚禁在钟粹宫后北三所，并且给她立下了一条规矩，今后不许觐见皇上。

光绪被囚禁在瀛台后，慈禧太后曾欲废之而另立他人。光绪也知其用心，日夜担惊受怕。后来由于种种原因，此举虽未能实现，可光绪也难脱囚禁之牢笼。明知岌岌可危，亦只有坐以待毙，心中十分忧伤。光绪二十六年七月二十一日（1900年8月15日），八国联军入侵北京。慈禧仓皇出逃。相传临行前还不忘处置珍妃，令太监崔玉贵把珍妃推到宁寿宫外的井中害死。当光绪得知珍妃的死讯后，精神彻底崩溃，旧病复发，日趋沉重，再也无法康复。

光绪三十四年十月二十一日（1908年11月14日）傍晚，三十八岁的光绪皇帝，在中南海瀛台涵元殿，满含悲愤地离开了人间。临终无一名亲属及大臣在身旁。及至被人发现，早已死去多时。可谓生前死后，备受冷落，孤苦凄凉至极。就在光绪死去的第二天下午，他的母后及政敌——操纵晚清政权达半个世纪之久的慈禧太后也死在中南海仪鸾殿内，终年七十四岁。光绪皇帝和慈禧太后先后去世的消息传出，中外同感震惊。人们普遍认为，年纪轻轻的光绪反而死在七十四岁的慈禧前面，而且只差一天，这不是巧合，而是处心积虑的谋害。于是，光绪被人谋害致死的种种说法便由此而产生。

2008年11月2日，在用法医学的手法历时5年研究之后，国家清史编纂委员会在北京举行清光绪帝死因研究工作报告会，正式宣布其死于急性砒霜中毒。光绪被人用砒霜毒死。一段纠缠了100年的光绪死因之谜，就此破解。2008年11月14日是光绪帝去世一百周年，“光绪死因”在此时得以确证，别具历史意义。但关于毒死光绪的凶手，因事涉清代宫禁秘档，缺乏真实可靠的依据，还无从知其真实内幕，尚待进一步研究论证。

——孙孝恩、丁琪：《光绪传》，人民出版社2004年版。孙孝恩：《光绪皇帝在戊戌变法中的地位和作用》，《北方论丛》1980年第2期。

小组讨论

1. 以案例为中心认识戊戌维新运动的历史作用。

2. 以案例为中心讨论戊戌维新运动失败的原因和教训。

课堂引导结论

康有为曾经是晚清社会的活跃分子。当他倡导维新运动、领导戊戌变法时，他代表和体现了历史前进的方向，为推动社会进步发挥了积极作用。他是一个产生于近代中国特殊历史条件下的学者和思想家，然而并非是一个成功的政治家。仅凭这些奇思妙想、书生意气，终究难成大事。由于以康有为为代表的维新派具有自身的局限性及其把自己实行改革的希望寄托在一个没有实权的皇帝身上，戊戌变法走向失败不可避免。光绪帝的不幸人生，则进一步暴露了封建制度的黑暗腐朽以及顽固势力的强大、凶残，也预示着戊戌维新的失败结局。

教学要点

一、维新派与保守派的论战

（一）要不要变法。

（二）要不要兴民权、设议院、实行君主立宪。

（三）要不要改科举、兴西学。

二、戊戌维新运动的意义和教训

（一）维新运动宣传了资产阶级民主思想。

（二）维新运动一定程度上打击了封建主义落后思想。

（三）维新运动推动了社会变革。

教学建议

19世纪中后期，中国民族资本主义有了初步发展。代表民族资本主义发展要求的维新派知识分子，希望通过自上而下的变法改革，在中国实行君主立宪制，发展资本主义道路，以挽救民族危亡，但终因守旧势力的反对而失败。戊戌维新运动虽然失败了，但它在中国近代史上仍然有着重大的历史意义。

案例讲授时注意引导学生分析资产阶级改良派自身的局限，帮助学生认识守旧势力的强大、改良道路的异常艰难；理解维新运动虽遭到了挫折和失败，但也是中国人民探索民族独立、国家富强道路上的重要一环，为以后的探索积累了宝贵的经验和教训。

第三章　辛亥革命与君主专制制度的终结

教材内容分析

本章内容分为三节，主要讲述辛亥革命发生发展的历史。辛亥革命是中国近代旧民主主义革命的高涨阶段。以孙中山为代表的资产阶级革命派，坚持救亡图存，以武装起义的形式反对中外反动势力的反动统治，推翻了晚清王朝的统治，建立了中国历史上第一个资产阶级共和国性质的革命政权，颁布了中国历史上第一部资产阶级共和国宪法性质的法典，在一定程度上为中国民族资本主义的发展开辟了道路。在中外反动势力的联合压迫下，中国的资产阶级先天不足，尤其是民族资产阶级具有两面性。这些特点决定了资产阶级革命派不能提出彻底的反帝反封建的革命纲领，不能广泛地发动群众，进而不能取得革命的彻底胜利。辛亥革命的失败也标志着中国近代旧民主主义革命的终结。

通过学习本章内容，引导学生进一步了解 19 世纪末 20 世纪初的中外关系和国内政治、经济、文化情况，进一步了解资产阶级革命发生发展的过程，进一步了解中国反帝反封建历程中的艰难探索。辛亥革命是中国近代反帝反封建斗争中的重大事件。它承前启后，开启了中国近代史的新局面。

本章主要设计三个专题

- 专题一　资产阶级民主革命的兴起和发展
- 专题二　中华民国的建立
- 专题三　挽救民主共和的斗争

教学设计理念

专题一主要内容为教材内容第一节，以及第二节关于武装起义的部分。讲述资产阶级革命理论发生发展的过程和资产阶级武装起义发生发展的过程。讲清楚资产阶级民主运动的兴起是国内外历史条件发展的必然结果，发起资产阶级民主革命是中国反帝反封建斗争发展的必然结果。

专题二主要内容为教材第二节关于中华民国建立的部分。中华民国是辛亥革命的主要成果，体现了辛亥革命的伟大历史意义。这一部分要讲述南京临时政府建立及《中华民国临时约法》颁布过程中的重要活动。中华民国的建立，把前期的革命理想变为现实，对中国乃至世界的民族解放运动都有重大影响。

专题三主要内容为教材第三节，尤其是要重点涉及其中关于挽救民主共和的部分。袁世凯篡夺革命胜利果实后，在政治、经济、文化等领域进行了一系列复古的倒行逆施。于是，革命党人重新举起民主革命的大旗，发动了挽救民主共和的武装斗争。在斗争中，孙中山的思想也不断发展，为其后来联俄、联共及发动国民革命奠定了基础。

专题一

资产阶级民主革命的兴起和发展

案例呈现一

1. 辛亥革命前的中国社会

（1）沙俄妄图独占中国东北

沙皇俄国武装占领中国的东北。清朝政府采取逆来顺受的态度，只能依靠其他列强的反对来和俄国协商，希望它逐步撤兵。1902 年 4 月，俄国同清朝政府成立了一个撤兵协约。俄国答应从签字时起，分 3 次，每次相隔 6 个月撤退在东北全境的军队。虽然这年 9 月，俄国依约撤走了辽宁西南部的军队，但到了 1903 年 4 月第二次撤兵期届满时，俄国不但不遵约撤退其他军队，而且还提出七点要求作为撤兵的先决条件。这些要求实际上是要清朝政府承认不但东三省，而且蒙古都是俄国的独占势力范围。

（2）通过“通商行船”条约控制中国近代中国经济命脉

《辛丑条约》第十一款里说：“大清国国家允定，将通商行船条约内，诸国视为应行商改之处，及有关通商各地事宜，均行议商，以期妥善简易。”这就是说，要完全按照帝国主义各国的需要来修改关于“通商行船”（其实是关于中外经济关系）的已有的条约规定。在《辛丑条约》订定后两年间，清朝政府先后同英国、美国、日本制定了新的所谓《通商行船续约》。这些条约牺牲中国主权，为外国轮船航行于中国长江上游和其他内河，为外国资本到中国内地设厂开矿，为外国商品在中国内地倾销，设立了充分有利的条件。在对外贸易中，1901—1903 年，平均每年进口额 4.73 亿元，出口额 3.11 亿元，入超达 1.62 亿元。与中日甲午战争前三年（1891—1893 年）相比，进口额增加了一倍以上，出口额增加 86%，入超增加了 2 倍多。

中国的沿海和内河轮船航运业，几乎完全为外国公司所操纵。1877 年，进出于各通商口岸的轮船，以吨位累计，外国轮船占 62.7%；到 1907 年，外国轮船所占份额达 84.9%。中国的大轮船公司仍只有一个招商局。虽然在 1900

年前后，许多地方办起了不少轮船公司，但它们的规模很小，发展困难，往往只办了几个月或几年就倒闭了。

（3）资产阶级爱国运动风起云涌

19世纪末20世纪初，开始发生不同于义和团的新形式的爱国群众运动，那就是以资产阶级、小资产阶级为主的爱国运动。中下层民族资产阶级、商人、学生成群地参加了反对帝国主义的爱国运动，而且这种爱国运动开始和资产阶级的民主主义革命运动发生了联系。这些是前所未有的现象。为反对帝国主义攫夺我国的矿山和铁路，在各有关省份里，展开了收回权利的运动。民族资产阶级的工商界在这个运动中很活跃。他们要求收回清朝政府已经出让给帝国主义的矿权和路权，创立商办的公司，准备用自己的资本来开矿修路。

——改编自胡绳：《从鸦片战争到五四运动》，人民出版社1998年版。

2.《民报》与《新民丛报》辩驳之纲领

（1）《民报》主共和，《新民丛报》主专制。

（2）《民报》望国民以民权立宪，《新民丛报》望政府以开明专制。

（3）《民报》以政府恶劣，故望国民之革命；《新民丛报》以国民恶劣，故望政府以专制。

（4）《民报》望国民以民权立宪，故鼓吹教育与革命，以求达其目的；《新民丛报》望政府以开明专制，不知如何正确保留希望。

（5）《民报》主张政治革命，同时主张种族革命；《新民丛报》主张政府开明专制，同时主张政治革命。

（6）《民报》以为国民革命，自颠覆专制而观，则为政治革命；自驱除异族而观，则为种族革命。《新民丛报》以为种族革命与政治革命不能相容。

（7）《民报》以为政治革命必须实力，《新民丛报》以为政治革命只须正确。

（8）《民报》以为革命事业专主实力，不取要求；《新民丛报》以为要求不遂，继以惩警。

（9）《新民丛报》以为惩警之法，在不纳租税与暗杀。《民报》以为不纳租税与暗杀，不过革命实力之一端；革命须有全副事业。

（10）《新民丛报》诋毁革命而鼓吹虚无党；《民报》以为凡虚无党皆以

革命为宗旨，非仅以刺客为事。

（11）《民报》以为革命所以求共和，《新民丛报》以为革命反以得专制。

（12）《民报》鉴于世界前途，知社会问题必须解决，故提倡社会主义；《新民丛报》以为社会主义，不过煽动乞丐流民之具。

以上十二条，皆辩论之纲领。《民报》第四号刻日出版，其中数条皆已解决。五号以下，接连辟驳，请我国民平心公决之。

——《〈民报〉与〈新民丛报〉辩驳之纲领》，《民报》，1906年4月18日。

小组讨论

1. 根据19世纪末20世纪初的国内外形势，分析辛亥革命爆发的历史背景。

2. 如何理解资产阶级革命派的民主共和思想？

课堂引导结论

19世纪末20世纪初，是近代中国的大变革时期。一方面，帝国主义对华侵略由商品输出向资本输出转变，在中国开设工厂，修建铁路，逐渐控制了中国的经济命脉。同时，帝国主义对中国的政治、军事侵略不断加强。这导致清政府完全沦为"洋人的朝廷"，中国陷入半殖民地半封建社会的深渊。另一方面，随着民族资本主义的发展，中国开始认真学习、研究、宣传西方资产阶级民主共和思想。革命派分析中国近代国情，以救亡图存为己任，借鉴维新变法的经验教训，在中国大地掀起轰轰烈烈的资产阶级民主革命。

资产阶级革命派著书立说，向人民群众宣传资产阶级民主共和思想；他们与改良派进行不屈不挠的论战，既打击了反对势力，又在论战中发展完善了自己的革命思想；他们宣传自由平等的思想，宣传民主主义，并总结出"三民主义"的建国方案。这些活动推动了资产阶级民主革命活动的发展，推动了中国社会的进步。

案例呈现二

1. 孙中山筹备中国同盟会

20世纪初，尽管革命团体已经开始零零散散出现并小有规模，但仍然无法成为领导全国反清革命的核心。

鉴于这一状况，孙中山主张建立新的大团体，以领导全国的反清革命。1905 年 7 月 19 日，孙中山抵达日本横滨。几天后，他又立即赶到东京。当时，留日学生荟萃东京，革命热情高涨。

……

1905 年 7 月 30 日下午，由孙中山、黄兴邀约，各省有志于革命的留学生和旅日华侨 70 多人，在内田良平住所集会，共同讨论创建新的革命团体的事。这是中国革命者一次史无前例的聚会。兴中会、华兴会、光复会、科学补习所以及其他团体的成员和个人，除甘肃省没有留日学生之外，全国内地 17 个省都有代表到会。孙中山被公推为会议主席。

对于这个革命大团体的名称，有人提议“对满同盟会”，但孙中山解释说，“革命党宗旨，不专在排满，当与废除专制、创造共和并行不悖”，这一想法马上得到大家的一致认同。一番讨论过后，“中国同盟会”的名称最终确定下来。

讨论到中国同盟会的宗旨。孙中山首先提议：“中国同盟会应以‘驱除鞑虏，恢复中华，创立民国，平均地权’为宗旨。”有些人赞成孙中山的提议。有些人却表示，宗旨的前三句好理解，可以接受；后一句不适当，建议删去。孙中山不失时机地宣传自己的观点：“平均地权即解决社会问题之第一步方法。吾党为世界最新之革命党，应高瞻远瞩，不当专向种族、政治两大问题，必须并将来最大困难之社会问题亦连带解决之，庶可建设一世界最良善富强之国家。”大会最终通过了他提出的“四纲”。

——改编自李菁：《天下为公：孙中山传》，华文出版社 2006 年版。

2. 辛亥革命与清末“新政”的内在联系

尽管革命者与“新政”的主持者——清朝统治者彼此是不共戴天的，但辛亥革命与“新政”是互相联系和互相依存着的，无法割断彼此之间多方面的因果关系。它至少表现在以下方面：

第一，孙中山等人的革命活动逼得清朝统治者加快“新政”，特别是政治体制改革即预备立宪的步伐。统治者已经明白，惟有尽快推行“新政”，才能将自身的统治秩序维持下去，使“内乱可弭”。

第二，统治者的预备立宪反而促使不乏依法治国理念的革命者抓紧革命反清的准备。后者试图抢在宪法与君主立宪制确立之前推翻清朝，以免爱新觉罗家族成为宪法所规定的“万世一系”的合法统治者。

第三，“新政”期间，新军的编练与科举制废除之后士人群体的分化与新式知识分子的兴起，为革命阵营准备了可资发动的基本力量。

第四，“新政”期间，资本主义经济的发展与预备立宪的展开，为革命者准备了自己的同盟军与合作者——资产阶级与君主立宪论者。

第五，预备立宪期间，关于民权思想的公开宣传与历次国会请愿运动的实践，为中华民国成立后的民权政治建设提供了一定的条件。

第六，南京临时政府的财政危机与晚清统治者的财政危机一脉相承。清朝政府早已国库空虚，在经济上留下一个烂摊子。这既有利于革命者推翻它，也在一定程度上限制了取而代之的南京临时政府可资利用的经济资源，不利于革命者自身的政权建设。

第七，民国初期的军阀割据与混战也与清末中央权力式微与地方督抚专权的趋势有关。任何历史人物对于历史的创造，“并不是随心所欲地创造，并不是在他们自己选定的条件下创造，而是在直接碰到的、既定的、从过去承继下来的条件下创造”①。

可以说，就已经成为事实的历史场景而言，“新政”的主持者与革命者之间固然势同水火，谁都希望吃掉对方，但“新政”与反清革命运动之间实际上存在一种谁也离不开谁的相互制约关系。

——节选自郭世佑《辛亥革命与清末“新政”的内在联系及其他》，《学术研究》2002 年第 9 期。

小组讨论

1. 如何理解中国同盟会建立的背景和过程？
2. 如何理解清末“新政”与辛亥革命的关系？

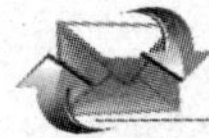

课堂引导结论

随着资产阶级革命思想的宣传，越来越多的先进人士接受并为之奋斗。这就为资产阶级革命组织的建立准备了条件。首先是建立了区域性质的资

①《马克思恩格斯选集》第 1 卷，人民出版社 1972 年版，第 603 页。

产阶级革命团体。1905年，孙中山等更进一步组织了全国性的资产阶级革命政党——中国同盟会。中国同盟会是中国各省先进人士共同发起成立的，是能够推动全国革命形势发展的资产阶级革命政党。中国同盟会借鉴欧美制度的优点，立足中国近代反帝反封建的国情，提出了“驱除鞑虏，恢复中华，创立民国，平均地权”的革命纲领。既体现了中国资产阶级的要求，又一定程度上满足了人民群众的民生诉求。中国同盟会具备较好的群众基础和经济基础，领导发动了多次反帝反清的武装起义。这些斗争推动了辛亥革命的发展并最终建立中华民国。

改革与革命的关系是个老话题，美国政治学家亨廷顿做了较详尽的论述。中国近代清末“新政”与辛亥革命的关系既可以用亨廷顿的理论进行分析，又具有自己独特的方面。通过教材知识及案例，详尽分析辛亥革命与清末“新政”是具有不同目的、不同本质的事件；同时，它们又均出现于20世纪初的近代中国，又具有不可忽视的联系。这个分析能够提高学生的理论水平。

教学要点

一、中国近代资产阶级革命运动的内容和特点

（一）提出“三民主义”思想。

（二）坚持理论宣传与革命实践相结合。

（三）对欧美资本主义制度进行辩证分析。

（四）坚持资产阶级民主革命道路。

二、如何理解清末“新政”与辛亥革命的关系

（一）孙中山等人的革命活动逼得清朝统治者加快“新政”，特别是政治体制改革即预备立宪的步伐。

（二）统治者的预备立宪促使革命者抓紧革命反清的准备，后者试图抢在宪法与君主立宪制确立之前推翻清朝。

（三）“新政”期间，新军的编练与科举制废除之后士人群体的分化与新式知识分子的兴起，为革命阵营准备了可资发动的基本力量。

（四）“新政”期间，资本主义经济的发展与预备立宪的展开，为革命者准备了自己的同盟军与合作者——资产阶级与君主立宪论者。

（五）预备立宪期间，关于民权思想的公开宣传与历次国会请愿运动的实践，为中华民国成立后的民权政治建设提供了一定的条件。

（六）南京临时政府的财政危机与晚清统治者的财政危机一脉相承。

（七）民国初期的军阀割据与混战也与清末中央权力式微与地方督抚专权的趋势有关。

教学建议

本专题主要讲述资产阶级革命派的民主共和思想，以及在这个思想指导下的武装起义。内容包括教材的第一节，以及第二节的一部分。资产阶级革命派为了建立新式的“中华民国”进行了诸多努力，理论宣传和武装起义是相辅相成的两个方面。将民主革命思想的传播和资产阶级武装起义放在一个专题讲述，更加有系统，有逻辑。充分利用本专题所列案例，对资产阶级革命派的思想和武装斗争进行深入挖掘，使学生更深刻理解辛亥革命发生发展的历程。

清末“新政”与辛亥革命的关系是对教材内容的深化。在相当长的时期内，将辛亥革命与清末“新政”完全对立的倾向比较严重。建议充分利用关于二者关系的案例，将二者关系阐述清楚。把这个问题讲清楚，是从另外一个角度论述晚清政府的彻底沉沦，论述中国近代资产阶级革命爆发的必然性和正义性。也是从另外一个角度论述中华民国南京临时政府先天不足，可以使学生更充分理解辛亥革命失败的原因——既有革命派的局限性，又有清政府遗留的难以解决的诸多问题。

专题二 中华民国的建立

案例呈现一

1. 南京临时政府的创立

以孙中山为首的南京临时政府，是资产阶级领导的民主革命的产物。临时政府中虽有立宪派和旧官僚参加，但资产阶级革命派居于领导地位。

《临时大总统宣言书》对内强调统一，克服各省起义以后各自为政的现象，以利于推翻清朝反动政府，建立一个统一的资产阶级共和国。这显然是具有积极意义的。对外要洗雪清朝反动政府的“辱国举措”，也是完全必要的。

南京临时政府成立后，在短短的三个月时间里，颁布了不少有利于民族资本主义经济、资产阶级民主政治和文化教育的法令。它宣布人民享有选举、参政等“公权”和居住、言论、出版、集会、信教等“私权”；命令各级官厅焚毁刑具，停止刑讯；通令保护华侨，禁止贩卖华工；严禁买卖人口，禁止蓄奴，解放“疍户”“惰民”等所谓“贱民”，允许他们享有“公权”和“私权”；革除历代官厅“大人”“老爷”等称呼，以及禁止蓄辫、缠足、赌博，严禁种植和吸食鸦片，等等。它颁布了保护工商业的规章，废除清代的一些苛捐杂税，奖励华侨在国内投资。它提倡以“自由、平等、博爱为纲”的“公民道德”；禁用清政府学部颁行的教科书，新编教科书必须合乎“共和民国宗旨”，废止“有碍民国精神及非各学校应授之科目”。所有这些法令，无不体现了民族资产阶级的原则和利益。

……

它坚持了民主共和的立场，在促成清朝覆灭和民国成立的革命大业上，有其不可磨灭的历史功绩。

——节选自李侃：《中国近代史》第四版，中华书局1994年版。

2. 中华民国大总统孙文宣言书

国家之本，在于人民。合汉、满、蒙、回、藏诸地为一国，即合汉、满、蒙、回、藏诸族为一人。——是曰民族之统一。

武汉首义，十数行省先后独立。所谓独立，对于清廷为脱离，对于各省为联合。蒙古、西藏，意亦同此。行动既一，决无歧趋，枢机成于中央，斯经纬周于四至。——是曰领土之统一。

血钟一鸣，义旗四起，拥甲带戈之士遍于十余行省。虽编制或不一，号令或不齐，而目的所在则无不同。由共同之目的，以为共同之行动，整齐划一，夫岂其难？——是曰军政之统一。

国家幅员辽阔，各省自有其风气所宜。前此清廷强以中央集权之法行之，遂其伪立宪之术；今者各省联合，互谋自治。此后行政，期于中央政府与各省之关系调剂得宜。大纲既挈，条目自举。——是曰内治之统一。

清朝时代，借立宪之名，行敛财之实，杂捐苛细，民不聊生。此后国家经费，取给于民，必期合于理财学理，而尤在改良社会经济组织，使人民知有生之乐。——是曰财政之统一。

以上数者，为政务之方针。持此进行，庶无大过。

八月以来，义旗飚发，诸友邦对之抱和平之望、持中立之态，而报纸及舆论尤每表其同情。邻谊之笃，良足深谢。临时政府成立以后，当尽文明国应尽之义务，以期享文明国应享之权利。清朝时代辱国之举措与排外之心理，务一洗而去之。与我友邦益增睦谊，持和平主义，将使中国见重于国际社会，且将使世界渐趋于大同。循序以进，不为幸获。对外方针，实在于是。

——节选自孙中山：《中华民国大总统孙文宣言书》，1912年1月1日。

3. 胡锦涛在纪念辛亥革命100周年大会上的讲话

孙中山先生是伟大的民族英雄、伟大的爱国主义者、中国民主革命的伟大先驱。孙中山先生站在时代前列，率先发出“振兴中华”的呐喊，希望推动中华民族摆脱封建专制统治和外国列强侵略，推动中国跟上世界发展进步的步伐、跻身世界先进行列。孙中山先生以自己的模范行动实现了“吾志所向，一往无前，愈挫愈奋，再接再厉”的誓言。在他领导和影响下，大批革命党人和无数爱国志士集聚在振兴中华旗帜之下，广泛传播革命思想，积极兴起进步浪潮，连续发动武装起义，有力推动了革命大势的形成。

辛亥革命推翻了清王朝统治，结束了统治中国几千年的君主专制制度，传播了民主共和的理念，以巨大的震撼力和深刻的影响力推动了近代中国社会变革。虽然由于历史进程和社会条件的制约，辛亥革命没有改变旧中国半殖民地半封建的社会性质，没有改变中国人民的悲惨境遇，没有完成实现民族独立、人民解放的历史任务，但它开创了完全意义上的近代民族民主革命，极大地推动了中华民族的思想解放，打开了中国进步潮流的闸门，为中华民族发展进步探索了道路。

孙中山先生和辛亥革命先驱为中华民族建立的历史功绩彪炳史册！在辛亥革命中英勇奋斗和壮烈牺牲的志士们永远值得中国人民尊敬和纪念！辛亥革命永远是中华民族伟大复兴征程上一座巍然屹立的里程碑！

——节选自《胡锦涛在纪念辛亥革命100周年大会上的讲话》，2011年10月9日。

小组讨论

1. 如何理解中华民国南京临时政府的性质?

2. 如何理解辛亥革命的历史意义?

课堂引导结论

中华民国南京临时政府是具有资产阶级共和国性质的革命政权。在临时政府的组成人选上，不但临时大总统由著名的资产阶级革命家孙中山担任，而且内阁各部组成人员也以革命派为主。在制定的各项政策上，基本上是有利于民族资本主义发展的，甚至是有利于广大劳动人民群众的。中华民国是中国历史上最早的具有近代意义的民族国家。南京临时政府在本质上不同于封建性的晚清政府。它坚持民族平等、领土完整，坚持政治、经济、文化、军事的统一，创造了关于中国政权建设的新理论，开创了中国发展的新局面。辛亥革命具有伟大的历史意义：不但在当时推动了反帝反封建革命运动的发展，促进了人们的思想解放，而且推动了中国近代社会的发展变革，为中国革命斗争开辟了新篇章。

案例呈现二

1. 中华民国临时约法评析

《中华民国临时约法》（以下简称《约法》）融注着资产阶级所梦寐以求的民主共和国的全部理想，其中贯穿着两条主线：第一是人民主权的政治原则，第二是三权分立的政治结构。前者属国体问题，即权力的归属问题；后者属政体问题，即权力的执行问题。二者是政治制度的两大中心环节。

第一，人民主权的政治原则。

人民主权是资产阶级国家学说的核心，也是孙中山民权主义思想的主体。《约法》以整个第二章规定了人民的自由、权利和义务。关于人民的自由权利、义务的这些规定，使人民主权的政治原则进一步具体化。在民主共和国刚刚诞生之际，无疑对于促进人民的觉醒，废除封建特权，具有重大意义。

然而，人民主权的政治原则以及据此规定的人民的自由、权利、义务，很明显是漏洞百出的。在阶级社会里，赋予“人民”以超阶级的意义的权利，是不现实的。《约法》中有关人民的条文最关键的是“人民有保有财产及营业之自由”，也就是说，私有财产神圣不可侵犯。作为“人民”一部分的无产阶级，这一自由已不具有任何意义；而“人民”的另一部分资产阶级则可以“合法”地“营业”，剥削无产阶级。无产阶级衣食无着、饥寒交迫，还会享受什么自由、权利呢？列宁称这种自由为“纸上的自由，而不是事实上的自由”[①]。毛泽东同志也精辟地指出：“世界上只有具体的自由，具体的民主……在政治斗争的社会里，有了剥削阶级剥削劳动人民的自由，就没有劳动人民不受剥削的自由；有了资产阶级的民主，就没有无产阶级和劳动人民的民主。”[②]《约法》第十五条规定：“本章所载人民之权利，有认为增进公益，维持治安，或非常紧急必要时，得依法律限制之。”也就是说，人民的权利可以“合法”地受到剥夺；所谓“治安”“公益”“非常紧急必要”可以随时随地任意加以解释，为破坏民主提供了一个冠冕堂皇的口实。

因而，不难看出，《约法》虽然遵循着人民主权的政治原则，然而在具体表现人民主权的内容中，又抽去了劳动人民的自由和权利。这样也就动摇了《约法》的根基。

第二，三权分立的政治结构。

参议院具有最高立法权，同时又是制宪和民意机关。参议院的权力广泛：议决法案、预决算、税法币制、度量衡准则、公债；回答咨询；受理请愿；监督政府，弹劾大总统、国务员；批准官制、官规及官吏任免，等等。

大总统和国务员具有最高行政权。大总统的职权受到严格的限制，实际的权力是在国务员。国务员包括总理和各部总长，负政治责任，直接对参议院负责，实际掌握总统所具有的职权。

法院具有最高司法权。法院负责民事诉讼、刑事诉讼的审判。为保证司法权独立行使，《约法》规定，法院“不受上级官厅之干涉”，“法官在任中，不得减俸或转职；非以法律受刑罚宣告或应免职之惩戒处分，不得解职”。

---

①《列宁全集》第29卷，人民出版社1956年版，第317页。

②《毛泽东选集》第5卷，人民出版社1977年版，第367页。

三权分立的政治结构，以权力的制衡防止独裁专权，对于几千年集权官僚政治的中国，是伟大的历史进步。但是，三权分立并非如资产阶级所吹捧的那样尽善尽美。它只不过是将普通的产业分工原则运用到国家机构而已，不可能彻底消除独裁专权，也不会保障人民的民主。另外，三权分立，互相牵掣，必然造成运转不灵，官僚主义泛滥，被独裁专权者所利用。事实证明，三权分立不仅没有约束住袁世凯和其他掌权者，而且令他们变本加厉了。三权分立仅仅成为装饰门面的一块招牌。

……

从《约法》本身的内容看，有两个致命的缺欠。其一，忽视了反帝反封建。《约法》只顾描述理想的政治，如人民主权、三权分立，没有动帝国主义和封建主义一根汗毛，给了它们喘息的机会。其二，忽视了动员人民，特别是占“人民”极大比重的农民，没有得到赖以生存的土地，难免失望。

——改编自刘锡斌：《中华民国临时约法评析》，《辽宁大学学报》（哲社版）1989年第4期。

小组讨论

为什么说《中华民国临时约法》是中国第一部具有资产阶级共和国宪法性质的法典？

课堂引导结论

《中华民国临时约法》是中国第一部具有资产阶级共和国宪法性质的法典，代表了当时中国资产阶级革命派向西方学习的重要成果。《中华民国临时约法》确立了人民主权的政治原则，相对于专制的封建体制，赋予人民群众诸多自由和权力，提高了人民群众的社会地位。《中华民国临时约法》以根本大法的形式把中国三权分立的体制确立下来，进一步说明了中华民国南京临时政府是一个带有鲜明的资产阶级共和国性质的政权。作为一部反映资产阶级利益的法典，其不足也非常明显。它不但不能从根本上保证劳动人民享受各项民主权力和自由，而且容易造成军阀、官僚、政客保持专权。可见，仅仅一个约法并不能真正确立近代中国的民主共和理念。

教学要点

一、中华民国南京临时政府是资产阶级共和国性质的革命政权

（一）临时政府组成人员大部分属于资产阶级革命派。

（二）临时政府发布的各项政策是有利于民族资产阶级发展的。

二、辛亥革命的历史意义

（一）沉重打击帝国主义势力，开辟了中国反帝斗争的新篇章。

（二）推翻了清王朝，建立了中华民国，沉重打击了封建主义，使民主共和的理念深入人心。

（三）是中国近代一场轰轰烈烈的思想解放运动。

（四）有利于社会风俗改良。

（五）推动了世界范围的民族解放运动。

三、如何评价《中华民国临时约法》

（一）《中华民国临时约法》是中国第一部具有资产阶级共和国宪法性质的法典。

（二）《中华民国临时约法》本质上反映资产阶级的利益，不能从根本上保证劳动人民享受各项民主权力和自由，不能保证三权分立原则的有序推行。

教学建议

本专题主要讲述中华民国建立后的历史。中华民国是辛亥革命的重要成果之一。中华民国的建立，是第一次在中国大地上建立起近代的资产阶级共和国，具有划时代的历史意义。教学中，要讲清楚作为资产阶级民主共和国的中华民国与封建主义晚清政府的根本区别，不局限于资产阶级性质与封建主义性质的对立，更要从民族国家的角度进行分析。资产阶级革命派领导中华民国南京临时政府，推行了一系列颠覆封建传统的变革，意义重大。讲述中，不但要深刻阐明它的资产阶级共和国性质，也要分析革命成果为什么会被北洋军阀篡夺。要讲述中华民国临时参议院颁布了《中华民国临时约法》，开创了中国制宪为民的先河，同时也要讲清楚《中华民国临时约法》的局限性表现在哪里，为什么不能进行权力制衡。

专题三

挽救民主共和的斗争

案例呈现一

1. 大总统选举法

大总统任期十年，连任亦无限制。每届应行选举大总统之年，参政院认为政治上有必要时，得以三分之二以上参政同意，即可连任，无须改选。大总统继任人由现任大总统推荐候选者三人，书于嘉禾金简，钤盖国玺，密藏于大总统府内金匮石室。金匮钥匙由大总统掌管，石室钥匙由大总统、参政院院长及国务卿分别掌管。非奉大总统命令，不得开启。选举大总统之日，由现任大总统交选举会选举。选举会由参政院参政和立法院议员各五十名组成，由大总统召集之。

根据这个选举法，袁世凯实际上成为终身总统，而且有权传子，世袭罔替。

——节选自李新：《中华民国史》第一卷，下，中华书局 1987 年版。

2. 警察系统对人民的迫害

袁世凯统治时期，警察系统几乎都由袁世凯直接控制。他们有监视人和缉捕人的特权，不受法律约束。其中尤以京畿军政执法处为最凶横，因此又有“屠人场”之称。先后担任该处总办的陆建章和雷震春都被人骂为“屠户”。

二次革命失败后，军警机关印行《乱党之真相》《孙黄小史》等书，肆意污蔑，并悬赏缉捕革命派领导人，黄兴为十万元，陈其美为五万元，还不断派遣刺客前往国外，企图暗杀孙中山。当时革命派领导人多逃亡到日本。袁政府与日本驻华公使秘密交涉，要求日本政府对有明令逮捕之“乱党”如孙中山、黄兴、陈其美、李烈钧等，一律宣布驱逐出境，并不准再行登岸。被袁政府通令缉拿的“从逆军官”前后达一百多人……这些人不能在国内立足，大都被迫流亡到国外或香港。

……

在袁政府三令五申的催促下，各省先后成立了“军法课”“探访局”“绥靖处”“军警联合会”一类的特务机关，对人民横加摧残。

——改编自李新：《中华民国史》第一卷，下，中华书局 1987 年版。

3. 袁世凯与“二十一条”

袁政府不顾全国人民的反对，于 1915 年 5 月 25 日在北京签订了所谓“中日条约”和“换文”。原“二十一条”的内容大都包括在内。

袁世凯不仅敢于卖国，而且善于花言巧语地讲“爱国”来遮掩其卖国行径。在决定接受通牒的时候，他就先拟好了一个“密谕”，于 10 日发给各级文武官吏。他说：“予以保全国家为责任，对外则力持定见，始终不移；对内则抚辑人民，勿令自扰。将及四月，持之益坚。彼遂以最后通牒迫我承认，然卒将最烈四端，或全行消灭，或脱离此案。其他较大之损失，亦因再三讨论，得以减免，而统计已经损失权利颇多，疾首痛心，愤惭交集。往者已矣，来日方长……京外各官当规劝僚属，申儆人民，忍辱负重，求其在己。切勿妄逞意气，空言嫚骂，非徒无益，反自招损。务各善体此意，努力为之。”[①] 在这个“密谕”里，他虽然装腔作势，但不得不承认“损失权利颇多”。而在公开的通电中，为保持他在中国人民面前的“体面和威风”，则厚颜无耻地说：“日本既有让步，无损主权，故决定由外交部答复。此案已结，中外敦睦。”同时，袁政府还动员各省官吏拍发贺电，颂扬“元首外交成功”，又命令御用报刊颠倒是非，把对日屈服说成是“双方交让，东亚幸福”，甚至开会庆祝“外交胜利”。然而，这一切愚弄人民的鬼蜮手段，并没有能把他承认“二十一条”要求的卖国行径掩盖住。

——改编自李新：《中华民国史》第一卷，下，中华书局 1987 年版。

小组讨论

如何评价袁世凯的倒行逆施活动？

课堂引导结论

袁世凯篡夺辛亥革命胜利果实后，从政治、经济、文化各个方面推进

① 王芸生：《六十年来中国与日本》第 6 卷，三联书店出版社 1980 年版，第 260 页。

其倒行逆施活动。袁世凯修改法律法规，剥夺了《中华民国临时约法》赋予民众的各项自由权利，确定了其专制独裁的地位，甚至妄想称帝。中国从此开始了北洋军阀封建专制统治时期。北洋军阀政府对外卖国投降。他们为了维护自身统治，大肆出卖国家主权，遭到全国人民的唾弃。北洋军阀政府根本不能成为代表中华民族利益的合法政府。北洋军阀政府在文化上尊孔复古，恢复中国封建纲常伦理道德，试图迷惑人心，维护统治。事实证明，一切开历史倒车的行为都是要破产的。

案例呈现二

1. 孙中山与中华革命党

辛亥革命虽然取得了推翻清朝的大胜利，却在袁世凯手下遭到了惨败。如何从中吸取教训，决定下一步怎样做，成为他们的重大课题。

本着他的革命信念，孙中山在日本创立中华革命党（1914 年 7 月 8 日开成立会）。从他组织中华革命党的方案中，可以看到，他是认真考虑了同盟会在辛亥革命后变为国民党的一败涂地的这段经验，企图从中吸取有益的教训，以利于再次兴起反袁世凯的斗争。但是，不管究竟如何总结经验，接受教训，却不能认为是已经很好地解决了的问题。

中华革命党成立宣言中说："此次办法，务在正本清源：一、屏斥官僚，二、淘汰假革命党，以收完全统一之效，不致如第一次革命时代（指辛亥革命——引者）异党入据，以伪乱真。"[①] 中华革命党规定，党员入党时必须按指模，立誓约。誓约的中心内容是，"为救中国危亡，拯民生困苦，愿牺牲一己之生命自由权利，附从孙先生再举革命"[②]。这是把是否愿意立誓服从孙中山看做是真假革命党人的唯一标准。

鉴于革命党蜕化变质、国家政权为旧势力篡夺的教训，孙中山在成立中华革命党时提出了划分"军政""训政""宪政"这三个时期的说法。

《中华革命党总章》规定，军政时期是"以积极武力扫除一切障碍而奠定民国基础"；训政时期是"以文明法理，督率国民建设地方自治"；等到"地

① 胡汉民：《总理全集》，上海民智书局 1930 年版，第 19 页。

② 邹鲁：《中国国民党史稿》第一册，东方出版中心 2011 年版，第 159 页。

方自治完备之后”，才创制和颁布宪法，进入宪政时期。总章中又把党员分为三等，明确规定他们各自享有不同的权利。在革命军未起义以前入党的是“首义党员”。他们在革命时期都称为“元勋公民”，“得一切参政执政之优先权利”。革命军起义后入党的是“协助党员”，在革命时期称为“有功公民”，有选举和被选举的权利。革命政府成立后入党的是“普通党员”，称为“先进公民”，那就只享有选举权利了。至于非党员，“在革命时期之内，不得有公民资格”[①]。孙中山提出这一套办法主观上是为了使下一次革命不致重蹈辛亥革命的覆辙，防止在革命军起和革命政府成立时，革命成果为投机分子和旧势力所篡夺。他以为，推迟宪法的颁布，而把革命时期的全部政权掌握在革命军兴以前就宣誓效忠于他的一小批“元勋党员”，至多再加上那些“协助党员”的手里，就可以保证革命的胜利。却没有想到，如果真是按照这样的做法，将只是使那些“元勋党员”和“协助党员”成为一个狭隘的宗派，使他的党和所要进行的革命脱离广大人民群众。

中华革命党的最高目的就是建设一个资产阶级民主共和国。但是，辛亥革命后三年的经验使人痛感到西方式的议会民主在中国行不通，丝毫不能起遏制以袁世凯为代表的旧势力的作用。孙中山在建立中华革命党时的思想是这种矛盾的反映。他解决不了这个矛盾。他为解决这个矛盾而采取的办法使他走向了民主的反面：他所建立的党以是否绝对服从领袖个人为党员之唯一标准，并且预约给予最早宣誓服从的党员以“参政执政之优先权利”；他所设想的革命时期成了少数“元勋党员”和“协助党员”统治全体连公民资格都没有的人民的政治！

——改编自胡绳：《从鸦片战争到五四运动》，人民出版社 1998 年版。

2. 梁启超反对袁世凯称帝

按当时人的用语，共和立宪就是资产阶级的民主共和。但是，梁启超的文章却又表明，他并不真正要求袁世凯实行民主共和。相反的，他认为，在共和的招牌下实行专制是可以容许的。他说：“今在共和国体之下而暂行专制，其中有种种不得已之理由。犯众谤以行之，尚能为天下人所共谅。”但如果公然废弃共和，那就难免遭天下人之反对了。所以，他的文章为袁世凯设想说，

① 胡汉民：《总理全集》，上海民智书局 1930 年版，第 119—120 页。

既然已经能够当终身大总统，而且有权使自己的儿子当继承人，那就应该满足于这种状况，“在共和国体之下而暂行专制”，何必一定要废弃共和而当皇帝呢？梁启超在举起反袁的旗帜时，对于袁世凯自己丢掉共和的招牌是深表惋惜的。

梁启超还从辛亥革命中得出经验：如果抢先抓起反袁的旗帜，是对于自己一派最有利的。他在给南京的进步党人的信中说：“当此普天同愤之时，我若不自树立，恐将有煽而用之，假以张义声者。我为牛后，何以自存。”①

——节选自胡绳：《从鸦片战争到五四运动》，人民出版社1998年版。

3. 民主共和成为不可抗拒的潮流

中国虽然有两千年帝制传统，但辛亥革命打破了这种传统，从此民主共和成为不可抗拒的潮流。梁启超在发动护国运动后说得好：“国体违反民情而能安立，吾未之前闻。今试问全国民情为趋响共和乎？为趋响帝制乎？此无待吾词费，但观数月来国人之一致反对帝制，已足立不移之铁证。”② 袁世凯违抗这种表现广大人民意志的潮流，他的失败是不可免的。

——节选自胡绳：《从鸦片战争到五四运动》，人民出版社1998年版。

小组讨论

1. 针对北洋军阀篡夺革命胜利果实的行径，以孙中山为代表的革命党人进行了哪些思考？

2. 如何理解反对袁世凯称帝的活动？

课堂引导结论

针对北洋军阀篡夺革命胜利果实的行径，以孙中山为代表的革命党人进行了不屈不挠的思考和抗争。首先是武装反抗北洋军阀的阴谋活动。革命党人先后组织了二次革命、护国战争、护法运动，这些斗争沉重打击了北洋军阀的封建专制统治。尤其是护国运动，体现了近代中国人对民主共和的广泛认知。同时，大多数革命斗争的失败也说明，开启民智的过程是

① 梁启超：《饮冰室专集》（三十三），中华书局1943年版，第28页。

② 梁启超：《饮冰室专集》（三十三），中华书局1943年版，第118页。

一项长远而艰苦的工程。其次是对自身深入思考。孙中山在革命失败中，深刻认识到革命政党在领导核心上的欠缺，力图组织更有战斗力的新型政党。于是他组织中华革命党，后来又改组为中国国民党，体现了孙中山等人在思考中不断进步。反对袁世凯称帝的护国运动是全国人民意志的反映。革命者以民主共和为理想，绝不允许任何开历史倒车的反动行为。不可否认，梁启超、康有为等对民主共和仍有抵触心理，但是他们出于反对袁世凯的需要而不得不举起民主共和的大旗。这一切都说明民主共和已经成为中国近代的发展潮流，不可逆转。

教学要点

一、北洋军阀的倒行逆施活动

（一）政治上，推行封建专制统治，投靠帝国主义。

（二）经济上，维护封建主义、帝国主义和本国大资产阶级的利益。

（三）文化上，掀起尊孔复古的逆流。

二、针对北洋军阀篡夺革命胜利果实的行径，以孙中山为代表的革命党人进行了哪些思考和斗争

（一）宋教仁改组国民党，试图组阁制衡袁世凯。

（二）孙中山发起二次革命。

（三）思考成立中华革命党。

（四）护国运动挫败袁世凯复辟帝制活动。

（五）发起护法运动。

教学建议

本专题主要讲述北洋军阀的倒行逆施，以及革命党人为挽救民主共和而进行的一系列斗争。在教学中，要充分利用案例，讲清楚以袁世凯为代表的北洋军阀为什么能够窃取革命胜利果实并推行一系列倒行逆施。可以从北洋军阀和革命党两个方面进行分析。通过分析，不但能进一步描绘北洋政府开历史倒车、卖国投降的罪恶行径，而且可以更加彻底地领悟孙中山关于政党建设思考的正确性。虽然，中华革命党并没有真正成为有组织、有力量的领导核心，但是这可以说明，孙中山思考的思路是对的，为后来最终改组为中国国民党创造了条件，也为孙中山后来确定联俄、联共的政策，创造了条件。

在挽救民主共和的斗争中，反对袁世凯称帝的护国运动是最大的胜利。这次运动发动了全国人民，声势浩大。要充分利用案例，讲清楚共和思想与帝制思想、立宪思想斗争的复杂性。同时，请清楚民主共和已经成为社会主流，没有民主共和根本不能发动群众。

革命党人一系列为挽救民主共和所做的努力的失败，标志着旧民主主义革命已经不能成为中国救国救民的选择，中国先进人士需要进行新的探索。

中 编

从五四运动到新中国成立（1919—1949）

综　述　翻天覆地的三十年

教材内容分析

中编综述是对第四、五、六、七章的绪论，是对新民主主义革命背景的介绍。本章主要讲述了从五四运动到新中国成立这一历史时期的时代背景和国际环境，以及新民主主义革命时期中国革命的对象和新民主主义革命时期中国三种政治力量围绕中国出路和命运问题的较量。本章教学的主要任务，在于讲清新民主主义革命的国际环境及其对中国革命的影响，如第一次世界大战、第二次世界大战、十月革命等重要历史事件对世界格局的影响，以及对中国革命的影响，从中总结出新民主主义革命发生发展的世界因素明显增强；同时讲清新民主主义革命时期的革命任务及三种政治力量，从而明确新民主主义革命将三座大山作为革命对象的必然性及建立人民民主专政的人民共和国的必然性。

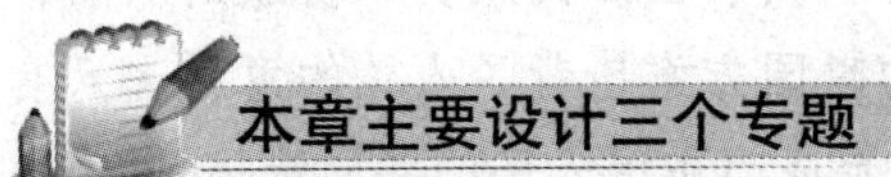

本章主要设计三个专题

- 专题一　新民主主义革命时期的时代背景：
  第一次世界大战、十月革命及第二次世界大战
- 专题二　新民主主义革命的对象：三座大山
- 专题三　三种政治力量的较量

教学设计理念

专题一相当于教材的第一个大问题。主要通过讲述第一次世界大战、十月革命和第二次世界大战，讲清楚中国新民主主义革命的时代背景以

及对中国革命的影响。第一次世界大战造成了传统欧洲中心地位的衰落，美国和日本迅速崛起，美国、英国和日本成为在中国重要的力量。十月革命创造了无产阶级社会主义革命的新时代，中国革命成为世界无产阶级社会主义革命的一部分。第二次世界大战是世界正义势力对抗法西斯势力的战争。战争胜利后，美国和苏联成为世界头号大国，欧洲中心地位彻底丧失，世界民族民主力量空前高涨。中国为世界反法西斯战争的胜利做出了巨大的贡献，国际地位空前提高，战后的形势也有利于中国和平民主运动的开展。

专题二相当于教材的第二个大问题。主要通过对当时中国各种政治力量的分析，讲清楚为什么将推翻三座大山作为新民主主义革命的对象，以及民族资产阶级的两面性。新民主主义革命时期，帝国主义、封建主义和官僚资本主义成为中国革命的对象。民族资产阶级由于深受帝国主义、封建主义、官僚资本和军阀政府等各种势力的压迫，因而成为具有革命性和妥协性的两面性的阶级。

专题三相当于教材的第三部分。主要通过讲述当时中国三种政治力量的发展演变及围绕中国前途问题上的较量，说明中国选择人民民主共和国的必然性。抗日战争胜利后，中国主要存在三种政治力量：中国共产党、中共国民党、中间党派。中国共产党主张建立人民共和国，国民党主张建立代表地主阶级和买办性大资产阶级利益的军事独裁的法西斯主义式国家，中间党派主张建立欧美式的资产阶级共和国。民族资产阶级的软弱，导致中间党派的路线破产。军事独裁的建国方案违背了人民的意愿。只有中国共产党所主张的新民主主义路线逐步成为中国人民的共同选择。

专题一

新民主主义革命时期的国际背景：第一次世界大战、十月革命及第二次世界大战

第一次世界大战与中国政治上的新变化

由于帝国主义侵华政策的变化，中国的政治也发生了很大的变化。（1）复辟丑剧不断上演。（2）北洋集团公开分化改组。袁世凯死后，北洋集团裂变为直、皖、奉三系。他们暗斗明争，甚至是兵戎相见。（3）皖系军阀气势夺人，武力统一，甚嚣尘上。（4）资产阶级革命派孙中山领导的资产阶级革命屡起屡扑，陷入绝境。

中国政治变化的成因，固然有中国社会内部自身的原因，但与帝国主义也有直接或间接的关系。前述政治变化的（2）、（3）两点，与帝国主义的战时分裂剥削政策是紧密相关的。大战期间，各帝国主义侵华的均势逐渐为日本所打破。尤其是袁世凯死后，帝国主义失去了侵略中国的共同走狗，此时又没有一个强人继起。显然在中国倡导武力统一，那只能大权归于亲日的皖系军阀。这种局面是日本所希望的，其他帝国主义是不愿意接受的。因此，帝国主义为了各自在华的利益和势力范围，各寻走狗，利用培植的走狗看管自己的势力范围或达到自己所想要达到而一时又不能达到的目的。这是势在必然之事。并且北洋军阀各派在总头子袁世凯死后，也需要各找靠山。况且军阀们都有卖国媚外的特征。这在客观上又保证了帝国主义分裂中国政策的实现。在促成北洋军阀分化改组方面，日本帝国主义行动最早、走得最远。

对于大战期间中国政治变化的（1）、（4）两点，尽管其成因主要是中国内部的自身原因，但是从客观上讲，不能说与帝国主义没有关系。

——改编自陈国清：《简论第一次世界大战对中国社会发展进程的若干影响》，《武汉大学学报》（人文科学版）2004 年第 1 期，第 19—21 页。

小组讨论

第一次世界大战给中国带来了哪些影响?

课堂引导结论

第一次世界大战造成了欧洲中心地位的衰落。按照新的实力对比划分世界，巴黎会议确定了对德国殖民地肢解的原则，但却造成了日本独占中国的局面。华盛顿会议确立了美国的“门户开放”政策，日本对中国的独占之势遭到遏制，英国卷土重来，所以一战后在中国主要是日本、美国和英国。

案例呈现二

十月革命与中国社会主义道路的选择

1918年7月1日，李大钊在《法俄革命之比较观》中指出：中国人应当热情地欢迎由十月革命开启的20世纪的革命潮流，而不是逆历史的潮流而动。吾人对于俄罗斯今日之事变，惟有翘首以迎其世界的新文明之曙光，倾耳以迎其建于自由、人道上之新俄罗斯之消息，而求所以适应此世界的新潮流，勿徒以其目前一时之乱象遂遽为之抱悲观也。之后，李大钊在《Bolshevism的胜利》《庶民的胜利》和《新纪元》等文中更明确地指明十月革命的本质。

继李大钊之后，陈独秀在1919年4月20日撰文说，18世纪法兰西的政治革命，20世纪俄罗斯的社会革命，当时的人都对着他们极口痛骂，但是后来的历史家，都要把他们当做人类社会变动和进化的大关键。1919年7月，毛泽东创办的《湘江评论》也成为歌颂十月革命的胜利、宣传马克思主义的思想阵地。1920年8月，陈独秀、李汉俊、李达、陈望道、俞秀松等人在上海组建了中国第一个共产主义小组。1921年7月23日，中国共产党第一次全国代表大会召开。大会通过了《中国共产党纲领》和《关于党的任务的决议》，决定党采取苏维埃的形式，把工农劳动者和士兵组织起来，宣传共产主义，承认社会革命为我党的首要政策。自此，中国的马克思主义者开始为在中国实现俄国人的道路而奋斗。

与此同时，一些追求资产阶级革命理想的政治家和知识分子也对十月革命表示了欢迎。孙中山在1918年夏致电列宁和苏维埃政府，希望中俄两党能够团结互助，并说中国革命党对贵国革命党所进行的艰苦斗争，表示十分钦佩，愿中俄两党团结共同斗争。此后，他逐渐确立了联合中共、联合苏联的政策，并在苏共的帮助下改组了国民党。一批国民党理论家们也称十月革命已经引起了一股浩浩荡荡的世界新潮，一股与法国大革命引起的资产阶级革命潮流不同的新潮——俄国式的社会革命。它是不可阻挡的。中国人应当顺应世界新潮，架起帆桨做一个世界的弄潮儿。他们还开始介绍与宣传马克思主义，客观上促进了马克思主义的传播。不仅如此，甚至陈炯明和蒋介石也都曾对十月革命大加赞美。

——节选自项佐涛、孔寒冰：《十月革命与中国社会主义道路的选择——解读中国人的十月革命观》，《河南师范大学学报》2008年第2期，第68页。

小组讨论

十月革命给中国带来了什么影响？

课堂引导结论

十月革命推翻了沙皇政府，建立了代表工农兵利益的苏维埃政权。十月革命开辟了无产阶级社会主义革命的新时代，建立了一条从西方无产者到东方被压迫民族的反对帝国主义的革命战线。从此，一切被压迫民族的反帝反封建的斗争都被纳入了世界无产阶级社会主义革命的时代洪流和统一战线中。因而，中国革命也成为世界无产阶级社会主义革命的一部分，中国革命得到了空前的国际援助。之后，中国共产党的建立、国共合作、中国大革命等都得到了第三国际的支持和帮助。中国革命史无前例地与世界联系在了一起。

案例呈现三

1. 反法西斯同盟的建立

苏德战争爆发后，美英两国协调反法西斯的战略。两国首脑于1941年8

月14日发表《大西洋宪章》宣布："不承认法西斯通过侵略造成的领土变更……恢复被暴力剥夺的各国人民的主权……摧毁纳粹暴政后重建和平……各国必须放弃武力削减军备，解除侵略国家的武装。"《大西洋宪章》推动了反法西斯同盟的建立。1941年12月7日太平洋战争爆发后，美国、中国、澳大利亚等国家向德、意、日宣战，国际反法西斯力量进一步壮大。在美国倡议下，1942年1月1日，26国代表在华盛顿签署《联合国家宣言》，表示赞成《大西洋宪章》的宗旨，保证运用军事和经济的全部资源同与之处于战争状态的轴心国及其仆从国家作战，相互合作，不与敌国单独缔结停战协定和和约。至此，国际反法西斯同盟正式建立。国际反法西斯同盟的建立保证和加速了世界反法西斯战争的胜利。

2. 联合国家宣言

本宣言签字国政府，对于《大西洋宪章》内所载宗旨与原则的共同方案业已表示赞同；深信完全战胜它们的敌国对于保卫生命、自由、独立和宗教自由，并对于保全本国和其他各国的人权和正义非常重要，同时它们现在在正对力图征服世界的野蛮和残暴的力量从事共同的斗争，兹宣告：

（1）每一政府各自保证对与各该政府作战的三国同盟成员国及其附从者使用其全部资源，不论军事的或经济的。

（2）每一政府各自保证与本宣言签字国政府合作，并不与敌人缔结单独停战协定或和约。

现在或可能将在战胜希特勒主义的斗争中给予物质上援助和贡献的其他国家得加入上述宣言。

——世界知识出版社编辑：《国际条约集（1934—1944）》，世界知识出版社1961年版，第342—344页。

小组讨论

1. 第二次世界大战对世界政治格局的影响是什么？
2. 第二次世界大战给中国革命带来了哪些影响？

课堂引导结论

第二次世界大战是德、意、日法西斯势力发动的侵略战争。中国、美国、英国、法国和苏联等国逐渐形成了反法西斯联盟，终于击溃了德、意、日等法西斯势力。战争使欧洲世界中心的格局彻底丧失，美国和苏联成为两大超级大国。中国为抗日战争作出了卓越的贡献，国际地位空前提高。战后，人民民主力量空前增长。这一形势有利于中国革命的进行，但也使中国人民的革命加上了冷战的色彩。

那么，在这一国际形势之下，中国革命发生了那些变化？怎样进行呢？

教学要点

一、新民主主义革命时期中国革命的时代背景发生了变化

（一）欧洲中心地位衰落，美国、日本开始崛起。

（二）苏联社会主义国家诞生，世界进入无产阶级社会主义革命的时代。

二、新的时代背景对中国革命带来的影响

（一）日本、美国和英国成为在中国的主要政治势力，中国革命的世界因素增加。

（二）中国革命得到了国际援助，成为世界无产阶级社会主义革命的一部分。

教学建议

本专题主要讲两个问题：一是第一次世界大战、十月革命及第二次世界大战对世界特别是世界政治格局的影响。通过以上案例，形象地解释一战、十月革命以及二战对世界格局造成的影响，特别是战争中和战后国际会议的召开，使得世界秩序重新划分，欧洲的中心地位逐渐丧失，后起的帝国主义国家成为侵略中国的主要力量。二是这“一大”的时代背景对中国革命的影响。通过案例，更加形象地说明，一战造成日本对中国的独占之势；十月革命使中国革命成为世界无产阶级社会主义革命的一部分；第二次世界大战后，美国和苏联崛起，他们在中国的争夺在一定程度上左右着中国解放战争的进程。

专题二 新民主主义革命的对象：三座大山

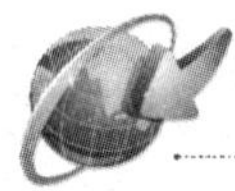

案例呈现

1. 中国革命的对象和性质

中国现时社会的性质既然是殖民地半殖民地的性质，那么，中国现阶段革命的主要对象或主要敌人，究竟是谁呢？

不是别的，就是帝国主义和封建主义，就是帝国主义国家的资产阶级和本国的地主阶级。现阶段的中国社会中，压迫和阻止中国社会向前发展的两个主要的东西，不是别的，正是它们两者。它们互相勾结以压迫中国人民，而以帝国主义的民族压迫为最大的压迫，因而帝国主义是中国人民的第一个和最凶恶的敌人。

……

中国资产阶级本来也是受着帝国主义压迫的。它也曾经领导过革命斗争，起过主要的领导作用，例如辛亥革命；也曾经参加过革命斗争，例如北伐战争和当前的抗日战争。但是这个资产阶级的上层部分，即以国民党反动集团为代表的那个阶层，它曾经在一九二七年至一九三七年这一个长时期内勾结帝国主义，并和地主阶级结成反动的同盟，背叛了曾经援助过它的朋友——共产党、无产阶级、农民阶级和其他小资产阶级，背叛了中国革命，造成了革命的失败。所以，当时革命的人民和革命的政党（共产党），曾经不得不把这些资产阶级分子当做革命的对象之一。在抗日战争中，大地主大资产阶级的一部分，以汪精卫为代表，已经叛变，已经变成汉奸。所以，抗日的人民，也已经不得不把这些背叛民族利益的大资产阶级分子当做革命的对象之一。

由此也可以明白，中国革命的敌人是异常强大的。中国革命的敌人不但有强大的帝国主义，而且有强大的封建势力，而且在一定时期内还有勾结帝国主义和封建势力以与人民为敌的资产阶级的反动派。

……

既然中国社会还是一个殖民地、半殖民地、半封建社会，既然中国革命的敌人主要的还是帝国主义和封建势力，既然中国革命的任务是为了推翻这两个主要敌人的民族革命和民主革命；而推翻这两个敌人的革命，有时还有资产阶级参加，即使大资产阶级背叛了革命而成了革命的敌人，革命的锋芒也不是向着一般的资本主义和资本主义的私有财产，而是向着帝国主义和封建主义，既然如此，所以，现阶段中国革命的性质，不是无产阶级社会主义的，而是资产阶级民主主义的。

——毛泽东：《中国革命和中国共产党》，人民出版社 1975 年 12 月版，第 17—36 页。

2. 论反对官僚资本

内战不结束，固然一切都谈不到，但是，今天尚有另一种战争，虽隐而不见，而危害极大，这即是经济战争。此种战争如不结束，则民族资本没法发展。而官僚资本抬头，霸占一切，害国害民，难以言说。

战争结束后，很多要人都去上海。他们的目的，就在于从事经济战争，以便抢夺民利。国防会议通过的第一期经济建设原则，以及六全大会通过的经济建设纲领，一致规定轻工业属于民营。而现在相反，却属于国营。

至于经营两年归还民营，实是一句谎话。几次召开国民大会，还政于民的诺言，哪一次兑现了呢？而且，今天更利用政治上的权力，修改《公司法》，只要中外二三个人就可以成立有限公司。这样下去，国营事业，成为官营事业的结果，一切归属于几个大家庭了。几个大家庭的利益，是剥夺全国国民的利益而来的。

读历史就应记起历史的教训，日本因为只顾到十二个大家庭和一个天皇的利益。国民购买力低落，于是只得向外推销，向外侵略，结果亡国。我们今天如果亦这样继续下去，那么，亦要向外侵略，亦要亡国。这是多危险的道路。今天，要快快打倒官僚资本，发展民族事业。

——周永林、张廷钰：《论官僚资本——在中国经济事业协进会招待政治协商会议代表茶会上的讲演》，重庆出版社 1983 年 9 月第 1 版，第 130—131 页。

3. 中国民族资产阶级的双重性

由于中国民族资产阶级是殖民地半殖民地国家的资产阶级，是受帝国主义压迫的，所以，虽然处在帝国主义时代，他们也还是在一定时期中和一定程度上，保存着反对外国帝国主义和反对本国官僚政府（这后者，例如在辛亥革命时期和北伐战争时期）的革命性，可以同无产阶级、小资产阶级联合起来，反对他们所愿意反对的敌人……但同时，也即由于他们是殖民地半殖民地的资产阶级，他们在经济上和政治上是异常软弱的，他们又保存了另一种性质，即对于革命敌人的妥协。

——毛泽东：《新民主主义论》，《毛泽东选集》第2卷，人民出版社1991年版，第672—673页。

小组讨论

1. 中国民主革命的对象是什么？
2. 如何理解民族资产阶级的两面性？

课堂引导结论

中国近代反帝反封建的革命斗争在本质上是资产阶级民主革命，这个性质就决定了工人阶级、农民阶级、城市小资产阶级和民族资产阶级是革命的动力。其中，工人阶级是这个革命的领导力量，农民阶级是这个革命最坚定的参与者，本国封建主义、官僚资产阶级以及外国资本主义是革命的对象。民族资产阶级一方面受到本国封建主义、官僚资本主义和外国资本主义的压迫，具有较强的反抗和革命精神；另一方面，其发展又受到本国封建主义、官僚资本主义和外国资本主义的制约，具有较强的妥协性。新民主主义革命中，要充分发扬民族资产阶级的革命精神，抑制其妥协性，使其成为中国革命的重要力量。

教学要点

（一）通过对新民主主义革命时期中国各种政治势力的分析，阐明将帝国主义、封建主义、官僚资本主义作为革命对象的必然性，特别是通过对官僚资本主义的形成和发展脉络的讲述，使学生们理解将官僚资本主义作为革命对象的原因。

（二）通过讲解民族资本主义发展的艰难过程，阐明民族资产阶级在半殖民地半封建的夹缝中生存的窘境，说明民族资产阶级的革命性和妥协性。

教学建议

本专题主要讲两个问题：一是帝国主义、封建主义、官僚资本主义是新民主主义革命的对象。帝国主义和封建主义是中国新民主主义革命的对象比较好理解，所以通过案例重点讲清楚官僚资本主义是中国新民主主义革命的对象。二是民族资本主义的艰难困境及民族资产阶级的两面性。教材通过讲述新民主主义革命时期中国几大经济形态及政治势力，来阐明新民主主义革命的对象。

专题三　三种政治力量的较量

案例呈现

1. 论联合政府

两个前途

继续法西斯独裁统治，不许民主改革；不是将重点放在反对日本侵略者方面，而是放在反对人民方面。即使日本侵略者被打败了，中国仍然可能发生内战，将中国拖回到痛苦重重的不独立、不自由、不民主、不统一、不富强的老状态里去。这是一个可能性，这是一个前途。

第二个前途。就是克服一切困难，团结全国人民，废止国民党的法西斯独裁统治，实行民主改革，巩固和扩大抗日力量，彻底打败日本侵略者，将中国建设成为一个独立、自由、民主、统一和富强的新国家。希望中国实现这个可能性、实现这个前途的，在中国是广大的人民、中国共产党及其他民主派别，在外国是一切以平等地位待我的民族、外国的进步分子、外国的人民大众。

我们和全国人民一道一定能够加以克服，而使中国的历史任务获得完成。竭尽全力地去反对第一个可能性，争取第二个可能性；反对第一个前途，争取第二个前途，是我们和全国人民的伟大任务。国际国内形势的主要方面，是有利于我们和全国人民的。

……

那么，我们的主张是什么呢？我们主张在彻底地打败日本侵略者之后，建立一个以全国绝大多数人民为基础而在工人阶级领导之下的统一战线的民主联盟的国家制度。我们把这样的国家制度称为新民主主义的国家制度。

这是一个真正适合中国人口中最大多数的要求的国家制度。因为，首先，它取得了和可能取得数百万产业工人、数千万手工业工人和雇佣农民的同意；其次，也取得了和可能取得占中国人口百分之八十，即在四亿五千万人口中占了三亿六千万的农民阶级的同意；又其次，也取得了和可能取得广大的城市小资产阶级、民族资产阶级、开明士绅及其他爱国分子的同意。

……

我们主张的新民主主义的政治，就是推翻外来的民族压迫，废止国内的封建主义的和法西斯主义的压迫，并且主张在推翻和废止这些之后不是建立一个旧民主主义的政治制度，而是建立一个联合一切民主阶级的统一战线的政治制度。

我们主张的新民主主义的经济，也是符合于孙先生的原则的。在土地问题上，孙先生主张"耕者有其田"。在工商业问题上，孙先生在上述宣言里这样说："凡本国人及外国人之企业，或有独占的性质，或规模过大为私人之力所不能办者，如银行、铁道、航空之属，由国家经营管理之；使私有资本制度不能操纵国民之生计，此则节制资本之要旨也。"在现阶段上，对于经济问题，我们完全同意孙先生的这些主张。

新民主主义的文化，同样应该是"为一般平民所共有"的，即是说，民族的、科学的、大众的文化，决不应该是"少数人所得而私"的文化。

……

在中国，为民主主义奋斗的时间还是长期的。没有一个新民主主义的联合统一的国家，没有新民主主义的国家经济的发展，没有私人资本主义经济和合作社经济的发展，没有民族的、科学的、大众的文化即新民主主义文化的发展，没有几万万人民的个性的解放和个性的发展，一句话，没有一个由共产党领导的新式的资产阶级性质的彻底的民主革命，要想在殖民地半殖民地半封建的废墟上建立起社会主义社会来，那只是完全的空想。

——毛泽东：《论联合政府》，人民出版社1975年12月第1版，第31—45页。

2. 中国民主同盟一届三中全会

民盟《三中全会宣言》分析了国内外形势，提出了民盟对时局的态度与主张。（1）“南京国民党反动集团既已关闭和平之门，且不复容许任何不同意一党专政的反对党存在，则欲实现中国的和平民主，已不可能由谈判妥协中求之。我们必须粉碎一个独裁反动贪污腐化的政权，才能建立一个和平、民主、廉洁、有效能的新政权。”（2）“我们要反对的不只是独裁者个人，而是那代表地主、豪绅、买办、封建的整个集团。为了彻底消灭整个反动集团的统治，中国人民就得彻底消除这一反动统治所寄托的经济基础，那就是彻底消灭封建剥削的土地关系，实行耕者有其田，彻底实行土地改革。”（3）“坚决地反对美国目前的对华政策，反对美国把中国当成远东反苏反共的基地，反对美国反动派一切直接间接危害中国主权的行动。”“决不承认美国政府与南京政府所签订的一切损害中国人民利益的条约，并认为美国政府给予南京政府的所有援助，都是与中国人民为敌。”（4）“本盟愿伸出手来，欢迎一切民主党派的合作，而且要与一切民主党派结成坚强的民主统一战线”。宣言指出，“中国共产党有为民主事业而奋斗的历史。日寇投降以来，为实现国内和平的努力，是值得每个爱国的中国人赞佩，本盟今后要与他们携手合作”，“最近国民党革命委员会的成立，因为他是国民党的新生，也是中山先生革命精神的复活，本盟亦致其深挚的期望，并愿与共同奋斗”。

民盟《三中全会政治报告》强调，民主同盟的立场“就是人民的立场，民主的立场，因而也必然是革命的立场”，反对中立的态度和所谓中间路线。《政治报告》认为民主同盟过去以和平、公开、合法的方式去争取民主，现在已经不可能了，“今后自应当积极地支持以人民的武装去反抗反人民的反动的武装”。

……

民盟三中全会标志着中国民主同盟与中国共产党的携手合作，为彻底摧毁南京反动独裁政府，为彻底实现民主、和平、独立、统一的新中国而奋斗到底。这一变化，无疑是中国民主同盟的历史转折，进一步扩大、巩固了中国共产党领导的新民主主义统一战线，促进了中国革命之发展。从此，中国民主同盟在中国革命的道路上又迈开了新的一步。

——中国人民大学中共党史系中国革命问题教研室：《中国民主同盟历史教学参考资料（1941—1949 年）》，中国人民大学出版社 1982 年 1 月第 1 版，第 111—118 页。

小组讨论

1. 第三条道路为什么会破产？

2. 中国共产党的建国方案为什么最终成为中国人民的共同选择？

课堂引导结论

第三条道路不适合中国的国情。中国共产党的建国方案适应了中国人民和时代的要求，所以成为中国人民的最终选择。

教学要点

（一）通过对中国共产党、中国国民党和民主党派主张的分析，阐述抗日战争后中国面临的三种政治力量、两个建国命运选择的事实。

（二）通过对中间党派主张的分析和中间党派坚持的方案遭到种种打击的历史事实，说明中间道路在中国的破产。

（三）通过对国民党方案的分析以及解放战争形势的分析，阐述其方案违背中国人民的利益。

（四）通过对中国共产党主张的分析，阐明这一方案最终得到了全国人民的支持，成为时代的选择。

教学建议

本专题主要讲两个问题：一是抗日战争后中国所面临的三种政治力量及建国方案、两个中国之命运的选择。可以通过分析《论联合政府》来说明当时中国的主要政治力量及建国方案，尤其要阐明中国共产党的主张是顺应民意的。二是中国共产党的建国方案成为中国人民的最终选择。对中国共产党和中国国民党的主张的分析相对容易，所以分析中间道路及其破产是重要内容。课堂讲解可以通过分析李闻血案等历史事实，分析中国民族资产阶级自身特点和中国国情，解释第三条道路破产的原因。

第四章　开天辟地的大事变

教材内容分析

对于本章内容，教材分为三节来讲述。主要讲述中国近代先进人士学习、宣传马克思主义的背景和过程，讲述中国共产党成立的背景和过程，以及中国共产党成立后发动的工农运动和国民革命。马克思主义是解放全人类的指导思想。随着晚清封建王朝的结束，近代中国人的思想日益解放，再加上俄国十月革命的影响，为近代先进中国人学习、研究、宣传马克思主义奠定了良好的社会环境。中国的早期马克思主义者，建立了伟大的中国共产党。他们以推翻国内外反动势力，解放全中国为己任，与共产国际和中国国民党积极合作，开启了中国近代革命的新篇章。此后，中国的革命和建设，与中国共产党的发展紧密联系，成为一个不可分割的整体。

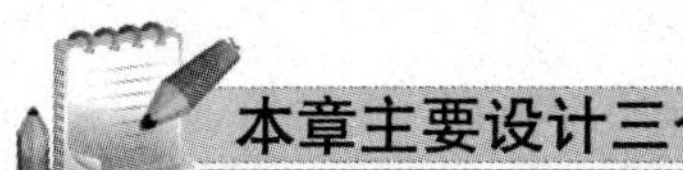

本章主要设计三个专题

- 专题一　新民主主义革命的开端
- 专题二　中国共产党的创建
- 专题三　国共合作，掀起大革命的高潮

教学设计理念

专题一的内容主要根据教材第四章第一节的内容形成，主要讲述新文化运动和五四运动的历史。新文化运动是中国近代的思想解放运动，这场运动以改造“国民性”为指导思想，宣传民主和科学，宣传近代的新道德、新文学，推动了近代中国人的思想解放，为五四运动以及马克思主义的传播准备了条件。五四运动是青年学生发起的席卷社会所有阶层的反帝爱国运动，标志着中国先进的工人阶级开始登上历史舞台，标志着中国新民主主义革命的开始。

专题二主要讲述马克思主义在中国传播以及中国共产党创建的历史。十月革命的一声炮响给中国送来了马克思主义。马克思主义是解放底层群众的指导思想；是致力于建立自由平等的国内国际秩序，引导人的自由全面发展的思想，给予中国人以新的启示。这个启示指导中国人学习、研究、宣传马克思主义，为中国共产党的创建准备了条件。同时，以上条件也决定了中国共产党的先进性、群众性和革命性。中国共产党是在中国工人阶级日益成熟的背景下建立的。它借鉴苏俄的组党经验和革命经验，开辟了中国新民主主义革命的新篇章。因此，中国共产党的创建是中国开天辟地的大事变。

专题三主要介绍国共合作并发起国民革命的历史。中国共产党的先进性和革命性是毋庸置疑的。但是，鉴于刚刚成立，力量较弱，尚不了解中国国情及革命规律。与此相反，反革命的力量非常强大而残忍。中国共产党史无前例地提出了群众路线的革命策略和统一战线的革命策略，积极争取共产国际的帮助，与中国国民党合作，开辟了国民革命的新局面。

专题一

新民主主义革命的开端

案例呈现一

1. 陈独秀创办《青年杂志》

《新青年》的创刊标志着新文化运动的兴起，它擂响了思想解放运动的战鼓。

创刊号上的第一篇文章是陈独秀撰写的《敬告青年》。陈独秀号召青年“奋其智能，力排陈腐朽败者以去”，并提出了六项标准：

（1）自主的而非奴隶的。（2）进步的而非保守的。（3）进取的而非退隐的。（4）世界的而非锁国的。（5）实利的而非虚文的。（6）科学的而非想象的。

《敬告青年》一文是陈独秀发动新文化运动的宣言书，贯穿于六项标准中的一条红线是科学与民主。科学与民主是检验一切政治、法律、伦理、学术以及社会风俗、人们日常生活一言一行的唯一准绳。凡违反科学与民主的，哪怕是“祖宗之所遗留，圣贤之所垂教，政府之所提倡，社会之所崇尚，皆一文不值也”。

《新青年》是在近代中国几代人向西方学习的基础上诞生的，对科学与民主的宣传是对过去新学传播的批判性继承与发展，是对辛亥革命一次必不可缺少的政治思想的补课。陈独秀把近代中国的思想发展及其斗争，推进到一崭新阶段，一个坚决、彻底地反对封建主义斗争的新阶段。

——节选自任建树：《陈独秀传》，上海人民出版社 1989 年版。

2. 胡适打孔家店

胡适攻击孔教，矛头首先指向以孔孟之道为核心的旧伦理、旧道德，批判专制主义的“节烈”和“孝道”。当年的中国帝制颠覆不久，所谓“三纲五常”一套宗法伦理道德仍紧紧地束缚着人们的思想，“贞节牌坊”和“孝子牌坊”仍到处可见，北洋军阀统治下的共和政府居然在正式颁布的《褒扬条例》中明文规定表彰“节烈”的条款。民国治下，寡妇守节、烈女殉夫的怪事屡见不鲜。1918 年 7 月，胡适发表《贞操问题》[①] 一文。

胡适在文章中指出：“我以为我们今日若要作具体的贞操论，第一步就该反对这种忍心害理的烈女论。要渐渐养成一种舆论，不但永不把这种行为看作猗欤盛矣可旌表褒扬的事，还要公认这是不合人情、不合天理的罪恶；还要公认劝人做烈女，罪等于故意杀人。”对“节烈”的攻击可算是抓住本质，冲击了要害。

胡适还写有《美国的妇人》《论贞操问题》《论女子为强暴所污》[②] 等几篇文章，也批判“饿死事极小，失节事极大”的理学谬论及“良妻贤母”主义，宣传男女平等和妇女解放，在当时都颇有影响。

——节选自易竹贤：《胡适传》，湖北人民出版社 1987 年版。

3. 孔子之道与现代生活

现代生活，以经济为之命脉，而个人独立主义，乃为经济学生产之大则，其影响遂及于伦理学。故现代伦理学上之个人人格独立，与经济学上之个人财产独立，互相证明，其说遂至不可摇动；而社会风纪，物质文明，因此大进。中土儒者，以纲常立教。为人子为人妻者，既失个人独立之人格，复无个人独立之财产。父兄畜其子弟，子弟养其父兄。西洋个人独立主义，乃兼伦理、经济二者而言，尤以经济上个人独立主义为之根本也。

今日文明社会，男女交际，率以为常。论者犹以为女性温和，有以制男性粗暴，而为公私宴聚所必需。即素不相知之男女，一经主人介绍，接席并舞，不以为非。孔子之道则曰“男女不杂座”，曰“嫂叔不通问”，曰“已嫁而反，兄弟弗与同席而坐，弗与同器而食”，曰“男女非有行媒，不相知名；非受币，不交不亲”（均见《曲礼》），曰“女子出门，必拥蔽其面”，曰“七年（即七岁）男女不同席，不共食”（均见《内则》），曰“男女无媒不交，无币不相见”，曰“礼非祭，男女不交爵”（均见《坊记》）。是等礼法，非独与西洋社会生活状态绝殊，又焉能行于今日之中国？

①《新青年》第 5 卷第 1 号，1918 年 7 月 15 日。

②《美国的妇人》，《新青年》第 5 卷第 3 号；《论贞操问题》，《新青年》第 6 卷第 4 号；《论女子为强暴所污》系书信，当时未发表。后来三篇一并收入《胡适文存》卷四。

西洋妇女独立自营之生活，自律师医生以至店员女工，无不有之。而孔子之道……是盖以夫为妇纲，为妇者当然被养于夫，不必有独立生活也。

妇于夫之父母，素不相知，只有情而无义。西洋亲之与子，多不同居；其媳更无孝养翁姑之义务。而孔子之道则曰：“戒之敬之，夙夜毋韦命。”“妇事舅姑，如事父母。”“父母舅姑之命，勿逆勿怠。”“子甚宜其妻，父母不悦，出。”此恶姑虐媳之悲剧所以不绝于中国之社会也！

西俗于成年之子，不甚责善，一任诸国法与社会之制裁。而孔子之道则曰：“父母怒不悦，而挞之流血，不敢疾怨，起敬起孝。”此中国所以有“父要子死，不得不死；君要臣亡，不得不亡”之谚也。

西洋丧葬之仪甚简，略类中国墨子之道。儒家主张厚葬，丧礼之繁，尤害时废业，不可为训。

以上所举孔子之道。吾愿尊孔诸公叩之良心：自身能否遵行，征之事实能否行之社会；即能行之，是否增进社会福利国家实力，而免于野蛮黑暗之讥评耶？吾人为现代尚推求理性之文明人类，非古代盲从传说之野蛮人类，乌可以耳代脑，徒以儿时震惊孔夫子之大名，遂真以为万世师表，而莫可议其非也！

——陈独秀：《孔子之道与现代生活》，《新青年》2卷4号，1916年12月1日。

小组讨论

1. 分析新文化运动的原因、背景。
2. 如何理解新文化运动的历史意义？
3. 如何理解“全盘西化”思想？

课堂引导结论

新文化运动是一场伟大的思想解放运动。它发起于国内外环境发生了重大变化的近代中国。一方面，帝国主义侵华由商品输出转变为资本输出，逐渐控制中国的政治、经济。中国已经陷入半殖民地半封建社会的深渊。另一方面，中华民国的建立为冲破封建礼教，宣传资产阶级民主共和思想提供了社会条件。

新文化运动是一场资产阶级新文化与封建主义旧文化的斗争。它宣传民主与科学，宣传新道德，主张文学革命，以磅礴的气势打击了中外保守反动势力，开启了人们追求自由平等的风潮，也为马克思主义传入中国并迅速传播准备了思想基础。

新文化运动将“全盘西化”的思想进一步发扬光大。向西方学习是中国近代先进分子的重要选择。新文化运动时期更是从中西文化对比的角度，论证只有学习西方才有出路。当然不可否认，这股“全盘西化”的思潮，主要涉及思想层面，以反孔、反纲常伦理道德为主要内容，并不能将其解释为“事事不如人”的洋奴思想，而是反映了当时人学习西方、主张变革的决心和信心。

案例呈现二

1. 梁启超：五四运动导火索的点燃者

1918年11月，第一次世界大战结束，巴黎和会即将召开。梁启超以在野之身，向当时的总统徐世昌建议，成立了以政界元老、前外交总长代理国务总理汪大燮为委员长，进步党主要领袖、前司法总长林长民为事务长的总统府外交委员会，负责和会特定期间的外交事务。他又筹措了10万元经费，挑选了一批著名学者专家作为随员，于年底动身前往欧洲。目的是“想拿私人资格将我们的冤苦向世界舆论申诉申诉”。行前，他还建议国内报界紧密配合和会上的外交努力。日本驻华代理公使芳泽试图探听他对处理山东问题的态度。梁启超郑重指出：德国在1898年强行“租借”的胶州湾必须无条件地交还中国。

……

在巴黎，梁启超作为民间代表进行了频繁的游说活动，发挥了出席和会的中国外交代表所起不到的作用。他在万国报界俱乐部举行的欢迎宴会上慷慨陈词道：“若有别一国要承袭德人在山东侵略主义的遗产，就为世界第二次大战之媒，这个便是平和之敌。”但是，尽管进行了一切努力，仍然无济于事。

4月29日，英、美、法三国会议，将原来德国在山东的权益全部让给日本。面对这种情形，北京政府派出的中国出席和会首席代表陆征祥竟然也考虑要签字了。在这紧急关头，梁启超致电汪大燮、林长民，建议警醒国民和政府，拒绝在和约上签字。其电文称：“汪、林二总长转外协会：对德国事，闻将以青岛直接交还，因日使力争，结果英、法为所动。吾若认此，不啻加绳自缚。请警告政府及国民严责各全权，万勿署名，以示决心。”

林长民4月30日接到梁启超电报，5月1日写成《外交警报敬告国人》一文，刊载在5月2日的《晨报》头版头条。

5月3日晚7时，北京大学全体学生和十几所其他学校学生代表在法科大礼堂召开大会。议决进行办法四项：“一、联合各界一致力争；二、通电巴黎专使，坚持不签字；三、通电各省，于5月7日国耻纪念举行游街示威运动；四、定于星期（即4日）齐集天安门，举行学界之大示威。”五四运动就这样爆发了。

——节选自吴城：《梁启超：五四运动导火索的点燃者》，《世纪风采》，2009年5月。

2. 李长春在纪念五四运动90周年大会上的讲话

90年前爆发的五四运动，掀起一场有工人阶级、小资产阶级、民族资产阶级和其他爱国人士广泛参加的全国性群众斗争。具有划时代意义的五四运动，揭开了中国人民彻底反帝反封建的崭新篇章，标志着中国新民主主义革命的伟大开端。

90年前爆发的五四运动，也是一场伟大的思想解放运动和新文化运动。许多追求真理、追求进步的人们，开始用新的眼光看中国、看世界，开始怀疑资产阶级共和国的救国方案。一批先进的青年知识分子，从俄国十月革命的胜利中，看到了马克思主义的伟大力量，看到了国家民族的前途和希望，从而自觉接受马克思主义，积极传播马克思主义，促进马克思主义同中国工人运动的结合。这为中国共产党的成立提供了思想上和干部上的准备，并使社会主义思想成为五四运动后新文化运动的主流。

90年前爆发的五四运动，孕育了爱国、进步、民主、科学的伟大五四精神。五四时期，革命青年为争取民族独立、维护国家主权和领土完整而奋不顾身，为反对帝国主义的奴役和封建军阀政府的卖国行径而奔走呼号；先进青年知识分子高举民主和科学的旗帜，积极探索指导中国人民根本改变受奴役、受压迫地位的科学真理和发展道路。他们以高尚的爱国情操和大无畏的英雄气概，诠释了五四精神的丰富内涵，树立了一座推动中国历史进步的不朽丰碑。这是中华民族百折不挠、自强不息的民族精神的生动写照，是抵御外侮、赢得民族独立和人民解放的强大精神支柱，是激励全体中国人民为实现中华民族伟大复兴而团结奋斗的宝贵精神财富。

——节选自李长春：《在纪念五四运动90周年大会上的讲话》，2009年5月4日。

小组讨论

1. 分析五四运动爆发的原因、背景。

2. 如何理解五四运动的伟大历史意义？

课堂引导结论

五四运动是由当时发展变化的内外形势促成的。从国内来看，民族资本主义经济有了较大发展。中国的工人阶级数量达到200万，而且主要集中在沿海、沿江大城市。他们在辛亥革命的浪潮中得到锻炼，在新文化运动的浪潮中得到发展。中国近代社会的发展为五四运动奠定了经济基础和阶级基础。新文化运动是五四运动的思想基础。新文化运动作为一场声势浩大的思想解放运动，推动民众从纲常伦理道德的束缚中解放出来。先进中国人不但进一步坚定了追求独立解放的决心，而且研究救国救民的新理论，为新的革命风暴准备了思想基础。从国际来看，帝国主义侵略给中国带来的灾难日益严重，尤其是巴黎和会上中国外交的失败，进一步推涨了中国人民反对帝国主义侵略的决心和勇气。

五四运动是一场社会各阶层全面参与的彻底的反帝反封建的群众运动。这场运动显示了中国工人阶级的伟大力量，标志着中国工人阶级登上政治舞台，开始成为中国革命的领导力量。五四运动中，各阶层民众坚持斗争，不达目的不罢休，体现了中国人反帝反封建的决心。这种彻底性与旧民主主义革命完全不同，给予近代中国人新的启示。五四运动中，马克思主义开始发挥指导作用。五四运动将中国反帝反封建斗争提升到一个新阶段、新水平，标志着中国新民主主义革命的开端。

教学要点

一、新文化运动的主要口号及意义

（一）新文化运动的两大主要阵地：北京大学和《新青年》编辑部。

（二）民主是指资产阶级民主，科学主要是指自然科学。

（三）新文化运动是一场思想解放运动。五四运动前，新文化运动主要是宣传资产阶级民主主义；五四运动后，新文化运动主要宣传马克思主义。

二、五四运动的特点和意义

（一）五四运动是一次群众性运动，青年学生发挥了先锋作用，工人阶级起到了主力军的作用。

（二）五四运动是一次彻底的反帝反封建运动。以巴黎和会外交失败为导火线，各阶层群众坚定地维护中国主权，坚定地反对卖国贼，体现出前所未有的彻底精神。

（三）五四运动中，马克思主义广泛传播，并开始发挥指导作用。五四运动是中国新民主主义革命的开端。

教学建议

本专题主要讲述两个问题：新文化运动和五四运动。

新文化运动的案例侧重于原因、背景分析，使学生更深刻了解新文化运动为什么会而且必须发生。讲清背景的过程，也是分析新文化运动历史意义的过程——有利于解决近代中国社会的问题，推动思想解放。新文化运动的一个重要思想是“全盘西化”。要通过案例，充分讲述陈独秀、胡适等人的学习西方思想。讲清楚当时人们的中西对比主要侧重于以纲常伦理道德为基础的思想文化方面，讲清楚“全盘西化”思想体现了当时人们向西方学习救国之路的决心。

五四运动的案例侧重于背景及意义的分析解读。巴黎和会中国外交失败是五四运动的导火线，讲清巴黎和会才能使学生深刻理解五四运动发生的背景。五四运动是国内外形势共同促成的。建议案例与教材充分结合，讲清楚五四运动的时代背景。五四运动是中国青年学生和工人阶级的协同作战，体现了中国青年的革命精神和献身精神，对当年也有着重要的指导意义。

专题二

中国共产党的创建

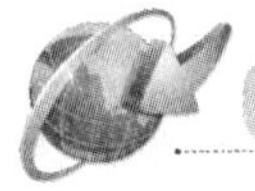

案例呈现一

1. 回到历史现场感受中共建党历程

中国共产党成立以前，中国的马克思主义思想大部分是经由日本传进中国的。共产党的前身，即上海共产主义小组的大部分成员都曾留学日本。李达、李汉俊则在留学时对日本的社会主义思潮产生共鸣，因而在回国时带回了许多日本的有关社会主义的文献。甚至有些青年，如茅盾的弟弟沈泽民和张闻天等，赴日留学就是为了搜集社会主义文献。

中国早期共产主义运动的核心人物，如陈独秀、李汉俊、李达、陈望道等，都是外来知识的介绍者、诠释者，这绝不是偶然的。五四时期，中国知识界宛如各种新思潮的大熔炉，就像董必武所说“有无政府主义、社会主义、日本的合作运动等等，各种主义在头脑里打仗”，需要像李汉俊那样的先导人物来“把头绪理出来”指点迷津。

此时，陈独秀认为，中国需要是“直接行动，革那资产阶级据以造作罪恶的国家、政治、法律的命”。

……

通常，由陈独秀等在中共第一次大会前结成的上海的共产主义小组，被称为上海共产主义小组，或中共发起组。上海共产主义小组在建党过程中起到了重要作用。它不仅是中国第一个共产主义小组，而且直接组织并领导了全国的建党工作。

党史专著《上海共产主义小组》中根据陈望道、邵力子的回忆，认为1920年5月成立的“马克思主义研究会”是该小组的雏形。在这个研究会的基础上，在魏金斯基支持下，七八月间诞生了有比较完整党纲的上海共产主义小组，称共产党或社会党。这也是很多党史资料的普遍说法。

上海共产主义小组成立后，工作重点放在了宣传马列思想与完善组织建设两个方向上。

——节选自《回到历史现场感受中共建党历程》，《三联生活周刊》，2011年06月24日第26期。

2. 再论问题与主义

就以俄国而论，罗曼诺夫家没有颠覆，经济组织没有改造以前，一切问题，丝毫不能解决。今则全部解决了。依马克思的唯物史观，社会上法律、政治、伦理等精神的构造，都是表面的构造。它的下面，有经济的构造作它们一切的基础。经济组织一有变动，它们都跟着变动。换一句话说，就是经济问题的解决，是根本解决。经济问题一旦解决，什么政治问题、法律问题、家族制度问题、女子解放问题、工人解放问题，都可以解决。可是专取这唯物史观（又称历史的唯物主义）的第一说，只信这经济的变动是必然的，是不能免的，而于他的第二说，就是阶级竞争说，了不注意，丝毫不去用这个学理作工具，为工人联合的实际运动，那经济的革命，恐怕永远不能实现；就能实现，也不知迟了多少时期。有许多马克思派的社会主义者，很吃了这个观念的亏，天天只是在群众里传布那集产制必然的降临的福音。结果除去等着集产制必然的成熟以外，一点的预备也没有作。这实在是现在各国社会党遭了很大危机的主要原因。我们应该承认：遇着时机，因着情形，或须取一个根本解决的方法，而在根本解决以前，还须有相当的准备活动才是。

——节选自李大钊：《再论问题与主义》，《每周评论》第35号，1919年8月17日。

3. 中国共产党宣言

共产主义者的理想

A. 对于经济方面的见解

共产主义者主张将生产工具收归社会共有，社会共用。要是生产工具收归共有共用了，私有财产和凭银制度就自然跟着消灭。造成剥夺的根源的东西——剩余价值——再也没有地方可以取得了。

B. 对于政治方面的见解

共产主义者主张废除政权。私有财产和凭银制度都废除了，政权、军队和法庭当然就用不着了。

C. 对于社会方面的见解

共产主义者要使社会上只有一个阶级（就是没有阶级），就是劳动群众的阶级。

共产主义者的目的

共产主义者的目的是要按照共产主义者的理想，创造一个新的社会。但是要使我们的理想社会有实现之可能，第一步就得铲除现在的资本制度。

共产党的任务是要组织和集中这阶级争斗的势力，使那攻打资本主义的势力日增雄厚。

这一定要向工人、农人、兵士、水手和学生宣传，才成功的；目的是要组织一些大的产业组合，并联合成一个产业组合的总联合会，又要组织一个革命的无产阶级的政党——共产党。

革命的无产阶级的产业组合定要用大罢工的方法，不断地扰乱资本家的国家，使劳动群众的敌人日趋。要是到了可以从资本家手中夺得政权的最后争斗的时机，由共产党的号召，宣布总同盟罢工。这就是给资本制度一个致命的打击。

并且当资本家被打倒了之后，这些产业组合就变成了共产主义的社会中主管经济生命的机关。

资本家政府的被推翻，和政权之转移于革命的无产阶级之手，这不过是共产党的目的之一部分，已告成功，但是共产党的任务还没有完成，因为阶级争斗还是继续的，不过改换了一个方式罢了——这方式就是无产阶级专政。

——节选自《中国共产党宣言》，1920年12月10日。

小组讨论

中国早期马克思主义者是如何理解马克思主义和马克思主义运动的？

课堂引导结论

五四运动后，马克思主义在中国逐渐被更多先进分子认同并学习。他们坚持学习马克思主义经典著作，对马克思主义的实质有了深刻的理解。他们坚持深入工农群众，与他们打成一片，引导中国底层群众爆发出无限的革命精神。他们坚持与非马克思主义思想进行坚决的斗争。这些斗争使近代中国人认清了非马克思主义是不能救中国的。他们认识到中国社会条件与西欧甚至俄国的巨大差异，一开始就有了马克思主义与中国实际相结合思想的萌芽。中国早期马克思主义者论述了马克思主义三部分之间的关系，将马克思主义作为中国革命的指导思想，将社会主义、共产主义作为自己的最高理想。

案例呈现二

1. 毛泽东与中共“一大”

毛泽东是一九二一年六月接到赴上海参加中国共产党第一次代表大会通知的。参加这次会议的有国内外七个共产主义小组派出的十二位代表。这是一次年轻人的会议。最年长的何叔衡不过四十五岁，最年轻的刘仁静只有十九岁。十五位与会者的平均年龄二十八岁，正巧是毛泽东的年龄。以后改变整个中国面貌的中国共产党，最初就是由这样一些年轻人成立起来的。他们或西装革履，或身着长袍，是一色的知识分子。

毛泽东除担任记录外，只作过一次发言，介绍长沙共产主义小组的情况。的确，毛泽东有着许多实际活动经验，但他不像在座的李汉俊、刘仁静、李达等精通外文，饱读马克思著作。共产党的第一次会议上，不少人常常引经据典，涉及许多理论问题。毛泽东给与会者留下的印象是老成持重，沉默寡言，“很少发言，但他十分注意听取别人的发言”[①]。他很注意思考和消化同志们的意见，常在住的屋子里“走走想想，搔首寻思”，乃至“同志们经过窗前向他打交道的时候，他都不曾看到。有些同志不能体谅，反而说他是个‘书呆子’‘神经质’”[②]。

八月中旬，毛泽东回到长沙。他抓紧时间读了些书，特别“把英文作为主课，每天多少必读几句，诚已晓得非读不可了”[③]。

各地党组织的工作，一般从两方面着手：一、利用职业关系进行宣传和发展党员；二、想法接近工人，组织工人运动。毛泽东也是这样开始他建党初期

①《“一大”前后》（二），人民出版社 1980 年版，第 215 页。

②《“一大”前后》（二），人民出版社 1980 年版，第 12 页。

③《“一大”前后》（二），人民出版社 1980 年版，第 570 页。

的活动的。

——节选自金冲及：《毛泽东传》，中共中央文献出版社2011年版。

2. 中国共产党第一个纲领

二、我们党的纲领如下：

（1）革命军队必须与无产阶级一起推翻资本家阶级的政权，必须援助工人阶级，直到社会阶级区分消除的时候；

（2）直至阶级斗争结束为止，即直到社会的阶级区分消灭为止，承认无产阶级专政；

（3）消灭资本家私有制，没收机器、土地、厂房和半成品等生产资料；

（4）联合第三国际。

三、我们党承认苏维埃管理制度，要把工人、农民和士兵组织起来，并以社会革命为自己政策的主要目的。中国共产党彻底断绝与资产阶级的黄色知识分子及与其类似的其他党派的任何联系。

——节选自《中国共产党第一个纲领》，1921年7月。

3. 关于当前实际工作的决议

一、工人组织。本党的基本任务是成立产业工会。党在工会里要灌出阶级斗争的精神。党应该警惕，勿使工会成为其他党派手中的玩物。

二、宣传。不论中央或地方出版的一切出版物，其出版工作均应受党员的领导。

三、工人学校。因为工人学校是组织产业工会过程中的一个阶段，所以在一切产业部门均应成立这种学校。

四、工人组织的研究机构。成立该机构的主要目的应为教育工人，使其在实践中能够实现共产党的思想。

五、对现有政党的态度。对现有政党，应采取独立的政策。在政治斗争中，我们应始终站在完全独立的立场上，只维护无产阶级的利益，不同其他政党建立任何联系。

——节选自《关于当前实际工作的决议》，1921年7月。

4. 中国劳动组合书记部宣言

中国劳动组合书记部是由上海——中国产业的中心——的一些劳动团体

所发动的，是一个要把各个劳动组合都联合起来的总机关。它的事业是要发达劳动组合，向劳动者宣传组合之必要；要联合或改组已成的劳动团体，使劳动者有阶级的自觉，并要建立中国工人们与外国工人们的密切关系。

——节选自《中国劳动组合书记部宣言》，1921 年 8 月。

小组讨论

1. 为什么说中国共产党成立是开天辟地的大事变？

2. 中国共产党成立后是如何发动工农运动的？

课堂引导结论

中国共产党成立是开天辟地的大事变。从案例中可以发现，当时的中国共产党还处于地下状态，而且早期中国共产党人关于做哪些工作、怎样展开工作并没有明确的规定，只是论证了与工农群众尤其是工人密切结合的重要性。因此，党的“一大”后，早期中国共产党人通过不断摸索，发起并形成了第一次工人运动的高潮。通过中国共产党和各地各级工会组织，广大工人有组织、有力量地与帝国主义、封建主义进行斗争，取得了一定的成效，也积累了不少经验。同时也开始发动农民，为党转变工作中心创造了条件。

中国共产党的成立，之所以开天辟地，就是由这些琐碎而仔细的工作总结出来的。早期马克思主义者坚持以马克思主义指导中国革命，将中国革命纳入世界无产阶级革命浪潮；坚持发动工农群众，使中国革命发展到人民革命的新阶段。这一切标志着中国革命运动的不断发展。

教学要点

一、十月革命对中国的影响

（一）俄国十月革命削弱了国际帝国主义力量，直接减轻了中国人民的反帝压力。

（二）俄国十月革命由工人、士兵发起并取得胜利，建立起无产阶级专政的国家制度，为中国革命提供了新的道路。

（三）俄国十月革命后，苏俄政府以新的平等的姿态对待中国，对中国影响巨大。

（四）俄国十月革命为落后国家建立先进制度提供了范例。

（五）俄国十月革命给中国带来新的政党组织理念。

二、中国近代早期马克思主义者在宣传马克思主义过程中表现出的特点

（一）早期马克思主义者重视对马克思主义经典理论的学习、研究。

（二）早期马克思主义者重视同非马克思主义思想的斗争。

（三）早期马克思主义者重视马克思主义思想与中国工农群众的结合。

（四）早期马克思主义者重视马克思主义思想与中国实际的结合。

三、中国共产党的成立是近代中国“开天辟地的大事变”

（一）标志着中国革命有了正确的思想指导——马克思主义。

（二）标志着中国共产党开始成为中国革命的领导核心。

（三）标志着中国革命开始成为世界无产阶级革命运动的重要组成部分。

教学建议

本专题设计了两个系列的案例，分别阐释马克思主义在中国的早期传播和中国共产党建立以及领导工农运动两个问题。

马克思以及马克思的学说传入中国还是比较早的，可以上溯到19世纪末，但是只是限于对人物及思想的介绍，当时国内根本没有研究它、学习它的环境。通过对新文化运动以及中国民族资本主义的发展等知识的讲述，使学生深刻理解“十月革命一声炮响给中国送来了马克思主义”的内涵。同时还可以根据案例分析，对教材内容进一步完善补充。

马克思主义在中国的传播在教材上是比较受重视的内容，篇幅较大，内容较多，同时也稍感零散，不利于学生进行全面了解。通过对所列案例进行分析，同时对比教学要点，可以对这一时期马克思主义在中国传播的特点进行总结，促使学生提升对该问题在理论上的认识。

中国共产党成立是社会条件共同发展的结果，但新生的共产主义政党还不成熟，还没有自己系统的理论观点。根据案例讲清早期中国共产党人在实践中摸索发动工农群众进行社会革命的历史，讲清早期中国共产党人在实践中不断发展进步的历史。

专题三

实行国共合作，掀起大革命的高潮

案例呈现一

1. 中国共产党第三次全国大会宣言

中国人民受外国及军阀两层暴力的压迫，国家生命和人民自由都危险到了极点，不但工人、农民、学生感觉着，即和平稳健的商人，也渐渐感觉着了。

……

我们希望社会上革命分子，大家都集中到中国国民党，使国民革命运动得以加速实现；同时希望中国国民党断然抛弃依赖列强及专力军事两个旧观念，十分注意对于民众的政治宣传，勿失去一个宣传的机会，以造成国民革命之真正中心势力，以树立国民革命之真正领袖地位。

中国共产党鉴于国际及中国之经济政治的状况，鉴于中国社会各阶级（工人、农民、工商业家）之苦痛及要求，都急需一个国民革命；同时拥护工人、农民的自身利益，是我们不能一刻疏忽的；对于工人、农民之宣传与组织，是我们特殊的责任；引导工人、农民参加国民革命，更是我们的中心工作；我们的使命，是以国民革命来解放被压迫的中国民族，更进而加入世界革命，解放全世界的被压迫民族和被压迫的阶级。

——节选自《中国共产党第三次全国大会宣言》，1923 年 7 月。

2. 中国国民党“一大”宣言

（1）民族主义

国民党之民族主义有两方面之意义：一则中国民族自求解放，二则中国境内各民族一律平等。

吾人欲证实民族主义，实为健全之反帝国主义，则当努力于赞助国内各种平民阶级之组织，以发扬国民之能力。盖惟国民党与民众深切结合之后，中国民族之真正的自由与独立始有可望也。

国民党敢郑重宣言，承认中国以内各民族之自决权，于反对帝国主义及军阀之革命获得胜利以后，要组织自由统一的（各民族自由联合的）中华民国。

（2）民权主义

国民党之民权主义，于间接民权之外，复行直接民权。即为国民者，不但有选举权，且兼有创制、复决、罢官诸权也……则凡真正反对帝国主义之个人及团体，均得享有一切自由及权利。而凡卖国罔民以效忠于帝国主义及军阀者，无论其为团体或个人，皆不得享有此等自由及权利。

（3）民生主义

国民党之民生主义，其最要之原则不外二者：一曰平均地权，二曰节制资本……农民之缺乏资本至于高利借贷以负债终身者，国家为之筹设调济机关，如农民银行等，供其匮乏；然后农民得享人生应有之乐。又有当为工人告者：中国工人之生活绝无保障。国民党之主张，则以为工人之失业者，国家当为之谋救济之道。尤当为之制定劳工法，以改良工人之生活。此外如养老之制、育儿之制、周恤废疾者之制，普及教育之制。有相辅而行之性质者，皆当努力以求其实现。凡此皆民生主义所有事也。

——节选自《中国国民党“一大”宣言》，1924年1月。

3. 关于“民主的联合战线”的议决案

我们共产党不是空谈主义者，不是候补的革命者，乃是时时刻刻要站起来努力工作的党，乃是时时刻刻要站起来为无产阶级利益努力工作的党；在中国的政治经济现状之下，在中国的无产阶级现状之下，我们认定民主的革命固然是资产阶级的利益，而于无产阶级也是有利益的。因此，我们共产党应该出来联合全国革新党派，组织民主的联合战线，以扫清封建军阀，推翻帝国主义的压迫，建设真正民主政治的独立国家为职志。我们应该号召全国工人、农民在本党旗帜之下去加入此种战争。我们须告诉他们：此种战争虽不能完全解除工人、农民的痛苦，却是解除工人、农民的痛苦使工人、农民到权力之路的第一步。同时又须告诉他们：无产阶级加入此种战争，不是为了民主派的利益，做他们的牺牲，乃是为了无产阶级自己眼前所必须的自由而加入此种战争，所以无产阶级在战争中不可忘了自己阶级的独立组织。

——节选自《关于“民主的联合战线”的议决案》，1922年7月。

小组讨论

1. 中国共产党与中国国民党合作的政治基础是什么？

2. 如何理解中国共产党的群众路线、统一战线思想？

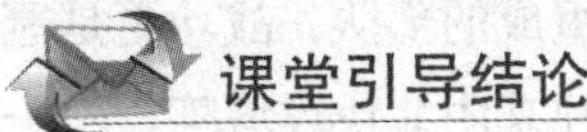

课堂引导结论

中国共产党成立后，随着党对国内外形势审时度势，关于中国革命的理论观点越来越成熟。国共合作的思想是中国革命形势的发展以及中国共产党理论认知的提升共同促成的。要讲清楚这两种因素的内在统一性。中国国民党第一次全国代表大会重新解释了“三民主义”，并确立了联俄、联共、扶助农工的政策，成为第一次国共合作的政治基础。

同时，要深刻理解中国共产党已经深刻认识到发展中国革命、执行群众路线和统一战线的重要性，但是党对这两个战线的依托度是不一样的。可以说，群众路线体现了中国共产党作为中国工人阶级先锋队的一贯战略，而建立统一战线则是一种策略的、战术的体现。

案例呈现二

1. 五卅运动

1925年5月中旬，上海的日本资本家枪杀了工人代表、共产党员顾正红，打伤10余名工人。5月30日，中国共产党发动群众在上海租界举行了反对帝国主义的游行示威。当天，上海工人和学生在租界进行宣传讲演和示威游行。租界的英国巡捕在南京路上先后逮捕100多人，并向游行群众开枪射击，当场打死10多人，伤数十人，制造了震惊全国的五卅惨案。当天深夜，中共中央召开会议，决定组织全上海民众罢工、罢市、罢课，抗议帝国主义屠杀中国人民的行为。6月1日，上海人民开始了声势浩大的反对帝国主义的总罢工、总罢课、总罢市。在中国共产党的领导和推动下，五卅运动从上海发展到全国各地，形成了全国规模的反帝怒潮。五卅运动沉重打击了帝国主义，对中华民族的觉醒和国民革命运动的发展发挥了巨大的推动作用，大大提高了中国人民的觉悟，揭开了大革命高潮的序幕。

——五卅运动，《简明中共党史辞典》，新华出版社。

2. 北伐“铁军”

在北伐战争中，第四军担负了两湖战场的战斗任务，两湖战场是当时北伐的主攻方向和主要战场。第四军从广东出发北伐后，一路上英勇善战。武昌城还未攻克，第四军已被鄂湘人民称颂为“铁军”了。

叶挺独立团作为一支主要由共产党员、青年团员组成的部队，战功更是冠绝第四军。因此，在武昌洪山立的国民革命军第四军独立团北伐攻城阵亡烈士墓的墓碑中，铭刻有“诸烈士的血铸成了铁军的荣誉”的碑文。

——节选自陈立平：《北伐战争中“铁军”称号的考证》，《近代史研究》1987 年 9 月。

3. 国共两党领导人共同制定北伐战略决策

中国共产党人将完成孙中山未竟的北伐大业视为自己的神圣职责，最先提出了广州国民政府应出师北伐的问题。早在孙中山病逝于北京后不久，张国焘就认为应利用广东“为北出中原的根据（地）”，“急速促成国民革命在全国范围内的成功”[①]。五卅运动之后，中共又指出当时全国反帝反封建斗争高涨，尽快“举行北伐是适宜的”，随着国民革命军的北上，将“发挥全国各地工人、农民、城市小资产阶级的潜在革命力量而创造有利的形势”[②]。在共产党人的推动下，由国共两党成员组成的国民党中央在 1925 年 11 月下旬发表的《中国国民党之反奉战争宣传大纲》中，第一次提出了将来进行北伐以统一全国的问题。这说明在直奉两大军阀集团火并于北方之际，广州国民政府已认识到只有进行北伐才是实现国家统一与建设的必由之路。

……

在中国共产党积极主张北伐和民众促请国民政府出师期间，蒋介石也先后三次提出了国民革命军北伐的问题。

……

国民政府在中共与苏联顾问人员的帮助下，积极完成了调集军队、筹备军需、出师动员、修订作战计划、制定与发布告令宣言及安顿后方等一系列战备

① 张国焘：《中国国民党第二次大会的教训》，《向导》第 45 期。

②〔苏〕A.N. 卡尔图诺娃：《加伦在中国》（1924—1927），中国社会科学出版社 1983 年版，第 55 页。

工作；共产党人这期间则为北伐确立了“打倒列强，铲除军阀”的奋斗目标。这些有力地保证了国民革命军能于7月中旬顺利出师北伐。

以上史实说明，国共两党在北伐前都积极主张出师北伐，并共同为北伐战略决策的制定做了大量的工作。北伐战略决策的制定，是国共两党人员集体智慧与力量的结晶。

——节选自周兴樑：《首次国共合作与北伐战争》，《中共党史研究》1997年第02期。

4. 蒋介石与前期北伐战争的战略策略

从1926年初起，蒋介石就在思索北伐战略问题。1月11日日记云：“先统一西南，联络东南，然后直出武汉为上乎？或统一湖南，然后联络西南、东南然后再进规中原为上乎？抑或先平东南，联络西南然后长驱中原乎？殊难决议也。”[①] 最初，他倾向于同时攻占湖南和江西，但加仑将军则主张各个击破，先取两湖。6月21日，军事委员会接受加仑提出的北伐计划。[②]7月1日，蒋介石下达北伐部队发起令，宣布其进军计划为“先定三湘，规复武汉，进而与我友军国民军会师，以期统一中国，复兴民族”[③]。

依据“各个击破”战略，北伐的首攻目的是吴佩孚。为了与这一战略相配合，蒋介石和广州国民政府又采取远交近攻战略。

对孙传芳，蒋介石和国民政府最初企图“收抚”，招认其位置，与之共同夹攻吴佩孚；后来则企图使之坚持中立。

蒋孙之间的谈判固然未能取得效果，但它延缓了孙传芳援助吴佩孚的军事行动；在湘鄂战场未取得决议性胜利之前，对江西取守势，也保证了北伐军得以集中兵力，首先击溃吴佩孚军阀集团。

关于张作霖，国民政府和蒋介石采取“联盟”政策，力图离间奉系和吴佩孚、孙传芳的关系。

固然与奉方的谈判没有达成协议，但是张作霖也没有给予吴佩孚以实践援

①《蒋介石日记类钞·军务》。

② 切列潘诺夫：《中国国民革命军的北伐》，中国社会科学出版社1981年版，第416—417页；关于军事委员会的开会日期则据《民国十五年以前之蒋介石先生》第8编，2，第88页。

③ 毛思诚：《民国十五年以前之蒋介石先生》第8编，3，第1页。

助。口头上，张作霖信誓旦旦，一再对吴佩孚表示，要共同讨赤，协作到底，并保证提供吴所急需的100万发子弹；实践上，却一再“延宕”“敷衍”。吴佩孚连一粒子弹都没有得到。[①]1927年奉，张作霖又不顾吴佩孚的激烈反对，毅然派兵南下，侵占了吴佩孚恃以再起的依据地河南。

北伐战争之所以胜利，缘由很多，既和战争的性质、人心向背、国共协作以及国际国内环境有关，也和战略、战略的运用得当有关。

——节选自杨天石：《蒋介石与前期北伐战争的战略策略》，《历史研究》1995年第2期。

小组讨论

1. 中国共产党为国民革命做出哪些重大贡献？
2. 如何理解北伐战争的战略？

课堂引导结论

中国共产党在国共合作中做出了重大贡献。正是由于中国共产党的积极参与，孙中山对中国国民党进行了积极改组，奠定了国共合作的基础。改组后的国民党成为代表工人阶级、农民阶级、小资产阶级和民族资产阶级的阶级联盟性质的政党。中国共产党在大革命中积极发动工农群众。在这场人民战争中，虽然国民革命军仅有数万余人，仍然能够顺利打败吴佩孚和孙传芳军阀。中国共产党为北伐战争积极献计献策，在战争中发挥先锋模范作用，推动了北伐战争的顺利推进。

北伐战争的战略是在共产国际的帮助下，国共两党共同促成的。为了顺利打败三大军阀，中国国民党采取了“合纵连横”的方针，对三大反动军阀“各个击破”。

教学要点

一、国共第一次合作实现的原因

（一）中国共产党将马克思主义与中国革命实际相结合，关于中国民主革命的理论日益成熟。

①《奉系军阀密电》第3册，中华书局1987年版，第108—109页。

（二）共产国际的推动。

（三）第一次工人运动高潮的失败为党提供了经验和教训。

（四）中国国民党重新解释“三民主义”，制定了联俄、联共、扶助农工的政策，是国共合作的政治基础。

二、中国共产党在第一次国共合作中的重要作用

（一）中国共产党推动了中国国民党的改组。

（二）中国共产党发动工农运动，使军阀陷入人民战争的汪洋大海。

（三）中国共产党参与了北伐战争战略的制定。

（四）中国共产党在北伐战争中发挥了先锋模范作用。

教学建议

本专题主要讲述两个问题：第一次国共合作的实现和国民革命。

第一次国共合作是中国民主革命的发展和中国共产党理论认知的提升共同促成的。要根据案例，讲清楚中国共产党对中国革命认识不断深化的过程，讲清楚中国共产党在革命过程中不断总结经验教训而不断成熟的过程。要认识共产国际在第一次国共合作中的重大作用。正是以上原因，促使中国共产党逐渐制定出统一战线的革命策略，面对帝国主义与国内反动军阀，将一切生力军团结起来。

国民革命是中国革命以及中国共产党历史上的伟大事件。要根据案例，讲清楚中国共产党在国民革命中的伟大历史作用，讲清楚北伐战争战略战术的形成和发展过程。国民革命确是由中国国民党领导的，中国共产党也发挥了不可替代的重要作用。他们发动工农群众掀起人民战争；他们不失时机地推动北伐，并且在北伐战争中冲锋陷阵，是国民革命取得胜利的重要保障。

第五章　中国革命的新道路

教材内容分析

本章教材内容共有两节，第一节介绍了国民党在全国统治的建立，揭示了其政权的阶级性质，论证了中国共产党继续进行反帝反封建革命的必要性和正义性。在这一前提和背景下，赞扬了面对严峻考验，中国共产党人表现出的坚定革命立场和大无畏的英雄气概；介绍了他们在斗争实践中探索和开辟革命新道路的艰辛历程以及取得的理论成果。第二节讲述随着革命新道路的开辟，中国革命开始走向复兴。但是，随着“左”的急躁情绪在党内的滋长，土地革命战争遇到了严重的挫折。长征途中召开的遵义会议开始确立了马克思主义正确路线在中共中央的领导地位，成为中国共产党历史上一个生死攸关的转折点。中国工农红军以惊人的毅力胜利完成了长征，中国革命的新局面开始了。

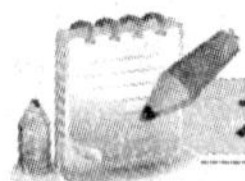

本章主要设计三个专题

- 专题一　国民党在全国统治的建立
- 专题二　中国革命新道路的开辟
- 专题三　生死攸关的转折点

教学设计理念

本章的中心内容是中国共产党农村包围城市、武装夺取政权革命新道路的开辟。围绕这一中心，设计了三个专题。专题一分析国民党政权的反动属性，揭示革命的必要性、合理性，这是本章内容的政治前提和逻辑起点。

由此引出中心问题：怎样坚持革命？即中国革命应该走什么道路？为了说明中国革命必须走农村包围城市、武装夺取政权的道路，专题二和专题三从正反两方面进行了反复论证。从大革命失败后，占领中心城市起义的普遍失败到农村根据地的发展扩大、中国革命的复兴；从“左”倾错误脱离中国实际导致中国革命陷入危机到遵义会议确立马克思主义正确路线在中共中央的领导地位，直至长征胜利、到达陕北后总结历史经验，阐明马克思列宁主义基本原理必须同中国具体实际相结合的原则。各专题内容之间逻辑关系清晰，环环相扣，层层递进，形成一个有机的整体。

专题一

国民党在全国统治的建立

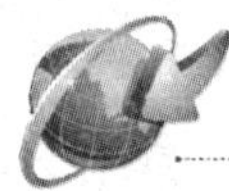

案例呈现

1. 国民党《训政纲领》

中国国民党实施总理“三民主义”，依照建国大纲之训政时期训练国民行使政权，至宪政开始完成全民政治，制定如下之纲领：

第一条　中华民国于训政时期开始，由中国国民党全国代表大会代表国民大会领导国民行使政权。

第二条　中国国民党全国代表大会闭会时，以政权付托中国国民党中央执行委员会执行之。

第三条　依照总理建国大纲所定选举、罢免、创制、复决四种政权，应训练国民逐渐行使，以立宪政之基础。

第四条　治权之行政、立法、司法、考试、监察五项，付托于国民政府总揽而执行之，以立宪政时期民选政府之基础。

第五条　指导监督国民政府重大国务之施行，由中国国民党中央执行委员会政治会议行之。

第六条　中华民国国民政府组织法之修正及解释，由中国国民党中央执行委员会政治会议议决行之。

——《中华民国法规辑要》第1册，中央训练团1941年版，第7—8页。

2. 许涤新论官僚资本

许涤新（1906年—1988年），广东揭阳棉湖镇（今属揭西县）人，经济学家，中国共产党党员。

1947年版《官僚资本论》将国民党官僚资本的代表人物或派系（蒋介石、宋子文、孔祥熙、陈果夫和陈立夫、政学系）称为五大财团，在1949年新版中将前四家改为“四大家族”，有关政学系的内容则仍旧保留。

根据毛泽东在《论联合政府》中“官僚资本亦即大地主、大银行家、大买办的资本”的定义，许涤新分析说：“大官僚是地主阶级在政治上的代表，而大银行家和大买办必然是官僚化的，所以这三种资本要成为官僚资本，总离不开官僚这个形态……”通过对中国官僚资本发展的论述，他认为，中国的官僚资本发展到国民党的“四大家族”已经登峰造极。

许涤新总结出中国官僚资本的七种结合形态。第一种是固有意义的官僚资本，即完全属于官僚、军阀本身的资本。他们利用政治特权获得并运用这些资本，或独资，或与其他官僚资本合资，开设银行、商行或工厂。这是官僚资本的基本组织。

第二种是被四大家族把持操纵的国家银行或工矿贸易公司，国家资本实际上是四大家族的私人资本。

第三种是与国家资本结合的官僚资本，即以国家资本为主体而加入官僚资本的“商股”。

第四种是与民间资本结合的官僚资本。

第五种是与国家资本及民间资本结合的官僚资本。

第六种是与外国资本结合的官僚资本。

第七种是依附四大家族的地方官僚资本。

各省的地方官僚资本可以归纳为三种形式：第一是控制省营企业，第二是地方官僚资本彼此合伙，第三是利用民间资本的招牌。

官僚资本的活动如蜘蛛网一样网罗了一切。在财政金融方面，四大家族的掠夺方法是发行纸币，募内债，借外债，利用金融、黄金政策及国家银行。在商业方面，贸易统制是四大家族扼杀民营企业的武器和发财的工具。在产业方面，四大家族以办工业的名义侵夺民间资本，掠夺人民的血汗以完成其原始积累，用工业的名义使用国家资金，用办工业的招牌进行投机操纵的勾当。

在农业方面，国民党官僚资本用地租、田赋和高利贷剥削农民，还明目张胆地进行大规模的军事性掠夺和兼并。

许涤新将四大家族的活动方式归纳为六个特点，以劫、混、骗、偷、捞、洗六个字为代表：

一是以公为私，这是“劫”；

二是天下为私，这是“混”；

三是假公济私，这是“骗”；

四是化公为私，这是“偷”；

五是制造谣言，兴风作浪，投机操纵，这是“捞”；

六是刮光地皮，吸尽血液，这是“洗”。

这些特点是封建性的剥削，另外还有买办性的一面。借外债是四大家族把中国经济献给帝国主义的一条锁链。

许涤新还分析了以四大家族为代表的中国式的独占资本及其特点。他说：“所谓独占资本，就是独占的银行与独占的产业资本的结合。”中国式独占资本的特点是：第一，在发展过程上，中国的独占资本是政治特权直接推动的产物，而不是长期的资本积集和集中的结果。第二，中国的独占资本是四大家族利用其掌握的银行力量侵入产业资本而形成的，而不是由产业资本侵入银行资本产生的。第三，因中国工业落后，中国的独占资本与其说是银行资本与工业资本的结合，毋宁说是银行资本与商业资本的结合。第四，在组织形式上，中国的独占资本采用组织性最差的康采恩的形式，而不是欧美最流行的托拉斯的形式。第五，中国的独占资本是从政治走到经济，而不是如欧美的独占资本是从经济走到政治。

此外，许涤新还分析了官僚资本的种种矛盾。最后，许涤新说，中国的官僚资本并不是独立的；离开帝国主义，它就没法存在，更谈不上发展。他的结论是：“官僚资本是民族独立的障碍，是和平民主的障碍……不打倒官僚资本就没法谈到中国的独立民主，不根绝官僚资本就没法谈到中国的经济建设！”

——《许涤新论官僚资本》，叶世昌：《中国社会科学报》，2011 年 3 月 17 日第 9 版。

3. 济南五三惨案

1928 年 4 月底，国民革命军进至济南附近；30 日对济南北洋守军发动了总攻。5 月 1 日，北伐军第一集团军所属各部及第二集团军一部分共约 4 万多人，开进济南。同日，蒋介石也到达济南，在旧督办公署设立总部。晚 10 时，外交部长黄郛及战地政务委员会外交处长兼外交部山东特派交涉员蔡公时等也随军到达济南。蔡公时将战地政务委员会交涉署的办公地点设在经四纬六路交界处。

日本帝国主义自视山东为其势力范围。早在 4 月 17 日，日本内阁会议就讨论了山东形势。19 日，出兵山东计划经天皇“裁可”，由日本陆军省正式宣布，派军队开赴青岛。当国民党军各部先后进入济南时，日军已在商埠各路口筑好工事；由日本浪人组成的所谓“日侨义勇团”则积极配合日军，游行并散发传单，宣称要保护日侨的生命财产。

5月3日早晨，日军按预定计划四处寻衅，挑起冲突。日军从东、西警备区倾巢出动，向驻商埠区的国民党军和平民百姓展开疯狂杀戮。事件发生后，蒋介石立即命令各师长约束部队，无令不得外出，避免与日军冲突，致使日军更加肆无忌惮。凡日军所到之处，民众被枪杀者不计其数。一时尸体满街，惨不忍睹。

从5月3日夜开始，日军大举出动，挨家挨户搜查，遇见北伐军官兵立即杀害。是夜9时，日军20余人借口交涉署前发现日军尸体，强行闯入交涉署，收缴武器，将办公室捣毁，并将山东特派交涉员蔡公时及署内全体人员捆绑起来，用刺刀逼迫他们跪下。蔡公时用日语抗议。日军大怒，先将蔡公时耳、鼻割去。蔡公时怒斥日军暴行。日军又将蔡公时的舌头、眼睛挖去，同时用极其残忍的手段加害交涉署的其他工作人员，然后分批拖出去用机枪射击。蔡公时、张鸿渐等17名外交人员惨遭杀害。对于日本帝国主义的残暴行为，蒋介石不但不命令其部队进行反抗，反而下令“忍辱负重，不准抵抗”，只想通过外交途径“和平解决”。

蒋介石的一味“软化”，步步退让，更助长了日军的嚣张气焰。日军继续制造事端。5月8日，日军开始向北伐军进攻；9日，对济南城发动了总攻，以猛烈的炮火向城关各处轰炸。5月10日，日军利用飞机、大炮、机枪，发疯似的轰炸扫射。11日，国民党代理济南卫戍司令苏宗辙接到蒋介石密电，命令守军放弃济南。中国军队放弃济南后，日军进城，又大肆屠杀、洗劫。无数百姓惨遭杀害、流离失所。据调查，济南惨案中，中国军民死亡6123人，伤1700多人，财产损失2957万元。

济南惨案发生后，不仅引发了中国人民的反日怒潮，而且也引发了日本国内人民的强烈反对。在此情况下，日军才表示愿意同国民党当局谈判。

谈判进行了一个多月。1929年3月28日，中日两国就解决济南惨案问题在南京正式签字。关于济南惨案协定的要点如下：（1）自换文签字之日起，至多在两个月内，山东境内的日军撤完，国民党政府全力保护日侨生命财产的安全。关于日军撤去前后之措施，应由中日两国委派委员就地商议办理。（2）因济南惨案发生两国所受的损害问题，双方各任命同数委员，设中日共同调查委员会，实地调查决定。此外，另发表声明书，略称：中日两国政府对于去年5月3日济南所发生的事件，鉴于两国国民固有之友谊，及两国政府和国民现迫切希望增强睦谊，故视此不快之感情已成过去，以期两国邦交益臻敦厚，为此声明。签字完毕，各举香槟三杯“道贺”而散。一年来举国痛心不已的济南惨案，屡经谈判，至此草草收场。

五三惨案交涉结束之后，日军被迫撤兵。从表面上看，好像这次对日外交是获得了胜利，其实不然。因为日本只是履行了济南协定中的撤兵回国的一部分，而其赔偿损失部分却没有履行。如此重大的案件，由于蒋介石的对日妥协而不了了之。

——山东宣讲网，http：//sdxjw.dzwww.com/

小组讨论

1. 国民党南京政府的内外政策是怎样的？
2. 如何理解国民党政府统治下中国社会的性质？

课堂引导结论

国民党南京政权成立后，对内实行了维护地主阶级、买办资产阶级利益的政策。在经济方面，外国垄断资本在中国进一步扩张，不仅垄断了中国的重工业、交通运输业，而且控制了中国的财政、金融以及若干主要的轻工业。封建经济依然存在，并在社会经济生活中占优势地位。苛重的地租、赋税和高利贷剥削，使占全国总人口80%以上的农民过着极端贫困的生活，农村经济日益陷入绝境。随着国民党在全国统治的建立，官僚买办资本急剧地膨胀起来。官僚资本是买办的、封建的国家垄断资本，成为社会生产力发展的严重阻碍。

在政治方面，国民党坚持实行一党专政的军事独裁统治，对内残酷镇压共产党人和革命群众，对外实行亲帝、反苏的外交政策。对于英、美、日等国军队制造的屠杀中国军民的惨案，南京政府均顺从这些国家的无理要求，作出妥协处理，并保证继续维护它们在中国的特权。上述情况表明，国民党南京政府是一个代表地主阶级和买办资产阶级利益的反动政权，它没有也不可能使中国独立地发展资本主义，中国依然处在半殖民地半封建社会的境地。

教学要点

一、国民党在全国统治的建立

1928年4月，国民党政府的军队继续进行北伐，夺取奉系军阀所占据的地盘。年底，东北保安司令张学良宣布“服从国民政府，改易旗帜”。至此，国民党政府实现了全国的统一。

二、国民党政府的内外政策

（一）政治上，实行以蒋介石为首的军事独裁统治。

（二）经济上，维护外国资本主义、本国地主阶级和官僚买办阶级的利益。

（三）全国的工人、农民、小资产阶级乃至民族资产阶级都处在国民党政府的压迫剥削下。

教学建议

本专题的三个案例分别从政治、经济、外交方面介绍了国民党统治下中国社会的基本情况，说明国民党南京政权的反动性质，论证中国共产党继续进行革命的必要性和正义性。案例一说明《训政纲领》作为训政时期的纲领性文件，就其内容来看，就是把一切大权都集中于国民党，即国民党一党专政。它完全违背了孙中山的“训政”思想；违背了“主权在民”原则；强调国民党在国家政治生活中的决定作用；是以“训政”为借口，长期剥夺人民的各项权利。案例二在使用时，要强调官僚资本不是在正常的生产发展的基础上积累起来的，而是官僚资产阶级利用超经济的特权，主要在从事金融和商业投机的过程中，通过掠夺广大劳动人民和兼并民族工商业而发展起来的。因此，反对官僚资本主义成为新民主主义革命的一项重要任务。案例三可用来证明国民党政府对帝国主义国家的依赖和妥协。

专题二

中国革命新道路的开辟

案例呈现一

1. 一条胜利之路

1927年9月9日起，工农革命军分别在江西的修水、安源、铜鼓三个县举行起义，打下了湖南的浏阳、醴陵等县。但是，由于敌我力量悬殊太大，加上缺乏经验，起义军接连打了几个败仗。在这种情况下，毛泽东当机立断，通知各路大军到浏阳县的文家市集合。此时，部队已经损失了一半，只剩下2000多人。秋收起义的原定计划是攻打长沙的，这时看来已不能实现原定目标，必须改变行动方向。当时，毛泽东从一份国民党的小报上获悉朱德率领南昌起义的队伍在湘南粤北一带打游击，遂决定带领部队去找朱德。同时，他认为，湘南的群众基础较好，可以到那里去打游击。于是，队伍往东转移再向南进军。可是，工农革命军走到江西的萍乡，同埋伏在那里的赣敌两个团打了一仗。工农革命军又损失了一半，剩下不到1000人。革命军总指挥卢德铭同志就是在这次战斗中不幸牺牲的。队伍减员很大，一些人思想动摇，加上天气炎热，伤病员很多，急需找个地方休整，于是就来到了永新县的三湾村。著名的“三湾改编”就是在这种情况下发生的。这之后，毛泽东就率领这支队伍上了井冈山。今天看来，工农革命军上井冈山是顺理成章的事，是当时情况下可作的唯一选择。然而，在当时，革命队伍中的意见并不一致，尤其是在部队的领导成员中，争论是很大的。有些同志主张坚决执行中央原定计划，向长沙进军；否则就是逃跑，就是怕死。毛泽东同志不同意这种观点。他认为，南昌起义的力量比秋收起义的力量强，结果还是被迫撤离南昌，到赣湘粤边界打游击。如果我们坚持向长沙进军，肯定要失败。最好的办法是实行战略转移，到敌人统治力量比较薄弱的罗霄山脉中段，也就是井冈山地区站住脚、安个家，逐步建立根据地。

1928年4月28日，朱德、陈毅率领南昌起义余部和湘南农军共10000余人，到达宁冈县砻市，与毛泽东率领的秋收起义部队胜利会师。1928年12月10日，彭德怀、滕代远率领平江起义后成立的中国工农红军第五军，历尽艰险，胜利到达宁冈县新城，与秋收起义部队会师。两次会师，壮大了红军实力，接着又取得了几场战斗的胜利，巩固和扩大了井冈山根据地。

井冈山斗争的历史，从1927年10月到1930年2月，共两年零四个月的时间，不算很长。然而，它在整个中国革命的历史中却有着非常重要的地位。它创建了中国革命的第一个农村根据地，开创了一条有中国特色的革命道路，即“农村包围城市，武装夺取政权”的道路。正是沿着这条道路，我们的党和军队才最终夺取了全国的胜利。井冈山道路，是一条成功之路、胜利之路。

——王玉涵、王岩：《井冈山道路通天下》，《领导科学》2001年12期。

2. 中国红色政权发生和存在的原因

一国之内，在四围白色政权的包围中，有一小块或若干小块红色政权的区域长期地存在，这是世界各国从来没有的事。这种奇事的发生，有其独特的原因。而其存在和发展，亦必有相当的条件。

第一，它的发生不能在任何帝国主义的国家，也不能在任何帝国主义直接统治的殖民地，必然是在帝国主义间接统治的经济落后的半殖民地的中国。因为这种奇怪现象必定伴着另外一件奇怪现象，那就是白色政权之间的战争。帝国主义和国内买办豪绅阶级支持着的各派新旧军阀，从民国元年以来，相互间进行着继续不断的战争。这是半殖民地中国的特征之一。不但全世界帝国主义国家没有一国有这种现象，就是帝国主义直接统治的殖民地也没有一处有这种现象。仅仅帝国主义间接统治的中国这样的国家才有这种现象。这种现象产生的原因有两种，即地方的农业经济（不是统一的资本主义经济）和帝国主义划分势力范围的分裂剥削政策。因为有了白色政权间的长期的分裂和战争，便给了一种条件，使一小块或若干小块的共产党领导的红色区域，能够在四围白色政权包围的中间发生和坚持下来。湘赣边界的割据，就是这许多小块中间的一小块。有些同志在困难和危急的时候，往往怀疑这样的红色政权的存在，而发生悲观的情绪。这是没有找出这种红色政权所以发生和存在的正确的解释的缘故。我们只需知道中国白色政权的分裂和战争是继续不断的，则红色政权的发生、存在并且日益发展，便是无疑的了。

第二，中国红色政权首先发生和能够长期地存在的地方，不是那种并未经过民主革命影响的地方，例如四川、贵州、云南及北方各省，而是在 1926 和 1927 两年资产阶级民主革命过程中工农兵士群众曾经大大地起来过的地方，例如湖南、广东、湖北、江西等省。这些省份的许多地方，曾经有过很广大的工会和农民协会的组织，有过工农阶级对地主豪绅阶级和资产阶级的许多经济的、政治的斗争。所以，广州产生过三天的城市民众政权，而海陆丰、湘东、湘南、湘赣边界、湖北的黄安等地都有过农民的割据。至于此刻的红军，也是由经过民主的政治训练和接受过工农群众影响的国民革命军中分化出来的。那些毫未经过民主的政治训练、毫未接受过工农影响的军队，例如阎锡山、张作霖的军队，此时便决然不能分化出可以造成红军的成分来。

第三，小地方民众政权之能否长期地存在，则决定于全国革命形势是否向前发展这一个条件。全国革命形势是向前发展的，则小块红色区域的长期存在，不但没有疑义，而且必然地要作为取得全国政权的许多力量中间的一个力量。全国革命形势若不是继续地向前发展，而有一个比较长期的停顿，则小块红色区域的长期存在是不可能的。现在中国革命形势是跟着国内买办豪绅阶级和国际资产阶级的继续的分裂和战争，而继续地向前发展的。所以，不但小块红色区域的长期存在没有疑义，而且这些红色区域将继续发展，日渐接近于全国政权的取得。

第四，相当力量的正式红军的存在，是红色政权存在的必要条件。若只有地方性质的赤卫队，而没有正式的红军，则只能对付挨户团，而不能对付正式的白色军队。所以，虽有很好的工农群众，若没有相当力量的正式武装，便决然不能造成割据局面，更不能造成长期的和日益发展的割据局面。所以“工农武装割据”的思想，是共产党和割据地方的工农群众必须充分具备的一个重要的思想。

第五，红色政权的长期的存在并且发展，除了上述条件之外，还须有一个要紧的条件，就是共产党组织的有力量和它的政策的不错误。

——毛泽东：《毛泽东选集》第1卷，人民出版社1991年6月第2版，第48—50页。

小组讨论

1. 毛泽东为中国革命新道路的开辟做出了哪些贡献？
2. 中国红色政权存在和发展的原因和条件是什么？

课堂引导结论

农村包围城市、武装夺取政权这条革命新道路的开辟，依靠了党和人民的集体奋斗，凝聚了党和人民的集体智慧。毛泽东同志是其中的杰出代表。毛泽东不仅在实践中首先把革命的进攻方向指向了农村，而且从理论上阐明了武装斗争的极端重要性和农村应当成为党的工作中心的思想。1928—1930年间，毛泽东撰写了一系列文章，形成了农村包围城市、武装夺取政权理论，标志着毛泽东思想初步形成。

中国红色政权发生发展的原因和条件如下：第一，中国是一个几个帝国主义国家间接统治的政治经济发展不平衡的半殖民地半封建的大国。第二，国民革命的影响。第三，全国革命形势的继续向前发展。第四，相当力量的正式红军的存在。第五，共产党组织的有力量和它的政策的正确。

其中，第一条概括了近代中国的基本国情，是红色政权存在和发展的根本原因，第二和三是客观条件，第四和五则是主观条件。

案例呈现二

1. 一条创新之路

“农村包围城市，武装夺取政权”的井冈山道路，在马列著作中是找不到的，在国际共产主义运动中也没有这个先例。1944 年 3 月 3 日，周恩来在延安中央党校作报告时说：“在历史上无论中外都找不到农村包围城市的经验。”后来，邓小平同志对这个问题说得更加直截了当。他在《高举毛泽东思想旗帜，坚持实事求是的原则》一文中指出：“马克思、列宁从来没有说过农村包围城市，这个原理在当时世界上还是没有的。”是的，这条革命道路，这个革命理论，不是马列著作中规定好的内容，而完全是毛泽东、朱德、陈毅、彭德怀等一大批无产阶级革命家在井冈山的独创。

井冈山斗争的实践与经验告诉我们，中国的革命应当从中国的国情出发，不能生搬硬套外国经验。用毛泽东的话来说叫“实事求是”。十月革命一声炮响，给中国送来了马克思主义。用暴力革命摧毁旧的国家机器，建立新生红色政权，这是马列主义的基本原理。十月革命是先占领城市，然后进攻乡村。这是列宁根据俄国的国情所选择的革命道路，是具有国际意义的伟大创举。然而，列宁并没有要求各个国家和民族都照抄照搬俄国十月革命的经验。1919 年 11 月，列宁在全俄东部各民族共产党组织第二次代表大会上的报告中告诫说，实现革命任务的“解决方法无论在哪一部共产主义书本里都是找不到的”。中国共产党要革命，要斗争，要武装夺取政权。这个马列主义的基本原理，在党的“一大”所制订的纲领中就明确了。问题在于，武装夺取政权的路子该怎么走。这就需要我们党根据中国国情，实事求是，敢于探索，敢于创新。当然，坚持实事求是，敢于创新，是很不容易的事情。不是吗？按“八七”会议的决定，秋收起义的目标是攻打长沙的。其实还没打到长沙，只打了铜鼓等三个县，起义队伍就损失了一半。毛泽东根据情况的变化，改变了行动方针，向井冈山进军。党中央知道了，于当年 11 月 9 日在上海召开政治局扩大会议，对毛泽东作了处分决定，说他犯了严重的政治错误，把他的政治局候补委员也撤掉了。实际上，毛泽东把队伍带上井冈山，是从中国革命斗争实际出发的创新之举。就当时全国的革命形势来说，应当是战略退却，但就创建农村根据地来说，又是战略进攻。因为井冈山根据地的建立，对整个中国革命的成败有决定性的意义。它开始了我们党领导中国革命的第一次大转折，标志着我们党的工作重心开始由城市转到农村；它突破了共产国际指导上的束缚，开始走具有中国特色的革命道路，是中国共产党人的伟大创举。在这个时期，毛泽东先后写下了《中国的红色政权为什么能够存在？》《井冈山的斗争》《星星之火，可以燎原》等光辉篇章，其内容应该说是对马列主义的全新创造。

历史与现实告诉我们：革命道路是创新，建设道路是创新，改革实践还是创新。创新是一个民族进步的灵魂，是一个国家兴旺发达的不竭动力。

——王玉涵、王岩：《井冈山道路通天下》，《领导科学》2001 年 12 期。

2. 反对本本主义

……

三、反对本本主义

以为上了书的就是对的，文化落后的中国农民至今还存着这种心理。不谓共产党内讨论问题，也还有人开口闭口“拿本本来”。我们说上级领导机关的指示是正确的，决不单是因为它出于“上级领导机关”，而是因为它的内容是适合于斗争中客观和主观情势的，是斗争所需要的。不根据实际情况进行讨论和审察，一味盲目执行，这种单纯建立在“上级”观念上的形式主义的态度是很不对的。为什么党的策略路线总是不能深入群众？就是这种形式主义在那里作怪。盲目地表面上完全无异议地执行上级的指示，这不是真正在执行上级的指示，这是反对上级指示或者对上级指示怠工的最妙方法。

本本主义的社会科学研究法也同样是最危险的，甚至可能走上反革命的道路。中国有许多专门从书本上讨生活的从事社会科学研究的共产党员，不是一批一批地成了反革命吗？就是明显的证据。我们说马克思主义是对的，绝不是因为马克思这个人是什么“先哲”，而是因为他的理论，在我们的实践中，在我们的斗争中，证明了是对的。我们的斗争需要马克思主义。我们欢迎这个理论，丝毫不存什么“先哲”一类的形式的甚至神秘的念头在里面。读过马克思主义“本本”的许多人，成了革命叛徒；那些不识字的工人常常能够很好地掌握马克思主义。马克思主义的“本本”是要学习的，但是必须同我国的实际情况相结合。我们需要“本本”，但是一定要纠正脱离实际情况的本本主义。

怎样纠正这种本本主义？只有向实际情况作调查。

……

六、中国革命斗争的胜利要靠中国同志了解中国情况

我们的斗争目的是要从民权主义转变到社会主义。我们的任务第一步是，争取工人阶级的大多数，发动农民群众和城市贫民，打倒地主阶级，打倒帝国主义，打倒国民党政权，完成民权主义革命。由这种斗争的发展，跟着就要执行社会主义革命的任务。这些伟大的革命任务的完成不是简单容易的，它全靠无产阶级政党的斗争策略的正确和坚决。倘若无产阶级政党的斗争策略是错误的，或者是动摇犹豫的，那么，革命就非走向暂时的失败不可。须知资产阶级政党也是天天在那里讨论斗争策略的。他们的问题是怎样在工人阶级中传播改良主义影响，使工人阶级受他们的欺骗，而脱离共产党的领导；怎样争取富农去消灭贫农的暴动；怎样组织流氓去镇压革命，等等。在这样日益走向尖锐的短兵相接的阶级斗争的形势之下，无产阶级要取得胜利，就完全要靠他的政党——共产党的斗争策略的正确和坚决。共产党的正确而不动摇的斗争策略，绝不是少数人坐在房子里能够产生的。它是要在群众的斗争过程中才能产生的，这就是说要在实际经验中才能产生。因此，我们需要时时了解社会情况，时时进行实际调查。那些具有一成不变的保守的形式的空洞乐观的头脑的同志们，以为现在的斗争策略已经是再好没有了，党的第六次全国代表大会的“本本”保障了永久的胜利，只要遵守既定办法就无往而不胜利。这些想法是完全错误的，完全不是共产党人从斗争中创造新局面的思想路线，完全是一种保守路线。这种保守路线如不根本丢掉，将会给革命造成很大损失，也会害了这些同志自己。红军中显然有一部分同志是安于现状，不求甚解，空洞乐观，提倡所谓“无产阶级就是这样”的错误思想，饱食终日，坐在机关里面打瞌睡，从不肯伸只脚到社会群众中去调查调查。对人讲话一向是那几句老生常谈，使人厌听。我们要大声疾呼，唤醒这些同志：

速速改变保守思想！

换取共产党人的进步的斗争思想！

到斗争中去！

到群众中作实际调查去！

——毛泽东：《毛泽东选集》第1卷，人民出版社1991年6月第2版，第109—116页。

小组讨论

1. 中国革命新道路开辟的重大意义是什么？

2.《反对本本主义》这篇文章的主题思想是什么？

课堂引导结论

农村包围城市、武装夺取政权革命道路的开辟具有深远的历史意义：第一，这是一条通往胜利的正确的革命道路。第二，是中国共产党人坚持实事求是原则、勇于探索的体现，是马克思主义中国化的重要成果。第三，丰富和发展了马克思列宁主义关于武装夺取政权的学说，是对马克思列宁主义理论宝库的独创性贡献。革命新道路的开辟也给予我们深刻的启示：过去搞民主革命，要适合中国国情，走农村包围城市、武装夺取政权的道路；现在进行建设，也要从中国社会主义初级阶段的实际出发，不断探索，走有中国特色的社会主义现代化道路。

20 世纪 30 年代前中期，中国共产党内盛行着一种错误倾向：把马克思主义教条化，把共产国际决议和苏联经验神圣化，给中国革命带来极大危害。《反对本本主义》这篇文章旗帜鲜明地向教条主义错误倾向宣战，阐明了坚持理论与实际相结合的极端重要性，强调中国共产党人要独立自主地领导中国革命，体现了毛泽东同志的革命首创精神。

教学要点

一、对革命新道路的开辟

大革命失败后，以毛泽东为代表的中国共产党人从中国革命的实际情况出发，开辟了一条农村包围城市、武装夺取政权的革命新道路，使中国革命走向复兴。

二、反“围剿”战争与土地革命

从 1930 年 10 月到 1932 年底，红军先后打退了国民党军队的四次“围剿”，积累了宝贵的作战经验。在革命根据地开展了土地革命，使广大农民在政治上翻了身，解放和发展了农村生产力。

教学建议

本专题内容是第五章的重点，所以编辑了四个案例进行说明。案例一和案例二侧重说明中国革命走农村包围城市道路的必要性和可能性；后两个案例从思想路线的高度否定了教条主义做法，强调要从中国革命实际出发，坚持理论和实际相结合。在教学过程中，可根据教学内容的安排，恰当使用。

专题三　生死攸关的转折点

案例呈现

1. 湘江悲歌

一九三四年十二月一日十七时三十分，军委纵队全部渡过了湘江。

但是，湘江以东，还有尚未过江的红军部队。

没能渡过湘江的是担任整个中央红军后卫任务的红五军团三十四师。红五军团三十四师被要求留在原地"坚决阻止尾追之敌"，以掩护行动缓慢并且走了弯路的第八军团，同时担任整个中央红军的后卫。也许已经意识到在中央红军的最后担任后卫的危险处境，命令还特别指示三十四师："万一被敌截断，返回湖南发展游击战争。"

当军委纵队全部渡过湘江之后，三十四师接到的最后一个命令是放弃阻击阵地，"立即向湘江渡口转移，并且迅速渡江"。但是，三十四师的阻击阵地距离湘江渡口至少有七十五公里以上的路程，且通往湘江渡口的道路已经被敌人完全封锁。

三十四师和中央红军的各部队都失去了联系。

中央红军的所有部队都离他们远去了。

疯狂攻击湘江渡口的国民党军很快就发现了这支孤立无援的红军部队，于是，国民党各路大军立即从各个方向向三十四师合围而来。

经过连续不断的残酷的阻击战，三十四师已经伤亡过半。因为总是处在后卫位置，沿途的粮食都已被前面经过的部队筹集一空。三十四师断粮多日，但饥饿难耐的官兵依旧要时刻处在战斗状态。险恶的敌情令他们没有精力去寻找可以充饥的东西，也没有时间坐下来哪怕打片刻盹。桂北秋雨连绵，寒冷的冬天就要来了，三十四师官兵的身上的单衣都已破烂不堪。

西渡湘江追赶主力部队已经无望。师长陈树湘命令把所有的文件烧掉，然后率领三十四师向东走去——这与中央红军远去的方向完全相反——三十四师准备突围，他们真的要去湖南南部打游击了。

一九三四年十二月一日，夜幕降临的时候，三十四师的突围开始了。红军官兵与迎面扑来的国民党军激战整整三个小时之后，子弹全部打光。师长陈树湘在令人喘不过气来的硝烟中向全师宣布了两条决定：一、寻找敌人兵力薄弱的地方突围出去，到湘南发展游击战争；二、万一突围不成，誓为苏维埃共和国流尽最后一滴血！

陈树湘带领的那一百多名官兵，在向东突围的过程中始终无法摆脱敌人的重重围堵。红军官兵只有用身体去和敌人拼杀。包括政委程翠霖和参谋长王光道在内，一百多名红军官兵全部壮烈牺牲。师长陈树湘腹部中弹，在昏迷中被俘。国民党道县保安司令命令将陈树湘放在担架上，由他本人亲自监督，押往湖南省会长沙。在弯弯曲曲的山路上，抬着担架的国民党士兵突然脚下一滑，他们这才看见躺在担架上的陈树湘从腹部的伤口处把自己的肠子掏出来，扯断了。国民党军十分恼怒。他们把陈树湘的头颅割下来，挂在了长沙小吴门城墙上。

整整二十九年前，陈树湘出生在长沙小吴门的瓦屋街。

站在小吴门的城墙上，可以看见他家那木板做的家门。木门后的家里有他卧病在床的老母，他的妻子名叫陈江英。

年轻的红军师长陈树湘的灵魂终于回到了他的故乡。

湘江渡口已是一片死寂。

当地的百姓被驱赶来掩埋那些遗留在战场上的遗体。

距离渡口不远的下游方向有一处水流突缓的江湾。红军官兵的遗体从上游漂下来密集地浮满江面，使在这里拐弯的湘江变成了令人惊骇的深灰色。

——王树增：《长征》，人民文学出版社 2006 年 9 月版，第 190—194 页。

2. 遵义会议的三个阶段

由于遵义会议的背景和长征途中险恶的军事斗争环境，要全面、客观地了解遵义会议，就不宜孤立地作为三天会议的历史事件静止地来看。遵义会议实际上是以遵义会议为核心和标志的系列会议组成的一个动态过程。这个过程表现为酝酿准备、会议转折、延续完善三个阶段，其标志和核心在于遵义会议实现了重大转折。

第一，遵义会议的第一个阶段：酝酿准备。

这个阶段主要是毛泽东等同志做了大量的主观上思想动员、调查研究、团结多数、据理力争、锲而不舍的工作，客观上为遵义会议的成功召开起到了酝酿准备的作用。时间从 1934 年 11 月突破敌人第四道封锁线到 1935 年 1 月遵义会议召开前。

他主要做了以下几个方面的工作：

（1）思想帮助，争取大多数人的觉悟。突破第四道封锁线后，8.6 万红军锐减到 3 万余人。这一残酷事实，使全军上下对军事指挥普遍产生了怀疑和不满。毛泽东不失时机地把自己的思想观点同张闻天、王稼祥同志交换，帮助张闻天、王稼祥认识到李德、博古军事指挥的严重错误。

（2）注意调查研究，掌握部队思想情况。毛泽东认识到，要求改变军事指挥，带领党和红军从危机四伏的劣境中走出来，是广大基层指战员的心声；它代表了党、红军和中国革命的根本利益。

（3）据理力争，赢得最大的理解与支持。在遵义会议前的湖南通道会议、贵州黎平会议和瓮安猴场会议上毛泽东都旗帜鲜明地阐明自己的观点，坚决反对错误的军事指挥。通过几次激烈的争辩与思想交锋，大家进一步认识到毛泽东实事求是的态度和坚持真理锲而不舍的精神，增强了对毛泽东正确意见的支持。

第二，遵义会议的第二个阶段：实现重大转折。

这个阶段主要是在遵义成功召开了中央政治局扩大会议。时间是 1935 年 1 月 15 日至 17 日。会议很好地完成了自己的历史使命，实现了伟大的历史转折，成为决定中国革命前途命运的关键。

会议通过了四条决定：1. 毛泽东增选为政治局常委；2. 指定洛甫起草会议决议，委托常委审查后发到支部中去讨论；3. 常委中再进行适当分工；4. 取消“三人团”，仍由最高军事首长朱德、周恩来为军事指挥者，而周恩来为党内委托的对于指挥军事上下最后决心的负责者。毛泽东进入党和红军的核心领导班子。

第三，遵义会议的第三个阶段：会议的延续完善。

这个阶段完成了本应在遵义会议上完成，而又没能及时完成的工作。时间是1935年1月19日至3月12日。

扎西会议通过了遵义会议决议（即张闻天执笔的《中共中央关于反对敌人五次"围剿"的总结决议》）。此外，扎西会议对政治局常委进行了分工，由张闻天接替博古任党中央总的负责人。会议还作出红军部队整编，摆脱敌人围堵，转头二渡赤水，再占遵义城，恢复中央对全国各根据地工作指导等决定。

在毛泽东提议下，成立了由周恩来、毛泽东、王稼祥组成的"三人小组"（亦称"新三人团"），代表中央行使军事指挥决策权。毛泽东的分工得到落实，有了军事指挥的身份与职权。

——张黔生：《遵义会议的三个动态过程》，《党史文苑》，2011年8月。

小组讨论

1. 20世纪30年代前中期，中国共产党内屡次出现严重"左"倾错误的原因是什么？

2. 遵义会议的历史意义是什么？

课堂引导结论

20世纪30年代前中期，中国共产党内屡次出现严重"左"倾错误，原因是多方面的：其一，"八七"会议后，党内一直存在的浓厚的"左"倾情绪始终未得到认真地清理。其二，共产国际对中共内部事务进行了错误干预和瞎指挥。其三，全党还不善于把马克思列宁主义与中国实际全面、正确地结合起来。王明为代表的"左"倾教条主义错误，对中国革命造成了极其严重的危害。其最大的恶果，就是使红军第五次反"围剿"失败，失去南方根据地，还造成了长征初期红军的巨大损失。

长征途中召开的遵义会议，开始确立以毛泽东为代表的马克思主义的正确路线在中共中央的领导地位，从而在极其危急的情况下挽救了中国共产党，挽救了中国工农红军，挽救了中国革命，成为中国共产党历史上一个生死攸关的转折点。

教学要点

一、土地革命战争的严重挫折

1934年10月，红军在第五次反围剿作战中遭到失败，退出南方根据地开始长征。

二、中国革命的历史性转折

遵义会议开始确立以毛泽东为代表的马克思主义的正确路线在中共中央的领导地位，成为中国共产党历史上一个生死攸关的转折点。

三、总结历史经验，迎接全国性的抗日战争

红军长征到达陕北后，毛泽东、中共中央总结历史经验，加强共产党自身的思想理论建设。

教学建议

湘江战役是长征途中最惨烈的一仗，红军损失近4万人。严酷的事实教育了广大的红军指战员，他们开始对错误领导产生怀疑、不满。一部分人转而支持毛泽东的正确主张，这为遵义会议的成功召开奠定了基础。红军师长陈树湘的牺牲令人动容，这个案例可以帮助学生更深刻认识到教条主义错误的严重危害。

案例2详细介绍了遵义会议的三个阶段，突出毛泽东同志为会议成功召开付出的巨大努力，说明遵义会议是中国共产党历史上一个生死攸关的转折点。

第六章 中华民族的抗日战争

教材内容分析

本章教材内容共五节。主要讲述日本帝国主义侵略中国的过程以及给中华民族带来的沉重灾难，以国共两党为基础的抗日民族统一战线的建立，国民党在抗战中的地位和作用，中国共产党在抗战中的巨大作用，抗日战争的重大意义和抗战胜利的原因及留给我们的经验。本章教学的主要任务在于，讲清楚抗日战争的大体脉络、统一战线的建立过程、国民党在抗战防御阶段的贡献、中国共产党的中流砥柱作用以及抗日战争胜利的伟大意义。

本章主要设计四个专题

- 专题一　日本发动灭亡中国的侵略战争
- 专题二　国民党与抗日的正面战场
- 专题三　中国共产党成为抗日战争的中流砥柱
- 专题四　抗日战争的胜利及其意义

教学设计理念

专题一相当于教材的第一节。通过讲述日本发动侵华战争的过程，讲清楚日本侵华给中华民族带来的巨大灾难，即对台湾、东北地区直接的殖民统治，对占领区的屠杀，对根据地的“三光政策”，以及对经济和资源的掠夺，等等。这些行为罄竹难书。

专题二相当于教材的第二、三节。主要讲述民族危难之际国共两党再次合作，建立抗日民族统一战线，为抗日战争作出了巨大贡献。九一八事变后，中华民族开始了抗战。中国各个阶层、各民族都以不同的形式投入到抗战的洪流中来，特别是一二九运动促进了中华民族抗战高潮的到来。民族危难之际，中国共产党谋求建立抗日民族统一战线。民族资产阶级的爱国人士谋求与中共合作，要求国民党政府改变“攘外必先安内”的政策。卢沟桥事变后，中国进入全国性抗战的新时期。随后以国共两党合作为基础的抗日民族统一战线正式建立。国难面前，国共两党再次联手，激起了更大范围的抗日救亡运动。全国各民族、各阶级、海内外同胞都投入到这场抗日救亡运动中来，中华民族实现了高度的民族大团结，爱国主义精神进一步升华。在抗日民族统一战线中，国民党广大爱国官兵作出了巨大的牺牲，在抗战防御阶段成为主力军，粉碎了日军速战速决灭亡中国的狂妄计划，但正面战场一泻千里，这主要是由于敌强我弱的形势及国民党单纯依靠政府和军队的片面抗战路线。进入战略相持阶段后，以国民党五届五中全会为转折点，国民党转向“溶共、限共、防共、反共”，由积极抗战转为消极抗战，但之后也进行了一系列战役，保住了西南、西北大后方。

专题三相当于教材的第四节，主要讲述中国共产党发挥了中流砥柱作用，应作为重点讲述。九一八事变爆发后，中国共产党人就开始了抗战。中国共产党提出全面抗战的路线和持久战的方针，正确预测了抗战的走势，鼓舞了中国人民的抗战精神，赢得了世界正义力量对中国抗战的支持和同情。中国共产党深入敌后广泛开展抗日根据地，进行游击战，在战略防御阶段配合了正面战场，在战略相持和反攻阶段对抗了大部分日军。中国共产党积极建立、维护和巩固抗日民族统一战线，团结一切可以团结的力量加入到抗战的行列中来，保证了抗战的胜利。中国共产党成功进行了根据地的政权建设，成为抗战重要的保障。中国共产党也积极进行自身党的建设，提出马克思主义中国化的时代命题，系统阐述新民主主义的理论，进行延安整风。中国化的马克思主义即毛泽东思想得到多方面的发展而成熟，在中国共产党“七大”上被定为党的指导思想。中国共产党及领导的敌后抗日根据地成为抗战的中流砥柱。同时，历经抗战，中国共产党也进一步壮大和成熟。

专题四相当于教材的第五节，主要阐述抗日战争胜利的意义以及抗日战争胜利的原因。抗日战争是神圣的民族解放战争，是近代以来中国人民反抗外敌入侵第一次取得完全胜利的民族解放战争。中国人民抗日战争的胜利彻底打败了日本侵略者，捍卫了中国的国家主权和领土完整，使中华民族避免了遭受殖民奴役的厄运，促进了中华民族的觉醒，实现了民族大团结，使中国人民在精神上、组织上的进步达到前所未有的高度。中华民族的抗日战争也是世界反法西斯战争的重要组成部分，中华民族为捍卫世界和平作出了巨大的贡献，因而中国的国际地位空前提高。中华民族抗日战争的胜利，主要得益于中华民族空前的民族团结、中华民族不屈不挠的反侵略斗争，这是我们的立国之本；统一战线、武装斗争和党的建设成为中国共产党人在革命中战胜敌人的三大法宝。同时，中国人民的抗日战争也得到了世界正义力量的支持和帮助。

专题一

日本发动灭亡中国的侵略战争

案例呈现

1. 日本军国主义与东方会议

日本政府要员于 1927 年 6 月 27 日在东京召开了东方会议，以确定对华政策。7 月 7 日，时任首相兼外相的田中义一提出《对华政策纲领》如下：

确保远东之和平，举日华共荣之成果，为我对华政策之根本。至于实行之方法，鉴于日本在远东之特殊地位，对中国本土与满蒙，自当有所区别。兹据此根本方针，缕述当前之政策纲领如下：

一、中国国内政局之稳定与秩序之恢复虽属当前之急务，但为实现此目的，以由中国国民自行承担为最佳方法。因此，当中国内乱政争之际，不应偏于一党一派，须专重民意，并严格避免干涉各派间之离合集散。

二、根据中国稳健分子之自觉所提出正当之国民要求，应满怀同情协助其合理达成，并与列国共同努力以期其实现。同时，中国经济之和平发展，乃中外共同之热望。需要中国国民之努力，并与列国之友好合作相结合。

三、达到上述目的，必须以成立巩固之中央政府为前提，但从目前政情观之，此等政府之确立尚非易事。因此，除与各地稳健政权进行适当接洽，以待全国逐渐趋于统一外，别无他法。

四、随同政局之推移，将出现南北政权对立或各种地方政权之联合。日本政府对各政权之态度自应完全相同。在此形势下，当对外关系上出现成立统一政府之趋势时，不论其所在地为何处，日本应表明与列国共同欢迎，并助成其发展之意图。

五、此时，常因不逞分子乘中国政情不稳，猖狂扰乱治安，而有惹起国际不幸事件之虞，此乃不容争辩之事实。帝国政府虽期望对此等不逞分子之镇压及秩序之维持，统由中国政权处理及国民之自觉实行之，但帝国在华权益及圈侨生命财产有受不法侵害之虞时，除根据需要采取断然自卫措施予以维护外，别无他法。尤其对捏造日华关系流言，以掀起排日、抵制日货之不法活动分子，固应解除其疑惑，但为维护我之权利，须进而采取适当措施。

六、对于满蒙，尤其东三省地方，因与我国防及国民生存具有重大利害关系，我国不仅必须予以特殊考虑，且对该地区和平之维持与经济之发展，使之成为内外人士安居之所，作为接壤之邻邦，尤须具有责任感。然而，根据门户开放、机会均等原则贯通满蒙南北，乃促进内外人士之经济活动，加速该地方和平开发之道。有关维护我既得利益乃至悬案之解决，亦应根据上述方针处理。

七、（本项不予公布）

至于东三省政局之稳定，则有待东三省人本身之努力，方为至善之策。在三省有力者中，对尊重我在满蒙之特殊地位，认真谋求该地方政局之稳定者，帝国政府应予以适当支持。

八、万一动乱波及满蒙，治安紊乱，有侵害我在该地特殊地位、权益之虞时，不论其来自何方，均应加以防护，并须做好准备，为保护内外人士安居、发展，及时采取适当措施。

东方会议现已引起中国南北之注意。利用此一时机，各位回到任所后，文武各官应协力促进对华各项问题以及悬案之解决。力求加深本会议之意义。有关实施上述对华政策之具体方法，将由本大臣与各位另行协商。

东方会议确定了中国本土与满蒙区别对待的根本方针，明确了八项政策。特别是第五项中“根据需要，断然自卫”的派兵保护侨民的方针与第八项中的须“准备及时采取适当措施”等，表明满蒙为特殊地域。至于第七项，则暗示东三省的自治乃至独立。这与中国的民族自决、恢复国权的势力迟早将会引起冲突，从而注定了满洲事变的发生。此次会议的召开，正值第一次出兵山东的高潮。其对华积极方针在国内外的影响甚大，中国亦掀起了激烈的排日运动。

——日本防卫厅战史室《大本营陆军部》摘译：《日本军国主义侵华资料长编》（上册），四川人民出版社 1987 年 01 月第 1 版，第 138—141 页。

2. 山河破碎

（1）九一八事变

1905 年，通过日俄战争，日本将中国旅顺、大连等地的租借权和长春—旅顺的铁路及附属设施的财产权利占为己有。20 世纪二三十年代，日本统治体制法西斯化。1927 年 6 月，日本首相田中义一主持召开东方会议，并制定了《对华政策纲要》（即田中奏折），确立了“把满洲从中国本土分裂出来，自成一区，置日本势力之下”的侵略方针。1929—1933 年，世界资本主义经济危机波及日本，日本陷入极端困难的境地。日本政府急于发动一场对中国的战争，以缓和阶级矛盾。1931 年 9 月 18 日傍晚，日本关东军自行炸毁沈阳北柳条湖的一段路轨，诬称中国军队破坏铁路并袭击日守备队，向中国军队驻地北大营和沈阳城进攻。同时，驻扎在南满铁路沿线的日本军队向沈阳、长春、四平等地进攻，不宣而战的九一八事变爆发，日本变中国为其殖民地的战争开始。由于国民政府对内坚持剿共、对外实行不抵抗政策，事变发生后，近 20 万东北军不战自退。一夜之间，沈阳城落入日军之手。仅 4 个月零 18 天，日本就占领了东北全境。日本侵占了相当于其本土 3 倍的 110 万平方公里的中国领土，并在 1932 年 3 月 1 日制造了伪满洲国的傀儡政权。占领东北后，日本实行政治控制、经济剥削和奴化教育，东北全境陷入日本的残暴统治之中。

（2）华北事变

华北的河北、察哈尔、绥远、山西、山东五省和北平、天津在政治、军事和经济上都占有重要地位。日本占领东北后，把侵略矛头指向了中国华北。1935 年，在对华北进行经济扩张的同时，日本迫使国民党中央势力退出平津和河北，策动国民党的地方实力派脱离中国，制造傀儡政权，使得华北五省和北平、天津两市成为日军自由出入的真空地带，即华北事变。国民政府的退让和国际联盟的姑息，使得日本的侵略计划得逞。

（3）卢沟桥事变

华北事变之后，日本加进了全面侵华的准备。1937 年 7 月 7 日，日本驻丰台日军的一个中队在北平西南的卢沟桥附近进行实弹演习，谎称一名士兵失踪，要进入宛平城搜查。在遭到中国驻军拒绝后，炮轰宛平城，攻击卢沟桥。日本全面侵华开始。驻守卢沟桥附近的二十九军奋起抵抗，给日军以沉重的打击。中国抗日战争进入全国性抗战的新时期。卢沟桥事变之后，日本实施速战速决，向华北、华东、华中地区发起战略进攻。至 1938 年 10 月，占领了北平、天津、太原、上海、南京、广州、武汉等一批大城市。日本人在占领区实行了惨绝人寰的烧杀抢掠，给中华民族带来的巨大的灾难。

3. 平阳惨案

1943 年秋，日军纠集四万兵力，以晋察冀边区腹地阜平县为重点，对北岳区进行疯狂“扫荡”。我党我军针锋相对地开展了反“扫荡”斗争。晋察冀军区副司令员萧克率领42团在位于平阳河上游的神仙山一带与日军周旋作战，不断给日军以沉重打击。日军为了达到征服我抗日军民、摧毁我抗日领导机关和根据地之目的，由日军大队长荒井率领五百余名日伪军对平阳一带进行了长时间的反复“扫荡”。

“扫荡”过后，平阳村到处都是尸体和血迹。5个杀人场上，尸骨满地，黄土变成了紫黑色。平阳街上死尸三百多具，许多人头堆积在一起，烂肠碎骨和一条一缕的人皮遍地皆是，街道两旁的树上也挂满了血肉尸骨。惨案令人毛骨悚然。

日军惨无人道的血腥大屠杀，并没有吓倒平阳人民，他们掩埋了死难同胞，开始重建家园。一大批青年为给死难者报仇，为把日本侵略者赶出中国，自愿报名参军，走上了抗日前线。

——《平阳惨案》，《保定日报》，2010年11月6日。

4. 九一八事变后日本疯狂掠夺东北矿物资

九一八事变后，日本通过各种手段掠夺东北战略物资以支持其战争。日本在东北的14年中随意地开采、使用各种资源，使占全国铁矿藏量的37%、生铁产量的79%、石油开采量的55%的资源悉数被日本掠去。除此外，其他煤炭等战略资源也操纵在它手中。

日本还掠夺矿石、金属及制品，以及油脂、腊制品。从1942年到1945年这些产品对日输出情况看，日本所需各种产品的总需要量：矿石及制品的23.9%、21.2%、18.2%、40%，金属及制品的55.8%、34%、38.2%、40.2%，腊脂、腊制品的22.7%、9.34%、8.19%，及粮食、饮料、烟草的6.8%、3.75%、46.9%、69%都需要从东北进口。同时，日本也对东北丰富的林业资源进行了掠夺。到1945年日本投降时为止，日本在东三省共运走木材1亿多立方米。日本对东北资源的掠夺还仅仅是估计的数目，但这些数据却反映了日本对东北资源的破坏程度及由此而引起的对中国经济的沉重打击。

——节选自焦润明：《日本自近代以来对东北资源与财富的掠夺》，《辽宁大学学报》第5期，第9—10页。

小组讨论

1. 讨论日本侵华的历程和政策的变化。

2. 日本侵华给中华民族带来了怎样的灾难？

课堂引导结论

日本的侵华政策经历了由速战速决到以华制华、以战养战的变化。九一八事变日本从东北地区策动，侵略中国；华北事变使得华北五省两市置于日军的统治之下。七七事变后，日本开始全面侵华，重点对准国民党占领的大城市和交通要道，企图几个月内灭亡中国。至1938年10月占领了北平、天津、太原、南京、广州、武汉等城市，中国大片国土沦丧，但灭亡中国的狂妄计划未能实现。同时，由于战线太长，给养不足，所以改为以华制华、以战养战，对国民党政府以军事打击为辅、政治诱降为主，将主要力量对准中国共产党领导的敌后抗日根据地。抗日战争由战略防御转入战略相持阶段。

日本侵华战争给中国人民带来沉重的灾难。日本对台湾、澎湖和东北地区实行直接的殖民统治，进行奴化教育；在华北等地区扶植傀儡政权；对占领区实行野蛮的屠杀政策；对敌后抗日根据地实行“三光政策”，疯狂掠夺资源，使中华民族遭受了沉重的磨难。

教学要点

一、日本侵华战争的发动过程

（一）九一八事变。

（二）华北事变。

（三）七七事变。

（四）以华制华、以战养战。

二、日本侵华战争给中华民族带来了沉重的灾难

（一）奴化教育。

（二）南京大屠杀。

（三）资源掠夺。

（四）“三光政策”。

教学建议

本专题主要讲两个问题：一是日本帝国主义侵华的过程。20世纪

二三十年代，日本军国主义甚嚣尘上，把侵略的目标指向中国，先后发动九一八事变、华北事变、卢沟桥事变，开始全面侵华，企图速战速决。在1938年占领广州和武汉后，政策转向以华制华、以战养战。可以通过日本军国主义、侵华的具体事件等案例详细的解读日本侵华的大体过程和国际背景。二是日本侵华给中华民族带来的沉重灾难。日本帝国主义在占领区实行野蛮的殖民政策，实行大屠杀、“三光政策”等。通过案例，可以深刻地展现日本的滔天罪行，增强历史的真实感和学生的爱国情感。

专题二 国民党与抗日的正面战场

案例呈现

1. 抗日民族统一战线的建立与国民党爱国官兵的英勇抗战

（1）瓦窑堡会议

1935年12月，瓦窑堡会议召开。会议通过《中央关于军事战略问题的决议》，提出红军行动的战略方针是把国内战争同民族战争结合起来，准备直接对日作战力量和猛烈扩大红军。会议通过了《关于目前政治形势与党的任务决议》等决议案，分析了当时政治形势的基本特点，规定了党在新形势下的策略路线。指出：当前时局的基本特点是日本帝国主义“正准备并吞全中国，把全中国从各帝国主义的半殖民地变为日本的殖民地”。民族矛盾已上升为主要矛盾。一切不愿当亡国奴，不愿充当汉奸的中国人的惟一出路，就是“向着日本帝国主义及其走狗汉奸卖国贼展开神圣的民族战争”。决议认为，民族革命的新高潮推醒了工人阶级和农民中的落后阶层；广大的小资产阶级群众和知识分子已转入革命；一部分民族资产阶级，许多乡村富农和小地主，甚至一部分军阀也有对革命采取同情中立的态度以至有参加的可能。党应该采取各种适当的方法与方式，去争取这些力量到反日战线中来。决议指出：在地主买办阶级营垒中间，也不是完全统一的。党也应利用他们之间的矛盾与冲突，以利于抗日民族解放斗争。对于日本帝国主义与其他帝国主义之间的矛盾，也应采取这样的策略。决议指出：党的策略路线是发动、团结与组织全中国全民族一切革命力量去反对当前主要的敌人——日本帝国主义与蒋介石。会后，毛泽东根据瓦窑堡会议决议精神，在党的活动分子会议上作了《论反对日本帝国主义的策略》的报告，进一步从理论和实践上阐明了党的抗日民族统一战线策略方针。

瓦窑堡会议是从土地革命战争时期到抗日战争时期中国共产党召开的一次极为重要的会议，是遵义会议的继续和发展。遵义会议只对当时最迫切的军事问题和组织问题作出决议，而瓦窑堡会议则解决了政治路线问题。它总结了两次国内革命战争的基本经验，制定了抗日民族统一战线的策略路线，有力地推动了全国抗日民主运动的发展。

（2）西安事变

抗日战争爆发后，中华民族危机深重。中国共产党力主停止内战，一致抗日。国民党政府的政策仍然是“攘外必先安内”。但许多国民党将领在民族危机时刻受到中共政策的感化。1936 年 12 月初，蒋介石（时任国民政府军事委员会委员长和西北剿匪总司令）到达西安。为了改变蒋介石“攘外必先安内”的既定国策，停止内战，一致抗日，在劝谏无效的情况下，12 日，爱国将领张学良（时任西北剿匪副总司令、东北军领袖）和杨虎城（时任国民革命军第十七路军总指挥、西北军领袖）扣留了蒋介石，西安事变发生后，中国共产党，国民党亲英美派以及英美等国主张和平解决。最终，蒋介石作出停止内战、联共抗日等六项承诺。西安事变的和平解决挫败了日本帝国主义及国民党等日派的战争图谋；成为时局转换的枢纽，十年内战基本结束，国内和平基本实现；推动了以国共两党合作为基础的抗日民族统一战线的建立。

（3）淞沪会战

七七事变后，国民政府发表《自卫抗战声明书》，奋起抗战。1937 年 8 月 14 日，国民党第九集团军在总司令张治中的指挥下在淞沪一带与日军激战。国民政府先后投入 8 个集团军又 48 个师、15 个独立旅、9 个暂编旅、3 队海军舰队等兵力，总兵力在 60 万人以上。日军投入 5 个师团、1 个旅团，达 13 万人。双方鏖战三个月。淞沪会战证明了中国政府坚决抗战的决心，也为民族工业内迁争取了时间。

（4）台儿庄战役

台儿庄地处苏鲁交界，南接陇海线，西邻南四湖，是南北漕运枢纽，战略位置十分重要。日本侵略军 1937 年 12 月 13 日和 27 日相继占领南京、济南后，为了迅速实现灭亡中国的侵略计划，连贯南北战场，决定以南京、济南为基地，从南北两端沿津浦铁路夹击徐州，而台儿庄便是其门户。1938 年 3 月，台儿庄战役爆发。1938 年 3 月 20 日，日军矶谷师团集中 4 万人，向台儿庄发动了猛烈的进攻，企图一举攻占徐州。李宗仁率领的国民党第五战区军队英勇反击，一方面固守台儿庄，另一方面采用诱敌深入等战略战术，历经月余，毙伤日军 11984 人，俘虏 719 人，缴获大炮 31 门、装甲车 11 辆、大小战车 8 辆、轻重机枪 1000 余挺、步枪 10000 余支，取得大捷。台儿庄会战的胜利，是抗战以来国民党正面战场取得的重大胜利，毛泽东同志指出："每个月打得一个较大的胜利，如像平型关、台儿庄一类的，就能大大地沮丧敌人的精神，振起我军的士气，号召世界的声援。"台儿庄会战的胜利，提高了前方将士的斗志，振奋了全民族抗战的精神；同时也打破了日军不可战胜的神话，坚定了全国人民抗战必胜的信念。

2. 抗战相持阶段国民党政策的变化

（1）国民党五届五中全会

1938 年 10 月广州、武汉失守以后，随着日本政策发生变化，国民党政府虽然继续抗战，但是出现动摇。1939 年 1 月 21 日至 1 月 30 日，国民党在重庆召开五届五中全会，会议的中心议题是抗战和反共。国民党五届五中全会确定了"溶共、防共、限共、反共"的反动方针。五届五中全会是国民政府自抗战以来在政策上的重要转变，标志着国民党政策的重心由对外转向对内，国民党开始执行一条消极抗日、积极反共的路线。不久，国民党顽固派就掀起了第一次反共高潮。

（2）皖南事变

皖南事变是抗日战争期间国民党顽固派发动的重要的反共事件。抗战进入相持阶段后，国民党顽固派加紧制造反共摩擦活动。1940 年 10 月 19 日，国民政府军事委员会致电八路军朱德总司令、彭德怀副总司令和新四军叶挺军长，攻击和污蔑中国共产党及其领导的武装力量，要求在大江南北坚持抗战的八路军、新四军于一个月内全部开赴黄河以北，并将 50 万八路军、新四军合并缩编为 10 万人。与此同时，国民党当局又密令汤恩伯等部准备向新四军进攻。

1941 年 1 月 4 日，奉命北移的新四军军部及其所属皖南部队 9000 余人，从云岭驻地出发绕道北上。6 日，在安徽泾县茂林地区，突遭国民党军队七个师8万余人的包围袭击。新四军部队英勇奋战七昼夜，终因寡不敌众，弹尽粮绝，除约2000余人突出重围外，大部壮烈牺牲或被俘。军长叶挺在和国民党谈判时被扣押，政治部主任袁国平牺牲，副军长项英、参谋长周子昆在突围中被叛徒杀害。1月17日，蒋介石反诬新四军“叛变”，宣布取消新四军番号。皖南事变震惊中外，成为国民党顽固派发动的第二次反共高潮的最高峰。

——沈培新主编：《茂林悲歌：皖南事变全景扫描》，中央文献出版社2010年版，第1—2页。

小组讨论

1. 抗日民族统一战线是怎样建立的?

2. 国民党在战略防御阶段做出了哪些巨大贡献?

3. 抗日战争进入战略相持阶段后，国民党的政策发生了哪些变化?

课堂引导结论

从九一八事变，到华北事变，再到卢沟桥事变，在日本猖狂的侵华行径和中华民族危亡面前，中国社会各阶层、各阶级开始由局部抗战到全面抗战。其中，中国共产党建立抗日民族统一战线的政策不断完善。西安事变中，蒋介石答应联共抗日，成为时局转换的枢纽。以国共两党为基础的抗日民族统一战线的建立，激起和坚定了全国各阶级、各阶层抗战的信念。在战略防御阶段，国民党积极抗战，成功组织了淞沪、忻口、徐州和武汉等一系列大的战役，担负了抗击日军战略进攻的主要任务。国民党广大爱国官兵经过十六个月浴血奋战，粉碎了日军速战速决的猖狂计划，为抗日战争作出了重大的贡献。进入战略相持阶段后，以国民党五届五中全会为转折点，国民党确定了“溶共、限共、防共、反共”的政策，由积极抗战转向消极抗战，但基本上保住了西北、西南大后方。

教学要点

一、抗日民族统一战线的建立

（一）瓦窑堡会议。

（二）西安事变。

（三）抗日民族统一战线的最终建立。

二、国民党军队的英勇抗战

（一）在正面战场组织数次大规模的会战。

（二）国民党军队英勇抗战的意义。

三、国民党抗日政策的变化

（一）国民党五届五中全会。

（二）国民党发起反共高潮。

（三）国民党在正面战场的溃败。

教学建议

本专题主要讲三个问题：一是全国各族人民如何走向全面抗战，最终建立抗日民族统一战线。通过西安事变，讲述中国共产党的抗日民族统一战线政策是如何适应当时形势、感化国民党高级将领的，以此来说明国共两党政策的变化、由敌对走向合作的过程，以及抗日民族统一战线的最终建立。二是国民党在抗日战争防御阶段的巨大贡献。台儿庄战役、淞沪会战等案例显明地表现出国民党广大爱国官兵的英勇抗战，以及为抗日战争做出的巨大贡献。三是抗战相持阶段后国民党政策的变化。国民党五届五中全会“溶共、限共、防共、反共”政策的确定，以及皖南事变表现出国民党政策的变化，这使抗日民族统一战线陷入危机。

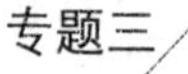

专题三 中国共产党成为抗日战争的中流砥柱

案例呈现

1. 抗日救国十大纲领

一、打倒日本帝国主义

对日绝交，驱逐日本官吏，逮捕日本侦探，没收日本在华财产，否认日债务，废除与日本签订的条约，收回一切日本租界。

保卫华北和沿海各地而血战到底。

为收复平津和东北而血战到底。

驱逐日本帝国主义出中国。反对任何的动摇妥协。

二、全国军事的总动员

动员全国陆海空军，实行全国统一抗战。

反对单纯防御的消极的作战方针，采取独立自主的积极的作战方针。

设立经常的国防会议，讨论和决定国防计划和作战方针。

武装人民，发展抗日的游击战争，配合主力军作战。

改革军队的政治工作，使指挥员和战斗员团结一致。

军队和人民团结一致，发扬军队的积极性。

援助东北抗日联军，破坏敌人的后方。

实现一切抗战军队的平等待遇。

建立全国各地军区，动员全民族参战，以便逐步从雇佣兵役制转变为义务兵役制。

三、全国人民的总动员

全国人民除汉奸外，都有抗日救国的言论、出版、集会、结社和武装抗敌的自由。

废除一切束缚人民爱国运动的旧法令，颁布革命的新法令。

释放一切爱国的革命的政治犯，开放党禁。

全中国人民团结起来，武装起来，参加抗战，实行有力出力，有钱出钱，有枪出枪，有知识出知识。

动员蒙民、回民及其他少数民族，在民族自决和自治的原则下，共同抗日。

四、改革政治机构

召集真正人民代表的国民大会，通过真正的民主宪法，决定抗日救国方针，选举国防政府。

国防政府必须吸收各党派和人民团体中的革命分子，驱逐亲日分子。

国防政府采取民主集中制。它是民主的，又是集中的。

国防政府执行抗日救国的革命政策。

实行地方自治，铲除贪官污吏，建立廉洁政府。

五、抗日的外交政策

在不丧失领土主权的范围内，和一切反对日本侵略主义的国家订立反侵略的同盟及抗日的军事互助协定。

拥护国际和平阵线，反对德日意侵略阵线。

联合朝鲜和日本国内的工农人民反对日本帝国主义。

六、战时的财政经济政策

财政政策以有钱出钱和没收汉奸财产作抗日经费为原则。经济政策是整顿和扩大国防生产，发展农村经济，保证战时生产品的自给；提倡国货，改良土产；禁绝日货，取缔奸商，反对投机操纵。

七、改良人民生活

改良工人、职员、教员和抗日军人的待遇。

优待抗日军人的家属。

废除苛捐杂税。

减租减息。

救济失业。

调节粮食。

赈济灾荒。

八、抗日的教育政策

实行以抗日救国为目标的新制度、新课程。

九、肃清汉奸卖国贼亲日派，巩固后方

十、抗日的民族团结

在国共两党合作的基础上，建立全国各党派各界各军的抗日民族统一战线，领导抗日战争，精诚团结，共赴国难。

——毛泽东：《为动员一切力量争取抗战胜利而斗争》，《毛泽东选集》第2卷，人民出版社。

2. 论持久战

抗日战争为什么是持久战？最后胜利为什么是中国的呢？根据在什么地方呢？

中日战争不是任何别的战争，乃是半殖民地半封建的中国和帝国主义的日本之间在20世纪30年代进行的一个决死的战争。全部问题的根据就在这里。分别地说来，战争的双方有如下互相反对的许多特点：

——日本方面：第一，它是一个强的帝国主义国家，它的军力、经济力和政治组织力在东方是一等，在世界也是五六个著名帝国主义国家中的一个。这是日本侵略战争的基本条件。战争的不可避免和中国的不能速胜，就建立在这个日本国家的帝国主义制度及其强的军力、经济力和政治组织力上面。然而，第二，由于日本社会经济的帝国主义性，就产生了日本战争的帝国主义性，它的战争是退步的和野蛮的。这样就要最大地激起它国内的阶级对立、日本民族和中国民族的对立、日本和世界大多数国家的对立。日本战争的退步性和野蛮性是日本战争必然失败的主要根据。还不止此，第三，日本战争虽是在其强的军力、经济力和政治组织力的基础之上进行的，但同时又是在其先天不足的基础之上进行的。日本国度比较地小，其人力、军力、财力、物力均感缺乏，经不起长期的战争。日本统治者想从战争中解决这个困难问题，但同样，将达到其所期求的反面。这就是说，它为解决这个困难问题而发动战争，结果将因战争而增加困难；战争将连它原有的东西也消耗掉。最后，第四，日本虽能得到国际法西斯国家的援助，但同时，却又不能不遇到一个超过其国际援助力量的国际反对力量。这后一种力量将逐渐地增长，终究不但将把前者的援助力量抵消，并将施其压力于日本自身。这是失道寡助的规律，是从日本战争的本性产生出来的。总起来说，日本的长处是其战争力量之强，而其短处则在其战争本质的退步性、野蛮性，在其人力、物力之不足，在其国际形势之寡助。这些就是日本方面的特点。

——中国方面：第一，我们是一个半殖民地半封建的国家。我们依然是一个弱国，我们在军力、经济力和政治组织力各方面都显得不如敌人。战争之不可避免和中国之不能速胜，又在这个方面有其基础。然而，第二，今日中国的军事、经济、政治、文化虽不如日本之强，但在中国自己比较起来，却有了比任何一个历史时期更为进步的因素。中国共产党及其领导下的军队，就是这种进步因素的代表。中国的战争是进步的。从这种进步性，就产生了中国战争的正义性。因为这个战争是正义的，就能唤起全国的团结，激起敌国人民的同情，争取世界多数国家的援助。第三，中国又是一个很大的国家，地大、物博、人多、兵多，能够支持长期的战争。这同日本又是一个相反的对比。最后，第四，由于中国战争的进步性、正义性而产生出来的国际广大援助，同日本的失道寡助又恰恰相反。总起来说，中国的短处是战争力量之弱，而其长处则在其战争本质的进步性和正义性，在其是一个大国家，在其国际形势之多助。这些都是中国的特点。

这些特点，规定了和规定着双方一切政治上的政策和军事上的战略战术，规定了和规定着战争的持久性和最后胜利属于中国而不属于日本。

——毛泽东：《论持久战》，人民出版社1975年12月第1版，第11—14页。

3. 百团大战

在抗战进入到相持阶段以后，日本逐渐把主要的军事力量转向共产党领导的八路军和抗日根据地。特别是1940年以来，日军对根据地进行了几次大的“扫荡”，推行所谓的“囚笼”政策，企图分割、封锁抗日根据地。为了反击日军的“囚笼”政策，争取战略主动，八路军调集105个团约20余万人的兵力，于1940年8月20日至12月5日，向华北日军发动了一次空前大规模的战役进攻战，即百团大战。此次战役的主要目的是彻底破坏正太路和扩大解放区。在百团大战中，共计进行大小战斗1824次，毙伤日军20645人、伪军5155人，俘日军281人，俘伪军18407人，拔除日伪军据点近3000个，缴获各种炮53门、各种枪5900余支（挺），破坏敌人铁路474公里、公路1500里，使正太、平汉铁路停运一个多月。在战斗中，八路军指战员伤亡1.7万余人。百团大战给日军企图分割各抗日根据地军民的“囚笼”政策以沉重打击，钳制了日军大量兵力，有力地支援了国民党正面战场的作战，粉碎了日军灭亡中国指日可待的狂妄计划，大大提高了共产党和八路军的威望，在抗日局面比较低沉时振奋了全国民心。

——萧一平主编：《简论中国共产党与抗日战争》，党建读物出版社2005年6月版，第7页。

4. “三三制”

1937年，抗战全面爆发后不久，抗日民族统一战线正式建立。与此同时，中国共产党积极主动地将统一战线思想付诸于根据地政权建设的具体实践。到1940年初，中共领导的各抗日根据地已普遍建立了包括各抗日阶级、阶层、党派和团体在内的抗日民主政权。在这些政权中，尽管中共以外的其他党派、团体和工农以外的其他阶级、阶层人士数量还比较少，但其已基本改变了此前的苏维埃政权模式，初步具有了抗日民族统一战线的政权性质，从而为“三三制”政权的建立奠定了坚实的基础。1940年3月，中国共产党在总结抗战以来根据地政权建设经验的基础上，为了更好地贯彻执行抗日民族统一战线的战略策略，争取和团结各界人士共同抗战，首次在党内正式提出了“三三制”政权建设思想，指出："在抗日时期，我们所建立的政权的性质，是民族统一战线的。这种政权，是一切赞成抗日又赞成民主的人们的政权，是几个革命阶级联合起来对于汉奸和反动派的民主专政。""根据抗日民族统一战线政权的原则，在人员分配上，应规定为共产党员占三分之一，非党的左派进步分子占三分之一，不左不右的中间派占三分之一。""必须使党外进步分子占三分之一，因为他们联系着广大的小资产阶级。""给中间派以三分之一的位置，目的在于争取中等资产阶级和开明绅士。"

同年 7 月，毛泽东在为纪念抗战 3 周年所发表的《团结到底》一文中，首次公开向全国人民提出了建立"三三制"政权的主张，指出："在政权问题上，我们主张统一战线政权，既不赞成别的党派的一党专政，也不主张共产党的一党专政，而主张各党、各派、各界、各军的联合专政。这即是统一战线政权。共产党员在敌人后方消灭敌伪政权，建立抗日政权之时，应该采取我党中央所决定的'三三制'，不论政府人员中或民意机关中，共产党员只占三分之一，而使其他主张抗日民主的党派和无党派人士占三分之二。无论何人，只要不投降不反共，均可参加政府工作。任何党派，只要是不投降不反共的，应使其在抗日政权下面有存在和活动之权。"此后，根据上述"三三制"原则，具有统一战线性质的"三三制"政权在敌后各抗日根据地相继建立起来。

"三三制"政权作为一种统一战线性质的抗日民主政权，从制度上为党外人士进入政权并占有一定比例提供了保障，同时还为中国共产党领导的多党合作和政治协商制度的形成进行了初步探索并积累了丰富经验。

5. 中国共产党党章

中国共产党，是中国工人阶级的先进的有组织的部队，是它的阶级组织的最高形式。中国共产党代表中国民族与中国人民的利益。它在现阶段为实现中国的新民主主义制度而奋斗。它的最终目的，是在中国实现共产主义制度。

中国共产党在目前阶段的任务是，对内，组织与团结中国的工人、农民、小资产阶级、知识界和一切反帝反封建人们以及国内各少数民族同自己一道；对外，联合全世界无产阶级、被压迫人民及一切以平等待我之民族，为解除外国帝国主义对于中国民族的侵略，为肃清本国封建主义对于中国人民大众的压迫，为建立独立、自由、民主、统一与富强的各革命阶级联盟与各民族自由联合的新民主主义联邦共和国而奋斗，为实现世界的和平与进步而奋斗。

在将来阶段，在中国民族革命与民主革命得到彻底胜利后，中国共产党的任务是，根据中国社会经济发展的需要与中国人民的意愿，经过必要步骤，为在中国实现社会主义与共产主义的制度而奋斗。

中国共产党在革命斗争中，必须努力使自己成为一切革命的群众组织及革命的国家组织之中坚。中国共产党对于从内部或外部来破坏工人阶级统一、破坏各革命阶段联盟以及破坏其他革命事业的一切活动，必须进行严正的斗争。

中国共产党必须用不调和的但是适当的斗争对待内部的机会主义者、投降主义者、冒险主义者，并将其中坚持错误的人清除出党，以保持自己队伍的统一。

中国共产党应该不掩盖自己工作中的错误与缺点。中国共产党应该用批评和自我批评的方法，经常检讨自己工作中的错误与缺点，来教育自己的党员和干部，并及时纠正自己的错误。中国共产党反对那种自高自大、害怕承认自己错误、害怕批评与自我批评的情绪。

中国共产党人必须具有全心全意为中国人民服务的精神；必须与工人群众、农民群众及其他革命人民建立广泛的联系，并经常注意巩固与扩大这种联系。中国共产党必须经常警戒自己脱离人民群众的危险性，必须经常注意防止和清洗自己内部的尾巴主义、命令主义、官僚主义与军阀主义等脱离群众的错误倾向。

中国共产党是按民主的集中制组织起来的，是以自觉要履行的纪律联结起来的统一的战斗组织。中国共产党的力量，在于自己的坚强团结、意志统一、行动一致。在党内不容许有离开党的纲领和党章的行为，不能容许有破坏党纪、向党闹独立性、小组活动及阳奉阴违的两面行为。中国共产党必须经常注意清除自己队伍中破坏党的纲领和党章、党纪而不能改正的人出党。

中国共产党要求自己的每一个党员，积极地自我牺牲地进行工作，以实现党的纲领和党的一切决议，达到中国民族与中国人民的彻底解放。

——《中国共产党党章》。

小组讨论

如何理解中国共产党在抗日战争中起到了中流砥柱的作用？

课堂引导结论

中国共产党坚持全面抗战的路线和持久战的方针，维护和扩大抗日民族统一战线，广泛开辟敌后抗日根据地，开展游击战，在抗战中发挥了中流砥柱作用。

教学要点

中国共产党成为抗战的中流砥柱

（一）坚持正确的指导思想。

（二）制定正确的抗日策略。

（三）发动人民战争。

教学建议

本专题主要讲述中国共产党在抗战中的中流砥柱作用。通过《抗日救国十大纲领》《论持久战》等来说明中国共产党全面抗战的路线和持久战大方针，以及这一政策和方针的意义。《论持久战》正确预测了抗战的发展形势，鼓舞了中国人民的抗战信念，最大限度地争取了国际正义者对中国抗战的同情和支持。通过百团大战等案例的讲述说明中国共产党敌后抗日根据地的广泛开辟以及游击战的巨大作用。《中国共产党党章》鲜明地表达了中国共产党员为了国家、民族、人民的利益而甘愿牺牲的本质，这奠定了中国共产党成为抗日战争中流砥柱的基础。

专题四　中国抗日战争的国际地位

案例呈现

1. 中国在二战中的作用

欧战爆发时，中国已进行了两年多的全面抗战；太平洋战争爆发时，中国已与日军浴血奋战了四年半。由于中国人民的英勇抵抗，日本曾一度动用 90% 多的陆军来对付中国。即使在太平洋战争期间，60% 以上的日本陆军仍陷在中国。直到太平洋战场上盟军转入反攻时，日本陆军的 43 个师团另 14 个独立混合旅（占其陆军兵力的64%）和45%的空军仍部署在中国战场。而在太平洋战场上的日本陆军兵力还不到30%（22个师团），空军仅占44%。由于日本的主要兵力被深深地陷在中国战场而无力自拔，它再也无力实施北上进攻苏联的计划。这使苏联可以从远东及时抽调5万多兵力参加莫斯科保卫战，从而遏制了德国的进攻势头，并最终改变了整个战争的态势。在南线，中国军队出征缅甸，与盟军并肩作战，终于挡住了日本的进攻势头，把日军堵在印度的门口，粉碎了法西斯国家会师中东的计划。可见，中国在挫败轴心国家的全球战略意图上起了很关键的作用，从全局上影响了第二次世界大战的进程。

中国在二战中所具有的这种重要的战略地位，同盟国家不管是乐意还是不乐意，都得正视这一事实。苏联驻华武官崔可夫曾说："在我们最艰苦的年代里，日本也没有进攻苏联，却把中国淹没在血泊中。稍微尊重客观事实的人都不能不考虑到这一明显而无可争辩的事实。"英国当时驻华大使卡尔亦表示："中国为自卫而战，实亦为我英国而战，即谓中国为我第一道防线，亦非过言。"当时的美国总统罗斯福也曾很庆幸地对他的儿子说："假如没有中国，假如中国被打垮了，你想一想有多少个师团的日本兵可以因此调到其他方面来作战？他们可以马上打下澳洲，打下印度。他们可以毫不费力地把这些地方打下来，他们可以一直通向中东……和德国配合起来，举行一个大规模的夹攻，在近东会师，把俄国完全隔起来，吞并埃及，切断通过地中海的一切交通线。"苏、英外交官和美国政治家的谈话，很恰当地表述了他们对中国战略作用的认识。

在太平洋战争中，美国看到在香港和东南亚的英国皇家军队或已投降或被击退，荷属印度尼西亚很快被日本占领；在整个东亚，唯一有力量的盟友只有中国。因此，在1941年底召开的阿卡迪亚会议上，美国主动建议成立中国占区。其范围除中国外，还包括越南和泰国等地区，并在重庆设立了一个中、美、英三国联合计划参谋部。这样，长期束缚中国人民的那些不平等条约给予西方列强的特权，基本上得到了废除。可是，在当时现实政治中，中国大片国地仍在沦丧，领土主权受到严重践踏，外国列强的在华特权尚有广泛的影响。中国要取得真正完全主权独立的地位，尚需时日。这里，还必须认识到，列强放弃在华特权，并非它们的恩赐，而是中国人民艰苦卓绝，不怕牺牲，浴血奋战，顶住了日本侵略军的进攻，大大减轻了日军对它们的压力，才迫使列强不得不作出这种抉择。

在国际政治舞台上，中国的国际地位也发生了明显的变化。1942年1月1日，中国被邀请与美、英、苏一起领衔，与其他22个国家签署了联合国共同宣言。1943 年 10 月 30 日，中、美、英、苏四国发表了《关于普遍安全的宣言》。这是中国首次作为四大国之一，在国际文件上签字。在 1943 年 11 月召开的开罗会议上，中、美、英三国首脑一起就对法西斯国家作战及战后安排的重大问题进行了讨论。1945 年 7 月 26 日，中国与美、英、苏（苏联 8 月 8 日签署）一起签署了敦促日本无条件投降的《波茨坦公告》。开罗会议的召开和《波茨坦公告》的发表，是中国国际地位显著提高的标志。

——苏浩：《第二次世界大战对中国国际地位的影响》，《历史教学》1996 年第 4 期，第 3—4 页。

2. 开罗会议和《开罗宣言》

《开罗宣言》全文如下：

“三国军事方面人员，关于今后对日作战计划，已获得一致意见。我三大盟国表示决心以不松弛之压力，从海陆空诸方面加诸残暴的敌人。此项压力已经在增长之中。”

“我三大盟国此次进行战争之目的，在于制止及惩罚日本之侵略。三国决不为自身图利，亦无拓展领土之意。三国之宗旨在剥夺日本自 1914 年第一次世界大战开始以后在太平洋所夺得的或占领之一切岛屿；在使日本所窃取于中国之领土，例如满洲、台湾、澎湖群岛等，归还中华民国。日本亦将被逐出于其以暴力或贪欲所攫取之所有土地。我三大盟国轸念朝鲜人民所受之奴役待遇，决定在相当期间，使朝鲜自由独立。”

“我三大盟国抱定上述之各项目标并与其他对日作战之联合国家目标一致，将坚持进行为获得日本无条件投降所必要之重大的长期作战。”

开罗会议是中国自鸦片战争以来第一次以世界大国身份参加的会议，提高了中国的国际威望，确立了中国在世界的四强地位。开罗会议和《开罗宣言》为中国战后收回被日本侵占的领土提供了依据，也为结束战争和战后处置日本提供了依据。

——世界知识出版社编辑：《国际条约集（1934—1944）》，世界知识出版社 1961 年 6 月第 1 版，第 407 页。

小组讨论

中国抗日战争在世界反法西斯战争中的重要地位是什么？

课堂引导结论

1931年9月18日，九一八事变爆发。到1939年9月1日德国闪击波兰，第二次世界大战在西方正式爆发。在这整整八年的时间里，中国孤军奋战在世界反法西斯战争的东方战场。即使德国闪击波兰之后，英国、法国、苏联、美国等国也主要对德国和意大利作战。反法西斯联盟建立后，英、法、美、苏等国仍然执行的是先欧后亚的战略，所以中国在世界反法西斯战争进入最后阶段之前，基本上是独自奋战在世界反法西斯的东方战场的，牵制了日军的大部分兵力，使之没有北进西伯利亚、南进南洋群岛，使苏联得以全力以赴欧洲战场。所以，中国人民为世界反法西斯战争作出了卓越的贡献。为了争取中国继续坚定地抗战，在开罗会议上，美、英、苏联等大国承认了中国的大国身份，确立了中国在世界的四强地位，为中国战后收回被日本侵占的领土提供了依据，也为战后处置日本提供了依据。

教学要点

一、中国人民为世界反法西斯战争付出了巨大的民族牺牲

二、抗日战争具有伟大的意义

（一）抗日战争与中华民族的民族精神。

（二）抗日战争与中国国际地位的提高。

教学建议

本专题主要讲两个问题：一是中华民族为世界反法西斯战争作出的卓越贡献。二是抗日战争的伟大意义。通过本专题的讲解，使学生进一步认识抗日战争的性质及其取得胜利的意义和基本经验。通过东西方反法西斯战争的对比、欧美国家先欧后亚战略的讲述，以及开罗会议和《开罗宣言》的讨论，深刻认识中国人民的抗日战争是世界反法西斯战争的重要组成部分，中国人民为世界反法西斯战争做出了卓越贡献；认识到抗日战争的巨大意义，特别是抗日战争的世界意义，即中国的大国地位得到承认，在联合国组建过程中成为联合国安理会常任理事国。通过案例的展开和讲述，增强学生的爱国主义精神、民族自信心和世界主义的观念。

第七章 为新中国而奋斗

教材内容分析

围绕本章内容设计了四个专题。主要讲述抗战胜利后，中国人民面临两种命运、两个前途的抉择。人民要和平民主，但国民党破坏和平民主，发动内战，使其处在全民包围中。认清形势的民主党派放弃了“中间道路”，赞同中国共产党的革命建国主张。最终，中国共产党领导人民打败了国民党的军事进攻，为中国选择了社会主义前途。

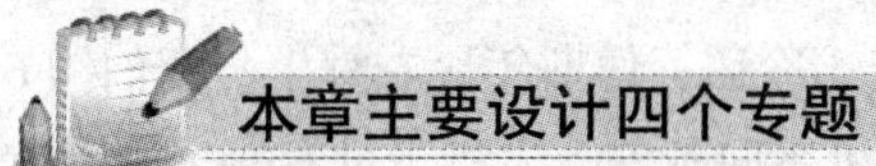

本章主要设计四个专题

- 专题一 从争取和平民主到进行自卫战争
- 专题二 国民政府处在全民包围中
- 专题三 中国共产党与民主党派的合作
- 专题四 创建人民民主专政的新中国

教学设计理念

通过本章学习，使学生认识到抗日战争胜利后，在两种命运、两个前途决战的关键时刻，中国共产党从人民要和平民主的愿望出发，领导人民打败了国民党的军事进攻；通过与国民党实行的军政独裁的状况的对比，说明只有社会主义才能救中国。

专题一

从争取和平民主到进行自卫战争

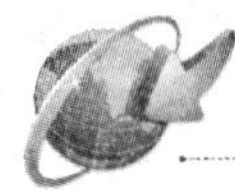

案例呈现

1. 六参政员访问延安

抗战的后期，国共两党围绕战后安排、如何组织政府、召开国民大会等问题产生了严重分歧。国共之间的紧张局面，引起中间势力的严重不安。1945年5月25日，重庆的褚辅成邀请冷遹、左舜生、章伯钧、傅斯年、王云五等人，共商如何促成国共继续和谈，实现抗战胜利。民盟主要干将黄炎培积极参与，再拉上几位无党派的国民参政会参政员，出面斡旋国共关系，希望两党恢复商谈。

6月18日，毛泽东、周恩来复电褚辅成等，热烈欢迎他们来延安商谈国是。7月1日9时35分，褚辅成、黄炎培、冷遹、傅斯年、左舜生、章伯钧6位参政员，在王若飞陪同下，从重庆乘专机飞向延安。飞机飞过秦岭，越过黄河，来到两山之间的延安上空，下午1时半降落在延安东郊一个简易的机场。

在延安的中央领导人毛泽东、朱德、周恩来、林伯渠、吴玉章、邓颖超、秦邦宪、张闻天、林彪、叶剑英、徐特立、谢觉哉、李富春等悉数来机场迎接远方来的贵宾，场面空前热烈。

在延安期间，褚辅成等同毛泽东、周恩来等进行了三次正式商谈。经过交谈，双方增进了相互了解和信任，在许多问题上达成了共识。大家都反对国民党企图召开的假民主、真独裁的国民大会，一致主张召开有民主实质、各党派参加的政治会议。7月4日下午，毛泽东在百忙中邀请黄炎培、冷遹到家里做客，整整谈了一下午。毛泽东谈了延安整风运动，还同客人探讨了教育学说上的看法。毛泽东问黄炎培来延安考察了几天有什么感想。黄炎培坦率地说："我生60多年，耳闻的不说，所亲眼看到的，其所谓'其兴也勃焉，其亡也忽焉'。一人、一家、一团体、一地方乃至一国，不少单位都没有能跳出这周期率的支配力……一部历史，'政怠宦成'的也有，'人亡政息'的也有，'求荣取辱'的也有。总之，没有能跳出这个周期率。中共诸君从过去到现在，我略略了解了的，就是希望找出一条新路，来跳出这个周期率的支配。”对黄炎培的一席耿耿诤言，毛泽东高兴地答道：“我们已经找到了新路，我们能跳出这周期率。这条新路，就是民主。只有让人民来监督政府，政府才不敢松懈；只有人人起来负责，才不会人亡政息。”黄炎培深表赞同。因北大的一段因缘，毛泽东还拿出一个晚上与傅斯年进行交谈，毛泽东没有忘记北大时代令他百感交集的情结。当毛谈及傅曾在五四运动中大出风头，并为反封建与新文化运动做出过贡献时，傅斯年回应道：“我们不过是陈胜、吴广，你们才是项羽、刘邦。”

六参政员在延安还抓紧时机进行访问。他们参观了延安大学、银行、合作社、农场和延安市容及宝塔山等名胜古迹，访问了边区政府副主席、民主人士李鼎铭和一些劳动模范，与各界干部群众进行广泛接触、交谈，调查了延安文教卫生状况和社会风气等。7月5日，六参政员结束了在延安95个小时的访问，返回重庆。毛泽东等中共领导人到机场送行。

黄炎培回来后，有许多朋友都来问他延安的情形。他应邀到处作报告，谈观感，应接不暇。后来，他决定将材料合成一本《延安归来》出版。一些朋友好意劝他：“这万万使不得，你替共产党宣传，这太危险了！”黄炎培却说：“这不是替谁宣传，我是受了‘良心的使命’，说的完全是有根有据的实话。”他知道，按当时政府的规定，出版物必须上报主管部门审查。否则，是“犯法”的。但那样一来，不是被“枪毙”，就是被删得七零八落。他在一些青年朋友的鼓励下，毅然决定拒交审查，径直印刷出版。

——黄炎培：《延安归来》，《国民参政会资料》，四川人民出版社1984年版。闻黎明：《六参政员访问延安再研究》，《抗日战争研究》1999年第2期。孙国林：《1945：国民参政会参政员延安访问记》，《党史博采》2012年第2期。筱蕾：《毛泽东与访问延安的国民参政会参政员》，《党史博览》2013年12期。

2. 毛泽东的重庆谈判

1945年8月，中共中央派毛泽东、周恩来、王若飞为代表，赴重庆桂园与国民党谈判。8月28日，毛泽东等在美国驻华大使赫尔利、国民党政府代表张治中的陪同下，从延安乘专机赴重庆。

下午3时37分，代表团抵达重庆。毛泽东在机场向新闻界发表了简短的谈话，指出目前最迫切的任务，是保证国内和平，实现民主政治，巩固国内团结，以期实现全国统一，建立独立、自由与富强的新中国。毛泽东亲自到重庆谈判，中共争取和平、民主、团结的诚意受到全国人民的热烈欢迎和拥护。

国民政府代表王世杰、张群、张治中、邵力子与中国共产党代表周恩来、王若飞举行多日会谈，达成了多项共识。重庆会谈期间，蒋中正和毛泽东仅以主客身份相礼待，双方并未参加实质性会谈。具体谈判在周恩来和王世杰之间进行，但毛泽东在重庆短暂居住为国共谈判创造了友好的气氛。

9月3日，中共代表提出关于两党商谈的主要问题11项提要，交国民党政府代表。主要内容包括：国民党当局承认和平建国方针，同意长期合作，坚决避免内战，建立一个独立、自由、和平的新中国；承认各党各派的合法平等地位，承认解放区政权及抗日部队，结束国民党的党治等，并表示拥护蒋介石的领导地位。9月4日开始，国共两党谈判进入实质性阶段。整个谈判过程几经周折，斗争的焦点是军队缩编和解放区问题。

在军队问题上，国民党要取消中国共产党领导的人民军队。中国共产党在长期的革命斗争中认识到，没有人民的军队便没有人民的一切，但为了争取和平，共产党在谈判中作了让步。中国共产党提出公平合理地整编全国军队，表示中共领导的军队可以大量消减。在解放区问题上，中国共产党提出解放区民主政府的存在是革命发展的结果，它受到人民的支持和拥护。谈判一开始，共产党方面就提出“承认解放区及一切收复区的民选政府”，但国民党方面则表示“承认解放区绝对行不通”，将解放区斥之为“封建割据”。

为使谈判获得进展，中共方面先后作过多次让步。10月上旬，谈判获得进展。毛泽东表示国共双方在一起商量团结合作、和平建国问题具有重大的历史意义，强调“和为贵”，一定要用和平的方针来解决两党的争端。10月10日，国共双方代表王世杰、张群、张治中、邵力子和周恩来、王若飞共同签署了《政府与中共代表会谈纪要》，即《双十协定》。《纪要》就和平建国的基本方针、政治民主化、国民大会、党派合作、军队国家化、解放区地方政府等12个问题阐明了国共双方的见解。其中，有的达成了协议，有的未取得一致意见。国民党方面接受了中共提出的和平建国的基本方针，承认要坚决避免内战。

虽然国共双方代表的谈判举步维艰，但毛泽东在谈判桌外的社交活动却异常丰富。在重庆的43天中，他会见民主人士，参加国际活动，接受各国记者采访，处处显示出一名政治家的睿智与气度。

毛泽东在重庆与各界人士的交往，留下了很多佳话。其中，影响最大的还要数《沁园春·雪》的发表。到达重庆的第四天，毛泽东就会见了老朋友柳亚子。柳亚子早年曾追随孙中山先生参加辛亥革命。第一次国共合作时期，他又与毛泽东共事过一段时间。由于二人都爱好诗词，所以较一般朋友显得更加亲密。得知老友到达重庆，柳亚子兴冲冲地来到毛泽东居住的桂园探望。柳亚子诗兴不减当年，一见面就赠了毛泽东一首诗。诗中有言："弥天大勇诚能格，遍地劳民战尚休。"称赞毛泽东这次为了全国人民的福祉，涉险来重庆谈判的义举。吟罢自己的诗，柳亚子又请毛泽东也赋诗一首。正值激烈的政治角力中，毛泽东哪有雅兴写诗，于是他就把1936年2月在陕北时所作的一首旧作《沁园春·雪》赠给了柳亚子。柳亚子展读之余，赞叹毛泽东为"中国有词以来第一手，虽苏、辛犹未能抗手，况余子乎？"每每有朋友造访，柳亚子总忍不住拿出这首词与人一同鉴赏。这样一来，一传十，十传百，不久《沁园春·雪》就在重庆传开了。

10月11日，毛泽东在张治中、王若飞的陪同下，登上一架草绿色的双引擎C47运输机飞回延安。周恩来仍留重庆与国民党继续商谈尚未取得协定的问题。

——四川大学马列教研室编：《重庆谈判资料》，四川人民出版社1982年版。重庆政治文史资料研究委员会编：《政治协商会议纪实》，重庆出版社1900年版。汪朝光：《中华民国史》第三编第五卷，中华书局2001年版。金冲及主编：《周恩来传》，中央文献出版社2008年版。王炳南：《阳光普照雾山城——忆毛泽东在重庆》，《人民文学》1977年第9期。

小组讨论

1. 抗战胜利后，国内有哪些不同的建国主张？
2. 重庆谈判的历史意义是什么？

课堂引导结论

六参政员访问延安说明抗战后国内各阶层非常关心国共两党战后安排、如何组织政府、要不要和平与民主等问题。中国共产党通过重庆谈判，击破了国民党散布的共产党不要和平不要团结的谣言，以实际行动表现了中国共产党争取和平的诚意，起到了教育人民以及争取和团结广泛的和平民主力量，特别是争取和教育中间人士的作用。

教学要点

一、中国共产党争取和平民主的斗争

（一）坚决揭露和反对国民党的军事独裁政策。

（二）中国共产党与其他民主党派的合作。

二、重庆谈判

（一）重庆谈判过程。

（二）《双十协定》的签订。

（三）重庆谈判的意义。

教学建议

抗战胜利后，广大人民热切希望实现和平民主，国民党蒋介石坚持独裁统治。中国共产党争取和平民主的方针，赴重庆同国民党谈判，签订协议。但国民党以内战的行动，使政协协议成为一纸空文。中国共产党领导人民打败了国民党的军事进攻。

案例的目的在于帮助学生理解，抗战胜利后中国向何处去，成为国内各阶层普遍关心的问题。为了国内和平，毛泽东、周恩来和王若飞赴重庆与国民党谈判，通过谈判中共取得了政治上的主动权，在全国的政治影响力和地位得到极大提高。

专题二 国民政府处在全民包围中

案例呈现

1. 抗战胜利后国民党对沦陷区的“劫收”

抗战胜利之初，国民党政府军队均远处大西南，不可能在第一时间赶到沦陷区进行接收。这便给了身处沦陷区的各色“先头部队”以可乘之机。他们在重庆方面紧张部署的时候已捷足先登。在收复区内如上海、北平、天津等几个大城市，迅速掀起接收敌伪财产的狂潮。他们分别被人们称为“土行孙”“穿山甲”和“变色龙”。

“土行孙”是指抗战时期国民党的一些“地下工作者”。日本投降后，这些人便纷纷“钻出地面”，成立各种名目的单位，接收敌伪财产。据伪中国实业银行常董、伪南京兴业银行上海分行经理金雄白回忆，当时只要是与国民党中央政府要员沾亲带故的人，常常以地下工作人员自居，有人自称中统，也有人自称军统，但谁也不知道他们身份的真假与职位的高低。所有汪伪政权中的人，没有一个不提心吊胆。只要有人向他们示意，他们不是自动地以金条珠宝奉献，就是乖乖地让出自己的住宅以及所有的家具用品。短短半个月之间，全上海已经有了“王侯住宅皆新主”的景象。

“穿山甲”是人们对日占城市外围的“忠义救国军”“别动军”之类，由军统指挥或利用的游杂武装的戏称。他们虽然人员庞杂，但是有枪在手，接收起来更是得心应手。在上海，根据戴笠的命令，从临安、台州、曹娥江地区冲进上海的“忠义救国军”阮清源总队、郭履洲总队、毛森总队，好比饿虎入市。汪伪76号特工总部的一切财产，被他们一股脑儿接收下来；然后扩大战果，工厂、洋楼、银行、医院，样样都要。上海人惊呼“强盗坯来了”。

“变色龙”是当时人们“赠予”蒋介石委任的各色“先遣军”（这些军队原是伪军。日本投降后，蒋介石的军队远处大后方。为了和中共抢占失地，蒋便把各地的伪军改编成“国民党收复区先遣部队”）的雅号。石家庄市最初的“接收”，就是从庞炳勋这条“变色龙”的“先遣军”开始的。石家庄市的伪市政府、道尹公署以及所属各单位，全部被庞炳勋“接收”。而该市伪准备银行金库里的8亿伪准备券，一下子就被他们“接收”去了5亿，贪婪之相毕露无遗。

针对国民党各派在大接收中的种种丑恶表演，收复区群众有一种普遍的说法，即“天上飞来的（指重庆派出的正宗接收大员）不如水上漂来的（指美国人用军舰运输登陆的‘国军’），水上漂来的不如地下钻出来的（指所谓的‘地下工作者’，即‘土行孙’们），地下钻出来的不如摇身一变的（即‘变色龙’一族）”。由此可见，这些“先头部队”在接收之初猖狂至极。用“群魔乱舞”来形容他们的劫掠行径，毫不过分！在重庆的正宗接收大员们到来之前，收复区的半壁江山已经被这群“土行孙”“穿山甲”“变色龙”们搅得乌烟瘴气。

对于接收大员们在接收过程中的腐败情形，当时被派往北平任华北地区最高长官的李宗仁日后在回忆录中描述道：“在北平的所谓‘接收’，确如民间报纸所讥讽的，实在是‘劫收’。这批接收人员吃尽了八年抗战之苦，一旦飞入纸醉金迷的平、津地区，直如饿虎扑羊，贪赃枉法的程度简直骇人听闻。他们金钱到手，便穷奢极欲，大肆挥霍，把一个民风原极淳朴的故都，旦夕之间变成了罪恶的渊薮。中央对于接收权的划分也无明确的规定，各机关择肥而噬，有时一个部门有几个机关派员接收，以致分赃不均，大家拔刀相见……”官员们乘机作弊，千方百计将沦陷区资产划归私有。抢住房、抢汽车、抢物品、抢钱财的现象随处可见。如海军总司令部派至天津的接收大员刘乃沂上校，不到半年成为巨富，“有大小别墅五六处，姨太太五六个，汽车数辆，金条数百，珍珠数百，成为当时接收中的一大丑闻”。又如列入东北保安司令长官部序列的94军军长牟廷芳在天津私吞敌伪物资价值两千万元。国民党上海党部主任委员吴绍澍私吞房舍一千余栋，汽车八九百辆，黄金万余条，还有珠宝无数。上海市长钱大钧则私卖敌伪物资四十二亿元。胜利者的接收，就这样成为贪官污吏的“劫收”。金子、房子、票子、车子、女子（汉奸的妻妾）是“接收大员”巧取豪夺的对象，被人戏称为“五子登科”。

1946年7月，敌伪产业接收大体完成。在将近一年的时间里，国民党当局混乱无序的经济接收，给社会生产造成了极大的破坏。大批工厂、企业、商店在接收中倒闭、停工，使战后经济丧失了恢复活力的能力。“想中央，盼中央，中央来了更遭殃。”这句民谣，直观生动地说明了民心向背的瞬息之变。国民党一位负责接收的要员也不能不承认此点，向蒋介石进言：“像这样下去，我们虽已收复国土，但我们将丧失人心！”有人意识到，这样的接收使政府“基础动摇，在一片胜利声中早已埋下了一颗失败的定时炸弹”。当时即有舆论称这种“光复”是“胜利的灾难”。

如此浩劫，使得沦陷区工商业元气大伤，奄奄一息。更重要的是，“劫收”彻底暴露了国民党政权不思国家民族之振兴，只图统伶集团营私逞欲的反动性与腐败性，从而急剧激化了社会的基本矛盾，引起举国上下民怨沸腾，使其在政治上失掉民心而陷于极端孤立的境地。这便从根本上毁掉了其政权赖以维持和存在的民众基础。3 年后，面对在大陆的失败，蒋介石对部下沉痛地说：“我们的失败，就失败于接收！”[①]

——尹书博：《“劫收”对国民党政权衰败的影响》，《党史研究与教学》1990 年第 5 期。崔广陵：《“劫收”与国民党政权在大陆的迅速覆亡》，《党史研究与教学》1994 年第 2 期。颜公平：《抗战胜利后国民党对沦陷区的“劫收”风潮》，《文史月刊》2007 年第 3 期。

2.《中国土地法大纲》的颁布

为了总结前一段土改工作的经验，推动解放区土改运动的进一步发展，中共中央工作委员会于 1947 年 7 月至 9 月在河北省建屏县（今属平山县）西柏坡村召开全国土地会议。会议由中央工作委员会书记刘少奇主持，参加会议的有各解放区的有关负责人和代表 107 人。会议通过了《中国土地法大纲（草案）》（10 月 10 日正式颁布）。

《中国土地法大纲》共 16 条，其中规定：“废除封建半封建剥削的土地制度，实行耕者有其田的土地制度”；“乡村农会接收地主的牲畜、农具、房屋、粮食及其他财产，并征收富农上述财产的多余部分”；“乡村中一切地主的土地及公地，由乡村农会接收，连同乡村中其他一切土地，按乡村全部人口，不分男女老幼，统一平均分配”。另对若干特殊土地财产及分配中若干特殊问题的处理办法、土地改革执行机关及保护工商业等，也作了具体规定。

《中国土地法大纲》深刻阐明了土地改革对中华民族发展的意义，成为一部在全国彻底消灭封建剥削制度的纲领性文件。它的公布和实行，有力地推动了解放区土地改革运动的深入发展，使广大农民在经济上彻底翻了身，最深入地发动了广大农民群众，调动了最广大农民的积极性。为了保卫胜利果实，他们踊跃参军。仅晋冀鲁豫解放区参军农民有 148 万，东北解放区达 150 万。全面实行土地改革的广大解放区，成为了共产党夺取全国胜利所急需兵员和钱粮的主要来源，为人民解放战争的胜利奠定了稳固的基础，推动了革命政权的稳步建设。

——《中共中央文件选编》第 16 册，中共中央党校出版社 1992 年版。

---

① 宋希濂：《回忆 1948 年蒋介石在南京召集的最后一次重要军事会议实况》，载全国政协《文史资朴选辑》第 13 辑，第 15 页。

杜敬：《关于“五四指示”和〈中国土地法大纲〉的几个问题》，《天津社会科学》1985年03期。俞宏标：《从“五四指示”到〈中国土地法大纲〉》，《历史教学问题》1990年06期。葛建男：《〈中国土地法大纲〉的再评价》，《沧州师范专科学校学报》2010年01期。翟佳琪：《刘少奇与〈中国土地法大纲〉的制定》，《湘潮》2013年03期。

小组讨论

1. 为什么国民党对沦陷区的接收大失人心？

2. 土地革命与改革如何争取了群众？

课堂引导结论

国民党政府由于专制独裁统治和官员们的贪污腐败、大发国难财，在大后方的接收使其丧失民心，处于全民的包围中。而解放区开展轰轰烈烈的土地改革运动，从根本上摧毁了中国封建制度。经过土地革命，广大农民分得土地并在政治上获得翻身以后，其政治觉悟和组织程度空前提高。人民解放战争获得了源源不断的人力、物力资源，为人民解放战争的胜利奠定了稳固的基础。

教学要点

一、国民党统治区的政治经济危机

（一）国民党对日本占领区的接收政策。

（二）国民党的独裁专制统治。

二、土地改革与农民的广泛发动

（一）中国共产党土地政策的内容。

（二）土地改革的重大意义。

教学建议

国民党政府和官员们贪污腐败、大发胜利财，学生运动高涨，第二条战线形成，国民党陷入全面危机中。面对国民党的军事进攻，中国共产党适应形势的发展，实施土地制度的改革，指引着在封建制度压迫下的亿万农民群众将自己的力量汇入民主革命的洪流，为打败蒋介石、建立新中国奠定了深厚的群众基础。

两个案例形成了鲜明的对比。在使用时应着重突出国民党政府由于内部的贪污腐败，发国难财而丧失了民心；而中国共产党代表广大人民群众的利益，得到人民群众的积极拥护，最终得人心者得天下。

专题三 中国共产党与民主党派的合作

案例呈现

“最后一次演讲”

闻一多(1899—1946)，本名闻家骅，字友三，生于湖北黄冈，诗人、学者、爱国主义者和民主主义者。自幼爱好古典诗词和美术。1912年，考入北京清华留美预备学校。1916年，开始在《清华周刊》上发表系列读书笔记，总称《二月庐漫记》。1922年7月，赴美国留学，先后在芝加哥美术学院、珂泉科罗拉多大学和纽约艺术学院进行学习。在专攻美术且成绩突出时，他更表现出对文学的极大兴趣，特别是对诗歌的酷爱。年底，出版与梁实秋合著的《冬夜草儿评论》，代表了闻一多早期对新诗的看法。1925年5月回国后，先后在北京艺专、中央大学、武汉大学、青岛大学、清华大学、西南联合大学任教。抗战八年中，他蓄起一把胡子，发誓不取得抗战的胜利不剃去。1943年后，目睹了国民政府的一些腐败现象，遂积极参加反对独裁、争取民主的斗争。1945年，为中国民主同盟会委员兼云南省负责人、昆明《民主周刊》社长。“一二·一”惨案发生后，他投身民主运动，反对蒋介石的独裁统治。

1946年7月11日，著名民主活动家、中国民盟中央委员李公朴在昆明遭国民党特务暗杀。李公朴遇难后，友人劝闻一多赶快离开昆明，他很可能就是下一个暗杀目标。但闻一多不愿退避。7月15日，闻一多不顾亲友的劝阻，毅然参加昆明学联在云大致公堂的李公朴追悼会。李公朴的夫人张曼筠讲述李公朴的生平与被害经过，泣不成声。混进会场的几个特务乘机捣乱。本来不准备讲话的闻一多忍无可忍。他拍案而起，走上讲台，慷慨陈词发表了后来被称作《最后一次演讲》的即席演说。他高声问道："今天，在这里有特务没有？你们站出来，你是个好汉的话，有理由站出来讲！凭什么要杀死李先生？你们杀死一个李公朴，会有千万个李公朴站起来……"闻一多又大声说："特务们，你们不想想还有几天？你们杀一个李公朴，就会有千百万民主战士站起来。胜利一定是属于我们的，真理一定要胜利的！反动派的无耻，就是李先生的光荣；反动派的末日，就是我们的光荣。我们不怕。我们随时准备像李先生那样，既跨出了门，就不准备再回来。"

闻一多的报告被一次又一次的雷鸣般的掌声打断。闻一多也许未曾想到，他一下讲台，就被特务盯上了。当天下午在西仓坡宿舍门口即被国民党昆明警备司令部下级军官汤时亮和李文山枪杀，闻一多之子闻立鹤亦身受重伤。闻一多被暗杀后，举世震惊。当时在庐山的蒋介石也知道问题的严重性，下令唐纵彻查。暗杀事件很快就破案，李文山和汤时亮由宪兵司令部举行公开军法审讯，两人经审讯后被枪决。昆明警察局局长龚少侠也因此被撤职。事实上是云南警备总司令霍揆彰安排了两名死囚充当凶手被枪决，真凶早已逍遥法外。

闻一多之死在国内引起知识分子对政府进一步的责难与不满；在国外，美国许多重要学府如哈佛大学、哥伦比亚大学等校教授联名抗议，并主张干涉中国内政，断绝对中国的任何援助。在中国调处国共纠纷的马歇尔将军向蒋主席提出严重抗议。台湾学者陈永发表示："闻一多遭暗杀事件，是国共内战转折的关键。当时国民政府处理不当，被批为法西斯独裁，让红色政权赢得知识分子、学生支持，甚至连国际舆论、支持也开始转向。"学者朱文长教授也指出："在国共两党的政治斗争史上，闻一多之死是一个里程碑。由于闻一多过去的背景，他的死对国民党产生了不利的影响。其重要不下于金圆券的发行与失败。"

——闻黎明：《闻一多被刺事件的历史考察》，《闻一多研究集刊》（纪念闻一多诞辰100周年）2004年第9辑。闻黎明：《美国对李公朴、闻一多被刺事件的反应与对策》，《江汉论坛》2006年第11期。刘兴育：《闻一多最后一次演讲的前后》，《神州》2007年第11期。

闻立鹏：《〈拍案颂〉：走近闻一多的一座宽阔桥梁》，《首都师范大学学报》（社科版）2008年第1期。冯欢：《闻一多：一个人倒下去，千万人站起来》，《三月风》2009年第5期。汪洋：《爱国民主人士闻一多遇害始末》，《兰台世界》2010年第17期。

小组讨论

从闻一多事迹看民主党派有哪些转变?

课堂引导结论

闻一多大义凛然地为民主事业献身的精神，不同程度地激发更多的中间分子开始面对现实，促使他们从一个人的死联想到独裁专制对自由主义思想及自由主义者人身的禁锢与摧残。国民政府日益失去中间知识分子的最终结果是中国共产党与民主党派的合作，这成为国民党结束大陆政权的一个重要因素。

教学要点

中国共产党与民主党派的团结合作

（一）中国共产党领导人与民主党派负责人建立良好的个人关系。

（二）共同抵制国民党的一党独裁专制。

教学建议

抗战胜利以后，民主党派在中国的政治舞台上比较活跃，中国共产党对各民主党派采取了积极争取和团结的政策。国民党当局对民主党派的迫害，使民主党派放弃了中间路线。中国各民主党派和无党派民主人士自愿地接受了中国共产党的领导，决心走人民革命的道路，拥护建立人民民主的新中国。可结合教材内容“第三条道路的幻灭”帮助学生加深了解。

专题四

创建人民民主专政的新中国

案例呈现

“中国人民站起来了”

不少报纸、杂志刊登的回忆开国大典的新闻报道和纪实散文中，常常看到这样的说法：在开国大典上毛主席宣布“中国人民从此站起来了”。实际上，“中国人民从此站起来了”这一经典性和具有重大政治历史意义的名言系出自1949年9月21日毛泽东同志在中国人民政治协商会议第一届全体会议开幕式上的讲话。原文如下：

诸位代表先生们，全国人民所渴望的政治协商会议现在开幕了。

我们的会议包括六百多位代表，代表着全中国所有的民主党派、人民团体、人民解放军、各地区、各民族和国外华侨。这就指明，我们的会议是一个全国人民大团结的会议。

这种全国人民大团结之所以能够成功，是因为我们战胜了美国帝国主义所援助的国民党反动政府。在三年多的时间内，英勇的世界上少有的中国人民解放军，战胜了美国援助的国民党反动政府所有的数百万军队的进攻，并使自己转入反攻和进攻。现在，数百万人民解放军的野战军已经打到接近台湾、广东、广西、贵州、四川和新疆的地区去了，中国人民的大多数已经获得了解放。在三年多的时间内，全国人民团结起来，援助人民解放军，反对了自己的敌人，取得了基本的胜利。在这个基础上，召开了今天的人民政治协商会议。

我们的会议之所以称为政治协商会议，是因为三年以前我们曾和蒋介石国民党一道开过一次政治协商会议。那次会议的结果是被蒋介石国民党及其帮凶们破坏了，但是已在人民中留下了不可磨灭的印象。那次会议证明，和帝国主义的走狗蒋介石国民党及其帮凶们一道，是不能解决任何有利于人民的任务的。即使勉强地做了决议也是无益的。一待时机成熟，他们就要撕毁一切决议，并以残酷的战争反对人民。那次会议的唯一收获是给了人民以深刻的教育，使人民懂得：和帝国主义的走狗蒋介石国民党及其帮凶们决无妥协的余地，或者是推翻这些敌人，或者被这些敌人所屠杀和压迫。二者必居其一，其他的道路是没有的。中国人民在中国共产党的领导之下，在三年多的时间内，很快地觉悟起来，并且把自己组织起来，形成了全国规模的反对帝国主义、封建主义、官僚资本主义及其集中的代表者国民党反动政府的统一战线，援助人民解放战争，基本上打倒了国民党反动政府，推翻了帝国主义在中国的统治，恢复了政治协商会议。

现在的中国人民政治协商会议是在完全新的基础上召开的，它具有代表全国人民的性质，它获得全国人民的信任和拥护。因此，中国人民政治协商会议宣布自己执行全国人民代表大会的职权。中国人民政治协商会议在自己的议程中将要制定中国人民政治协商会议的组织法，制定中华人民共和国中央人民政府的组织法，制定中国人民政治协商会议的共同纲领，选举中国人民政治协商会议的全国委员会，选举中华人民共和国中央人民政府委员会，制定中华人民共和国的国旗和国徽，决定中华人民共和国国都的所在地以及采取和世界大多数国家一样的年号。

诸位代表先生们，我们有一个共同的感觉，这就是我们的工作将写在人类的历史上，它将表明：占人类总数四分之一的中国人从此站立起来了。中国人从来就是一个伟大的、勇敢的、勤劳的民族，只是在近代落伍了。这种落伍，完全是被外国帝国主义和本国反动政府所压迫和剥削的结果。一百多年以来，我们的先人以不屈不挠的斗争反对内外压迫者，从来没有停止过，其中包括伟大的中国革命先行者孙中山先生所领导的辛亥革命在内。我们的先人指示我们，叫我们完成他们的遗志。我们现在是这样做了。我们团结起来，以人民解放战争和人民大革命打倒了内外压迫者，宣布中华人民共和国的成立了。我们的民族将从此列入爱好和平自由的世界各民族的大家庭，以勇敢而勤劳的姿态工作着，创造自己的文明和幸福，同时也促进世界的和平和自由。我们的民族将再也不是一个被人侮辱的民族了，我们已经站起来了。我们的革命已经获得全世界广大人民的同情和欢呼，我们的朋友遍于全世界。

我们的革命工作还没有完结，人民解放战争和人民革命运动还在向前发展，我们还要继续努力。帝国主义者和国内反动派决不甘心于他们的失败，他们还要作最后的挣扎。在全国平定以后，他们也还会以各种方式从事破坏和捣乱，他们将每日每时企图在中国复辟。这是必然的，毫无疑义的。我们务必不要松懈自己的警惕性。

我们的人民民主专政的国家制度是保障人民革命的胜利成果和反对内外敌人的复辟阴谋的有力的武器，我们必须牢牢地掌握这个武器。在国际上，我们必须和一切爱好和平自由的国家和人民团结在一起，首先是和苏联及各新民主国家团结在一起，使我们的保障人民革命胜利成果和反对内外敌人复辟阴谋的斗争不致处于孤立地位。只要我们坚持人民民主专政和团结国际友人，我们就会是永远胜利的。

人民民主专政和团结国际友人，将使人们的建设工作获得迅速的成功。全国规模的经济建设工作业已摆在我们面前。我们的极好条件是有四万万七千五百万人口和九百六十万平方公里的国土。我们面前的困难是有的，而且是很多的，但是我们确信：一切困难都将被全国人民的英勇奋斗所战胜。中国人民已经具有战胜困难的极其丰富的经验。如果我们的先人和我们自己能够渡过长期的极端艰难的岁月，战胜了强大的内外反动派，为什么不能在胜利以后建设一个繁荣昌盛的国家呢？只要我们仍然保持艰苦奋斗的作风，只要我们团结一致，只要我们坚持人民民主专政和团结国际友人，我们就能在经济战线上迅速地获得胜利。

随着经济建设的高潮的到来，不可避免地将要出现一个文化建设的高潮。中国人被人认为不文明的时代已经过去了，我们将以一个具有高度文化的民族出现于世界。

我们的国防将获得巩固，不允许任何帝国主义者再来侵略我们的国土。在英勇的经过了考验的人民解放军的基础上，我们的人民武装力量必须保存和发展起来。我们将不但有一个强大的陆军，而且有一个强大的空军和一个强大的海军。

让那些内外的反动派在我们面前发抖罢，让他们去说我们这也不行那也不行吧，中国人民的不屈不挠的努力必将稳步地达到自己的目的。

在人民解放战争和人民革命中牺牲的人民英雄们永垂不朽！

庆贺人民解放战争和人民革命的胜利！

庆贺中华人民共和国的成立！

庆贺中国人民政治协商会议的成功！

——毛泽东：《中国人民站起来了》，《毛泽东选集》第5卷，人民出版社1977年版，第3—7页。

小组讨论

如何深刻理解“中国人民站起来了”的历史涵义？

课堂引导结论

中国共产党能够制定出适合中国情况的、符合中国人民利益的纲领、路线、方针和政策，为中国的斗争指明了正确的方向，并且在革命过程中始终英勇地站在斗争的最前线。他们以行动表明了自己是最有远见、最富于牺牲精神、最坚定而又能虚心体察民情并依靠群众的坚强的革命者，从而赢得广大中国人民的衷心拥护。

教学要点

一、人民解放军向全国进军

（一）三大战役。

（二）人民解放军占领南京。

二、人民政协会议的召开与《共同纲领》的制定

（一）“两个务必”的思想。

（二）《论人民民主专政》。

（三）新政协与《共同纲领》。

教学建议

案例使用时，注意引导学生从史实理解“中国人民站起来了”的巨大历史意义。在人民对国家前途进行历史选择的关口，国内各派政治势力的政治主张激烈碰撞，国民党悍然发动全国规模的反共反人民内战。中国共产党领导全国各阶级、阶层的人民，经过三年多的人民解放战争，推翻国民党蒋介石集团的独裁统治，在巩固和扩大人民民主统一战线的坚实基础上，建立起工人阶级领导的、以工农联盟为基础的人民民主专政的中华人民共和国。她是人民的选择、历史的选择！

下　编

从新中国成立到社会主义现代化建设新时期

（1949—2012）

综　述　辉煌的历史征程

教材内容分析

本综述对新中国成立以来60多年历史的基本线索、建设成就作了概述，主要讲述以下三个问题：第一，由新民主主义向社会主义的转变。着重阐明中华人民共和国的成立，开辟了中国历史的新纪元；自1956年社会主义改造基本完成以后，中国进入了社会主义。第二，开创和发展中国特色社会主义。着重阐明新中国历史发展的主题和主线，即全国各族人民在中国共产党领导下探索、开创、发展中国特色社会主义，为实现国家繁荣富强、人民共同富裕这一历史任务而不懈奋斗。第三，中国特色社会主义是民族复兴的必由之路。着重阐明新中国成立以来发生的历史性巨变，阐明这60多年发展历程所蕴涵的历史启示：只有在中国共产党的领导下，坚定不移走中国特色社会主义道路，才能实现中华民族的伟大复兴。

本章主要设计三个专题

- 专题一　由新民主主义向社会主义的转变
- 专题二　开创和发展中国特色社会主义
- 专题三　中国特色社会主义是民族复兴的必由之路

教学设计理念

本综述的中心内容是阐明新中国成立以来60多年发展历程所蕴涵的历史启示：只有在中国共产党的领导下，坚定不移走中国特色社会主义道路，才能实现中华民族的伟大复兴。专题一的内容是中国特色社会主义道路的过渡准备阶段，专题二的内容概括了开创和发展中国特色社会主义的伟大历程和巨大理论成果，专题三则揭示了这一伟大历程所蕴涵的历史启示。三部分内容紧密相连，概括了新中国成立60多年来党和人民的奋斗历程。

专题一

中华人民共和国的成立和中国进入社会主义初级阶段

案例呈现

开启中华民族伟大复兴的历史新纪元

1949 年 10 月，在中华大地上诞生了一个空前统一的人民共和国。

从晚清到民国，国家的行政体制始终未能一致，指臂不灵，尾大不掉，中央政府始终不能有效地号令全国。新中国一改旧观，全国行政区划归于统一。实行民族区域自治制度，各民族一律平等，各民族间的关系逐渐走向和谐。稳定物价，镇压反革命破坏活动，消灭土匪黑道，清理整治妓女，社会秩序迅速归于平静，人民生活在安定祥和之中。这不仅是近代中国不曾有的，也是中国几千年历史上不曾真正出现过的。

新中国的成立，奠定了社会主义的经济基础，对中华民族伟大复兴具有长远意义。

没收封建地主阶级的土地归农民所有，没收官僚资本归国家所有，保护民族工商业，是新民主主义的三大经济纲领。新中国成立伊始，中央人民政府立即实施没收官僚资本为人民的国家所有，1949 年年底基本完成。对于在华的 1300 多家外国资本企业，没有采取直接没收的政策，而是首先废除了外国资本企业依据不平等条约所享有的经济特权；然后通过监督和管制、收购、征购等办法，妥善处理外国在华企业。到 1952 年底，基本上清理了帝国主义在华的经济势力。新中国在这个基础上建立起强大的国有经济。国有经济是整个国民经济的领导力量。它形成了人民共和国的物质基础，成为走向社会主义社会的经济基础。为了发展经济，新生的人民共和国并不没收其他资本主义的私有财产，并不禁止“不能操纵国民生计”的资本主义生产的发展。

新中国的成立，开创了中国现代化的新契机。我们看到，从 1840 年到

1949年，中国的现代化屡遭挫折失败，屡次失去发展机遇。现代工业只是星星点点地分布在若干城市，工业产值只占国民经济总产值很小的比例，中国仍然是一个传统的农业国家。中国真正走上现代化的发展道路，并且改变中国传统农业国家的地位，是在1949年新中国成立之后。历史已经证明，中国的现代化是在1949年以后大规模开启的。1978年以后，中国现代化的进程进一步加快了。

新中国的成立，确立了我国的基本政治制度，使中国迈入长治久安的历史时期，使中华民族伟大复兴有了可靠政治保证。

1949年9月中国人民政治协商会议通过的《共同纲领》表明，参加政协会议的各革命阶级和党派接受了中国共产党提出的建国方针。中国人民政治协商会议一致同意，以新民主主义即人民民主主义为中华人民共和国建国的政治基础。这就是毛泽东同志在《新民主主义论》中所说的“国体”。至于政体即政权机关，《共同纲领》规定：“中华人民共和国的国家政权属于人民。人民行使国家政权的机关为各级人民代表大会和各级人民政府。”

新中国的成立，极大地提高了中国的国际地位。这在近代中国历史上是不可能实现的。

新中国有明确的外交政策：“不承认国民党时代的任何外国外交机关和外交人员的合法地位，不承认国民党时代的一切卖国条约的继续存在，取消一切帝国主义在中国开办的宣传机关，立即统制对外贸易，改革海关制度”，收回驻军权和内河航行权。这一外交政策，清楚地体现了一个负责任的独立的主权国家的本质特点。只要同意上述外交政策，按照平等、互利及互相尊重领土主权等原则，新中国可以与任何国家建立正常的外交关系。对于与资本主义各国建立外交关系，要求“各国无条件承认中国，废除旧约，重订新约”。这就叫做“另起炉灶”，“打扫干净屋子再请客”。在这个原则之下，到1950年10月，就有25个国家承认中华人民共和国，有17个国家与新中国建立了正式的外交关系。通过有步骤地彻底清除帝国主义在中国的控制权，包括政治上、经济上、文化上的控制权，中国人、中国这个国家就在世界面前站起来了，中国作为一个独立的主权国家的国际地位就确定了。这是整个中国近代史上所有志士仁人所梦寐以求的，“是一百多年来旧中国的政府所没有做到的”。

新中国的成立是“第二次世界大战以后最重大的政治事件，对国际局势和世界人民斗争的发展具有深刻的久远的影响”。新中国刚一成立，就通知联合国秘书长，不承认国民党政府派驻联合国的外交代表，并且出席日内瓦会议、万隆会议，提出中国的主张，发出独立主权国家的声音。此后，中国在国际社会一贯强调独立自主和平外交，强调和平共处五项原则，强调国家不论大小一律平等，反对帝国主义霸权政治，主张多极政治，主张发达国家要支持发展中国家发展经济，主张对话反对战争，等等。这些都充分展示了新中国的国际关系理念，对构建和谐国际关系起到重要的促进作用。

——张海鹏：《中华人民共和国成立的伟大历史意义》，《人民日报》，2009 年 9 月 1 日。

小组讨论

中华人民共和国的成立怎样开创了中国历史的新纪元？

课堂引导结论

中华人民共和国是工人阶级领导的、以工农联盟为基础的人民民主专政国家。它的成立宣告中国人民当家作主的时代已经到来，给中国社会带来翻天覆地的变化：中华民族开始以崭新的姿态自立于世界民族之林；广大中国人民在政治上翻了身，第一次成为新社会、新国家的主人；国家基本统一，民族团结，社会政治局面趋向稳定，各族人民开始过上安居乐业的生活；为实现由新民主主义向社会主义的过渡创造了政治前提；中国共产党成为全国范围内的执政党，可以凝聚全国力量造福于整个中华民族。总之，中华人民共和国的成立标志着近代以来中国面临的第一项历史任务基本上完成了。这就为实现第二项历史任务创造了前提，开辟了道路。

教学要点

一、新民主主义社会的建立

中华人民共和国的成立，标志着中国的新民主主义革命取得了基本的胜利，标志着半殖民地半封建社会的结束和新民主主义社会在全国范围内的建立。

二、中国进入社会主义初级阶段

自 1956 年社会主义改造基本完成以后，中国进入了社会主义。中国仍处于并将长期处于社会主义初级阶段。

教学建议

案例通过对比新中国成立前后国情的巨大差别，揭示了中华人民共和国的成立给中国社会带来的翻天覆地的变化。强烈的对比，有助于深化学生对教材内容的理解。

专题二 开创和发展中国特色社会主义

案例呈现

1.“两个不能否定”的重大政治意义

2013 年 1 月 5 日，习近平同志在新进中央委员会的委员、候补委员学习贯彻党的十八大精神研讨班上发表的重要讲话中，在论述改革开放前后两个历史时期的关系时，明确提出：“不能用改革开放后的历史时期否定改革开放前的历史时期，也不能用改革开放前的历史时期否定改革开放后的历史时期。”

一、“两个不能否定”是坚持和发展中国特色社会主义的必然要求

改革开放前的历史时期，就是通常所说的社会主义革命和建设时期，起于 1949 年新中国成立，止于 1978 年党的十一届三中全会。党的十八大报告充分论述和高度评价了这一历史时期发生的对当代中国及中国特色社会主义创立具有奠基意义的两件大事：一是完成了新民主主义革命，进行了社会主义改造，确立了社会主义基本制度，为当代中国一切发展进步奠定了根本政治前提和制度基础。二是在探索中国自己建设社会主义道路过程中，虽然经历了严重曲折，但党在社会主义建设中取得的独创性理论成果和巨大成就，为新的历史时期开创中国特色社会主义提供了宝贵经验、理论准备、物质基础。这充分说明，中国特色社会主义虽然是在改革开放历史新时期开创的，但其基础和源头是改革开放之前的历史时期。

用改革开放后的历史时期否定改革开放前的历史时期的倾向和观点，不仅

抽掉了中国特色社会主义探索的基础,也必然导致对中国特色社会主义的否定。作为中国特色社会主义根本保证的社会主义制度，主要是在这一时期建立的，是这一时期党领导人民取得的根本成果。否定了这一时期，必然导致对社会主义制度的否定，就会得出我们压根不应该搞社会主义，甚至不应该搞革命的结论，那就谈不上还有中国特色社会主义的开创和发展。邓小平早在改革开放之初就指出："我们实行改革开放，这是怎样搞社会主义的问题。作为制度来说，没有社会主义这个前提，改革开放就会走向资本主义。"①

"不能用改革开放前的历史时期否定改革开放后的历史时期"，最根本的要求就是不能用改革开放前那种僵化的观点看改革开放后出现的新事物。用僵化的观点看改革开放的现实生活，必然像鲁迅笔下的九斤老太一样，这也不顺眼、那也不顺眼，"一代不如一代"，什么都是过去的好，甚至站在改革开放的对立面，怀疑和否定改革开放。如果没有1978年我们党果断决定实行改革开放，并坚定不移推进改革开放，坚定不移把握改革开放的正确方向，社会主义中国就不可能有今天这样的大好局面，就可能遇到像苏联、东欧那样的亡党亡国危机。

总之，"两个不能否定"直接关系到中国特色社会主义的两个关键性的问题，即在中国要不要坚持社会主义、要不要搞改革开放的问题。这是坚持和发展中国特色社会主义的根本问题。否定了改革开放前后两个历史时期中的任何一个时期，就没有中国特色社会主义，就否定了中国特色社会主义。从一定意义上说，"两个不能否定"的要求，是党的十八大报告提出、习近平同志一再强调的"既不走封闭僵化的老路,也不走改旗易帜的邪路"在历史认识上的表现。

二、"两个不能否定"进一步明确了维护党的历史、巩固党执政根基的重点问题

坚持"两个不能否定"，维护党的历史，涉及的问题很多，必须有针对性地抓住重点难点。这主要集中在两个方面。

一是正确认识党在改革开放前历史时期出现的失误和错误。

从一定意义上说，改革开放前的历史时期，是党从革命转向现代化建设承前启后的过渡。世界很多国家在探索自身道路的过程中，尽管其表现形式不同，但都经历了这样一个曲折过程。我们要建立从根本上消灭剥削、最终实现共同

① 《邓小平年谱》（1975—1997）下，中央文献出版社2004年版，第1317页。

富裕的社会主义社会，较之以前的历次革命都要深刻而艰巨。要求我们党从一开始就不犯任何错误，不经历失败和挫折，几乎是不可能的。经过 29 年的艰辛探索，党终于找到了一条全新的社会主义建设道路。能在这么短的时间里实现了这样的历史转变和过渡，是一个了不起的成功。

二是正确认识改革开放进程中出现的矛盾和问题。从一定意义上说，这些矛盾和问题的出现是我国发展阶段的重要组成部分。我国的发展在几十年走完西方国家二三百年的时间。西方国家在二三百年发展中渐次出现的矛盾和问题，在我国几十年的时间里可能集中出现。同时，我国作为 13 亿人口的大国，其工业化、现代化的规模是任何西方发达国家无法比拟的。这也是矛盾和问题可能较多的重要原因。但在党的正确领导下，我们并没有出现一些西方国家工业化时期矛盾、问题那么突出和尖锐的情况，也远比一些新兴工业化国家矛盾和问题解决得好。这些都说明，我们党作为社会最先进的力量，是能够领导并不断推进中国工业化、现代化发展的；我国的制度体制从总体上是与我国的工业化、现代化的发展水平相适应的。决不能以出现矛盾和问题为由否定改革开放、回到封闭僵化的老路上去，甚至否定改革开放的社会主义方向。

总之，对改革开放前历史时期的评价、对改革开放历史时期的评价，不仅是党的历史的焦点，也是现实政治的风向标。对其中任何一项的动摇和忽视，都势必给党的执政和国家的发展造成不良影响。灭人之国，必先去其史。决不能让某些敌对势力在党和国家的根基上构筑“蚁穴”、打开缺口。

——齐彪：《“两个不能否定”的重大政治意义》，《光明日报》，2013 年 5 月 7 日。

2. 邓小平开创中国特色社会主义道路的伟大贡献

邓小平同志是怎样领导改革开放，成功开创中国特色社会主义道路的呢？回顾那段历史，有这样几个方面非常重要。

第一，始终坚持解放思想、实事求是的思想路线。他率先批评“两个凡是”的错误观点，提出要准确地完整地掌握毛泽东思想的科学体系，成为思想解放的先声。他支持《实践是检验真理的唯一标准》一文，领导全党开展了一场关于真理标准问题的大讨论，以此作为理论上的突破口，推动了全面拨乱反正。他把解放思想、实事求是的精神贯穿于改革开放的全过程，认为改革开放走的每一步，靠的都是实事求是。

第二，反映人民群众的强烈愿望。在邓小平同志的力主下，在老一辈革命家们的支持下，党的十一届三中全会果断停止“以阶级斗争为纲”的错误口号，决定把党和国家的工作重心转移到经济建设上来，作出改革开放的战略决策，实现了历史性的伟大转折。改革开放是人民的事业，人民最拥护；改革开放的所有做法都要经过人民群众实践的检验，都要以人民是否满意、答应、高兴为标准。这是改革开放能够取得成功的根本原因。

第三，正确评价毛泽东同志和毛泽东思想。邓小平同志在处理这一重大而复杂的问题上，表现出高超的政治水平和巨大的勇气。他主持作出历史决议，维护了毛泽东同志，维护了党的光辉历史，提出要世世代代永远高举毛泽东思想的伟大旗帜；同时，实事求是地指出毛泽东同志晚年的错误，彻底否定了“文化大革命”的理论和实践。这一问题的完满解决，保证了我们党在思想上的统一性、政治上的稳定性、理论上的连续性，为党和国家事业的长远发展，为成功进行改革开放和现代化建设，奠定了最为重要的政治基础和思想基础。

第四，顺应时代发展潮流。邓小平同志洞察世界发展大势，敏锐地看到时代条件的变化，提出和平与发展是当代世界的两大问题，发展是核心问题。对时代主题的正确判断，是我们集中力量搞现代化、推进改革开放的基本依据。他指出，争取一个较长的和平环境是可能的；要利用这一有利条件，一心一意搞现代化建设。他提出抓住机遇、加快发展的战略思想。

第五，充分调动各方面的积极性。邓小平同志领导的全面拨乱反正和全面改革开放，调动了工人、农民、干部、知识分子、青年和各民族、各民主党派及各个阶层的积极性。他提出“和平统一、一国两制”的方针，受到港澳台同胞的广泛认同。他号召“要争取整个中华民族的大团结”，共同实现民族复兴大业，鼓舞了全世界的华人、华侨积极参与中国的现代化建设。中国的发展使全民族的自豪感大大提高。

最重要的是搞清楚什么是社会主义、怎样建设社会主义。

有三个重大理论观点的提出最具创新意义。

关于社会主义本质。这最能反映邓小平同志对社会主义的认识和理解。到南方谈话时就有了对社会主义本质的概括，即“社会主义的本质，是解放生产力，发展生产力，消灭剥削，消除两极分化，最终达到共同富裕”。这段话强调了两个意思，一个是解放和发展生产力，一个是共同富裕。对社会主义本质的概括，马克思主义经典作家们没有作过，是邓小平同志对科学社会主义理论的重大创新，对于指导改革开放沿着正确方向发展具有非常重要的意义。

关于社会主义初级阶段。他指出："社会主义本身是共产主义的初级阶段，而我们中国又处在社会主义的初级阶段，就是不发达的阶段。一切都要从这个实际出发，根据这个实际来制订规划。"在南方谈话中，他又进一步强调了初级阶段的长期性。邓小平同志要求一切从初级阶段的实际出发，同时强调不能忘记远大理想。

关于社会主义也可以搞市场经济。这完全是老祖宗没有讲过的话。邓小平同志指出，计划和市场都是发展生产力的手段、方法。在南方谈话中，他更加明确地指出："计划经济不等于社会主义，资本主义也有计划；市场经济不等于资本主义，社会主义也有市场。"这是邓小平同志在社会主义问题上的重大理论贡献。

上述这些重大理论观点，既坚持科学社会主义的基本原则，继承前人，又根据改革开放新的实践，创新发展，是把马克思主义同中国实际相结合第二次历史性飞跃的重要成果。我们说邓小平同志开拓了马克思主义新境界，把对社会主义的认识提高到新的科学水平，很重要的就是指这些方面。

——冷溶：《邓小平开创中国特色社会主义道路的伟大贡献》，《人民日报》，2014年08月20日07版。

小组讨论

1. 改革开放前和改革开放后两个历史时期的相互关系是什么？
2. 邓小平开创中国特色社会主义道路的伟大贡献是什么？

课堂引导结论

中国共产党领导人民进行社会主义建设，有改革开放前和改革开放后两个历史时期。这是两个相互联系又有重大区别的时期，但本质上都是中国共产党领导人民进行社会主义建设的实践探索。中国特色社会主义是在改革开放历史新时期开创的，但也是在新中国已经建立起社会主义基本制度并进行了20多年建设的基础上开创的。虽然这两个历史时期在进行社会主义建设的思想指导、方针政策、实际工作上有很大差别，但两者绝不是彼此割裂的，更不是根本对立的。不能用改革开放后的历史时期否定改革开放前的历史时期，也不能用改革开放前的历史时期否定改革开放后的历史时期。

邓小平同志是中国特色社会主义道路的开创者。他第一次比较系统地初步回答了在中国这样经济文化比较落后的国家如何建设社会主义、如何巩固和发展社会主义的一系列基本问题，用新的思想观点继承和发展了马克思主义，开拓了马克思主义新境界，把对社会主义的认识提高到新的科学水平。

教学要点

一、新中国发展的历史阶段

（一）基本完成社会主义改造的时期。

（二）开始全面建设社会主义的十年。

（三）“文化大革命”时期。

（四）改革开放和社会主义现代化建设新时期。

二、接续奋斗的历史过程

新中国最大的历史成就，就是探索、开创、坚持、发展了中国特色社会主义。这是几代中国共产党人接续奋斗的结果。

教学建议

“两个不能否定”直接关系到中国特色社会主义的两个关键性的问题，即在中国要不要坚持社会主义、要不要搞改革开放的问题。这是坚持和发展中国特色社会主义的根本问题。否定了改革开放前后两个历史时期中的任何一个时期，就没有中国特色社会主义，就否定了中国特色社会主义。从一定意义上说，“两个不能否定”的要求，是党的十八大报告提出、习近平同志一再强调的“既不走封闭僵化的老路，也不走改旗易帜的邪路”在历史认识上的表现。在教学过程中要把这一问题讲深讲透。案例 2 阐明了邓小平同志开创中国特色社会主义道路的伟大贡献，在“接续奋斗的历史过程”教学中可以作为典型事例展开讲述。

专题三

中国特色社会主义：民族复兴的必由之路

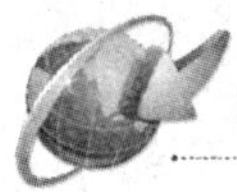

案例呈现

1. 过去五年的工作和十年的基本总结

十七大以来的五年，是我们在中国特色社会主义道路上奋勇前进的五年，是我们经受住各种困难和风险考验、夺取全面建设小康社会新胜利的五年。五年来，我们胜利完成“十一五”规划，顺利实施“十二五”规划，各方面工作都取得新的重大成就。

经济平稳较快发展。综合国力大幅提升，二〇一一年国内生产总值达到四十七点三万亿元。财政收入大幅增加。农业综合生产能力提高，粮食连年增产。产业结构调整取得新进展，基础设施全面加强。城镇化水平明显提高，城乡区域发展协调性增强。创新型国家建设成效显著，载人航天、探月工程、载人深潜、超级计算机、高速铁路等实现重大突破。生态文明建设扎实展开，资源节约和环境保护全面推进。

改革开放取得重大进展。农村综合改革、集体林权制度改革、国有企业改革不断深化，非公有制经济健康发展。现代市场体系和宏观调控体系不断健全，财税、金融、价格、科技、教育、社会保障、医药卫生、事业单位等改革稳步推进。开放型经济达到新水平，进出口总额跃居世界第二位。

人民生活水平显著提高。改善民生力度不断加大，城乡就业持续扩大，居民收入较快增长，家庭财产稳定增加，衣食住行用条件明显改善，城乡最低生活保障标准和农村扶贫标准大幅提升，企业退休人员基本养老金持续提高。

民主法制建设迈出新步伐。政治体制改革继续推进。实行城乡按相同人口比例选举人大代表。基层民主不断发展。中国特色社会主义法律体系形成，社会主义法治国家建设成绩显著。爱国统一战线巩固壮大。行政体制改革深化，司法体制和工作机制改革取得新进展。

文化建设迈上新台阶。社会主义核心价值体系建设深入开展，文化体制改革全面推进，公共文化服务体系建设取得重大进展，文化产业快速发展，文化创作生产更加繁荣，人民精神文化生活更加丰富多彩。全民健身和竞技体育取得新成绩。

社会建设取得新进步。基本公共服务水平和均等化程度明显提高。教育事业迅速发展，城乡免费义务教育全面实现。社会保障体系建设成效显著，城乡基本养老保险制度全面建立，新型社会救助体系基本形成。全民医保基本实现，城乡基本医疗卫生制度初步建立。保障性住房建设加快推进。加强和创新社会管理，社会保持和谐稳定。

国防和军队建设开创新局面。中国特色军事变革取得重大成就，军队革命化、现代化、正规化建设协调推进、全面加强，军事斗争准备不断深化，履行新世纪新阶段历史使命能力显著增强，出色完成一系列急难险重任务。

港澳台工作进一步加强。香港、澳门保持繁荣稳定，同内地交流合作提高到新水平。推动两岸关系实现重大转折，实现两岸全面直接双向“三通”，签署实施两岸经济合作框架协议，形成两岸全方位交往格局，开创两岸关系和平发展新局面。

外交工作取得新成就。坚定维护国家利益和我国公民、法人在海外合法权益，加强同世界各国交流合作，推动全球治理机制变革，积极促进世界和平与发展，在国际事务中的代表性和话语权进一步增强，为改革发展争取了有利国际环境。

党的建设全面加强。党的执政能力建设和先进性建设继续推进，思想理论建设成效明显，学习实践科学发展观活动取得重要成果，党的建设改革创新迈出重要步伐。党内民主进一步扩大。干部队伍建设取得重要进展，人才工作开创新局面。创先争优活动和学习型党组织建设深入进行，基层党组织不断加强。党风廉政建设和反腐败斗争取得新成效。

……

过去五年的工作，是十六大以来全面建设小康社会十年实践的重要组成部分。

十年来，我们取得一系列新的历史性成就，为全面建成小康社会打下了坚实基础。我国经济总量从世界第六位跃升到第二位，社会生产力、经济实力、科技实力迈上一个大台阶，人民生活水平、居民收入水平、社会保障水平迈上一个大台阶，综合国力、国际竞争力、国际影响力迈上一个大台阶，国家面貌发生新的历史性变化。人们公认，这是我国经济持续发展、民主不断健全、文化日益繁荣、社会保持稳定的时期，是着力保障和改善民生、人民得到实惠更多的时期。我们能取得这样的历史性成就，靠的是党的基本理论、基本路线、基本纲领、基本经验的正确指引，靠的是新中国成立以来特别是改革开放以来奠定的深厚基础，靠的是全党全国各族人民的团结奋斗。

——胡锦涛：《坚定不移沿着中国特色社会主义道路前进，为全面建成小康社会而奋斗》，2012年11月8日。

2. 只有中国特色社会主义才能发展中国

回首近代以来中国波澜壮阔的历史，展望中华民族充满希望的未来，我们得出一个坚定的结论：全面建成小康社会，加快推进社会主义现代化，实现中华民族伟大复兴，必须坚定不移走中国特色社会主义道路。

在改革开放三十多年一以贯之的接力探索中，我们坚定不移高举中国特色社会主义伟大旗帜，既不走封闭僵化的老路，也不走改旗易帜的邪路。中国特色社会主义道路、中国特色社会主义理论体系、中国特色社会主义制度，是党和人民九十多年奋斗、创造、积累的根本成就，必须倍加珍惜、始终坚持、不断发展。

中国特色社会主义道路，就是在中国共产党领导下，立足基本国情，以经济建设为中心，坚持四项基本原则，坚持改革开放，解放和发展社会生产力，建设社会主义市场经济、社会主义民主政治、社会主义先进文化、社会主义和谐社会、社会主义生态文明，促进人的全面发展，逐步实现全体人民共同富裕，建设富强、民主、文明、和谐的社会主义现代化国家。中国特色社会主义理论体系，就是包括邓小平理论、"三个代表"重要思想、科学发展观在内的科学理论体系，是对马克思列宁主义、毛泽东思想的坚持和发展。中国特色社会主义制度，就是人民代表大会制度的根本政治制度，中国共产党领导的多党合作和政治协商制度、民族区域自治制度以及基层群众自治制度等基本政治制度，中国特色社会主义法律体系，公有制为主体、多种所有制经济共同发展的基本经济制度，以及建立在这些制度基础上的经济体制、政治体制、文化体制、社会体制等各项具体制度。中国特色社会主义道路是实现途径，中国特色社会主义理论体系是行动指南，中国特色社会主义制度是根本保障，三者统一于中国特色社会主义伟大实践，这是党领导人民在建设社会主义长期实践中形成的最鲜明特色。

建设中国特色社会主义，总依据是社会主义初级阶段，总布局是五位一体，总任务是实现社会主义现代化和中华民族伟大复兴。中国特色社会主义，既坚持了科学社会主义基本原则，又根据时代条件赋予其鲜明的中国特色，以全新的视野深化了对共产党执政规律、社会主义建设规律、人类社会发展规律的认识，从理论和实践结合上系统回答了在中国这样人口多、底子薄的东方大国建设什么样的社会主义、怎样建设社会主义这个根本问题，使我们国家快速发展起来，使我国人民生活水平快速提高起来。实践充分证明，中国特色社会主义是当代中国发展进步的根本方向，只有中国特色社会主义才能发展中国。

——胡锦涛：《坚定不移沿着中国特色社会主义道路前进，为全面建成小康社会而奋斗》，2012年11月8日。

小组讨论

中国特色社会主义道路的涵义是什么？

课堂引导结论

中国特色社会主义道路，就是在中国共产党领导下，立足基本国情，以经济建设为中心，坚持四项基本原则，坚持改革开放，解放和发展社会生产力，建设社会主义市场经济、社会主义民主政治、社会主义先进文化、社会主义和谐社会、社会主义生态文明，促进人的全面发展，逐步实现全体人民共同富裕，建设富强、民主、文明、和谐的社会主义现代化国家。

教学要点

一、新中国成立以来的历史性成就

新中国成立至今，中国人民经过半个多世纪的艰苦奋斗，取得了举世瞩目的巨大成就。

二、历史和人民的郑重选择

新中国成立以来的历史昭示我们：中国共产党是领导中国革命、建设、改革事业的核心力量。只有社会主义才能救中国，只有中国特色社会主义才能发展中国。

教学建议

本专题的两个案例均来自中国共产党的重要会议报告，内容翔实丰富，理论功底深厚，非常适合在教学过程中引用，也可以作为学生的课后阅读资料。

第八章　社会主义制度在中国的确立

教材内容分析

围绕本章内容主要设计了三个专题。主要讲述新中国的建立开启了新民主主义向社会主义的过渡；党和人民在恢复国民经济基础之上，通过没收官僚资本，改造资本主义工商业，引导农民逐步走上互助合作的道路等措施，为有系统的社会主义改造和有计划的经济建设创造了条件。社会主义工业化道路的选择、过渡时期总路线的提出和三大改造的实施，实现了社会主义工业化与社会主义改造同时并举，走上了有中国特色的过渡道路，社会主义基本制度得以在中国全面确立。

本章主要设计三个专题

- 专题一　从新民主主义向社会主义的过渡
- 专题二　社会主义道路：历史和人民的选择
- 专题三　有中国特色的向社会主义过渡的道路

教学设计理念

通过专题教学和讨论，使学生认识到在新中国建立初期的特定的历史阶段，党制定了正确的路线和指导方针，提出了过渡时期的总路线，在国民党反动统治的破烂摊子上，顺利地完成了生产资料所有制的社会主义改造，实现了从新民主主义到社会主义的转变。

专题一

从新民主主义向社会主义的过渡

案例呈现

新中国成立初期政府如何打击投机商人和塑造政府形象

1949年初至1950年，即新中国成立前后，社会经济几近崩溃，物价飞涨，市场极端混乱。新中国成立初期的经济困难来源于历史和现实两个方面，即国民党政权留下的经济烂摊子，以及我们在建立新中国的过程中产生的新问题。

国民党政府长期实行的恶性通货膨胀政策，使旧中国的经济严重畸形。从1937年6月到1949年5月的12年间，其货币（法币和金圆券）发行量增加千亿倍！同期，物价指数上升超过8.5万亿倍！从1911年民国政府成立到1949年建立新中国，由于几无间断近40年的大大小小的战争，加之国民党政府败退前的大肆破坏及掠走的价值约11亿美元的金银等物质，旧中国留下的经济已近全面崩溃。在工业产品的品种和质量上，中国与先进国家相比，更是天差地远。新中国成立时，我们不仅不能制造飞机汽车，而且不能制造任何重要的机器设备。另外，我国有色金属、化工、无线电工业也极为落后。工农业生产的被破坏和交通的瘫痪，再加上敌人的封锁，导致城乡和内外交流几近中断，大多城市都缺少粮煤等基本生活物资。孙怀仁先生收集的有关数据显示，上海在1949年5月人民政府接管时，接管的粮食仅够半个月食用，煤仅够1星期使用。

新中国诞生过程中也产生了现实的经济困难。庞大的军事、行政及建设费用支出，货币发行过多，投机商疯狂的投机活动等，一起造成了新中国严重的经济困难。此时，战争还在华南、西南等大片国土上进行，军事费用开支很大。1949年军费支出占全年财政总收入的一半以上，1950年仍为41.1%。还由于革命在全国的胜利，人民政府对旧有文化教育事业的接管，以及对国民党政府人员采取了包下来的政策，人民政府所负担的公教人员急剧增加，总数由1949年的700万人增加到1950年的900万人。这无疑需要一笔很大的财政支出。

另外，人民政府还要拿出相当数量的资金恢复被战争破坏的交通和其他生产事业，救济城市的失业工人和农村受灾的灾民。战争时期各根据地相对独立的财政管理制度尚未改变，主要财政收入尚分散在各地。这就更加剧了中央财政拮据的局面。

1949 年，国家财政赤字约占全部支出的 2/3。1950 年概算中，财政赤字占总支出的 18.7%。为了弥补赤字，维持开支，国家不得不增发货币。人民币的发行额以 1948 年为基数，到 1949 年 11 月就增加了 11 倍，到 1950 年猛增为 270 倍。1949 年 11 月到 1950 年 1 月，人民币发行额由 20000 亿元增至 41000 亿元，同期物价相应上涨 40%。赤字的增加以及通货的增发，给投机资本提供了可乘之机。大城市的投机资本利用人民币立足未稳之际，疯狂掀起银元、黄金和美钞的涨风，引起物价的剧烈波动。从上海解放到 1949 年 6 月 9 日，短短的 13 天，物价总指数就上涨了 2.7 倍以上。当时，扰乱市场的主要是投机资本，有些资本家认为共产党不懂经济，众所周知的一句话是“共产党是军事一百分，政治八十分，财经打零分”。这些投机商人和投机资本的本性决定其会抓住一切机会操纵市场，牟取暴利，从而使社会经济环境愈加恶劣。

严峻形势下，人民政府必须迅速行动起来，同投机资本进行坚决的斗争，尽快控制市场，稳定物价。从 1949 年初开始，为了应对可预见的更加严重的物价上涨，人民政府以新民主主义的相关经济理论为指导，并及时成立领导全国财经工作的中财委等经济机构，迅速地同投机资本展开了较量，采取如下措施：

没收官僚资本，建立社会主义性质的国有经济。新中国成立之后，人民政府没收了官僚资本，归人民共和国所有，把它转变为社会主义国有经济。1949 年，社会主义国营工业在全国大型工业总产值中占 40%，就为新中国成立初期统一财经，稳定物价，迅速恢复国民经济，打下了基础。而社会主义经济的发展，又为人民政权的巩固奠定了坚实的物质基础。

打击投机倒把，加强市场管理，稳定市场物价。从 1949 年 4 月到 1950 年 2 月，不法资本家在全国刮起四次物价大涨风。人民政府首先打击了金融界的投机分子。后来，投机资本转向粮食和纱布，继续哄抬物价。于是国家掌握了大量粮食和纱布，按国家牌价同时大量抛售，致使许多投机资本家破产，物价开始逐渐稳定。1950 年 3 月，物价开始回落。

统一财政经济，解决财政收支平衡。新中国成立初期，财经制度十分混乱。中央只抓了统一支出而未抓住统一收入，公粮、财政等收入均在县、市以及省的手里，而支出则大部分由中央财政中开支，因而中央财政十分困难，出现了大量赤字。1950年3月，中央人民政府发布了《统一全国财政经济工作的决定》，统一了财政经济管理，把税收统归中央；统一了全国的物资调度，并把调度权也收归中央；统一了全国的现金管理，规定一切军政机关和公营企业的现金除留若干近期使用外，一律存入国家银行。经过这些调整，便改变了新中国成立初期的混乱状态，弥补了财政赤字。中国人民银行存款总额1950年9月比1949年12月增加了16倍以上。这样便使国家有了调整整个国民经济的实力。

合理调整工商业，发展生产。在物价稳定后，那些依靠投机倒把的厂商停业倒闭。于是国家对工商业进行了调整，即对于民族资本主义工业企业采取加工订货、国家供给原料和收购成品，以维持和发展那些社会需要的工业品，并克服它们的生产无政府状态；对于私营商业，国家在价格和营业范围方面给以活动余地，使其在国有经济领导下为城乡交流、内外交流服务。

新中国成立初期平抑物价、争取财政收支平衡的斗争及其胜利，是中华人民共和国历史上重要一页。它为新中国的巩固和大踏步地前进，开创了一个良好的基础和条件。它证明中国共产党和中国政府不仅能得天下，而且能治天下。中共完成了国民党长期不能解决的重要历史任务，使长期遭受通货膨胀折磨的民众过上安定可预期的经济生活，说明中国共产党不仅军事、政治过硬，经济工作也同样得到认可。1950年6月6日，中共七届三中全会明确肯定了人民政府在过去几个月内所开展的争取财政收支平衡、制止通货膨胀、稳定物价工作。毛泽东对此更给予高度评价，指出它的意义“不下于淮海战役”。一个旨在服务人民生活、恢复与发展生产的人民政府的形象塑造，就是从这里开始的。

——薛暮桥：《我国物价和货币问题研究》，红旗出版社1986年版。范守信：《中华人民共和国国民经济恢复史》，求实出版社1988年版。孙怀仁主编：《上海社会主义经济建设发展简史（1949—1985）》，上海人民出版社1990年版。马洪、高尚全主编：《中国通货膨胀研究》，改革出版社1990年版。陈云：《陈云文选》，人民出版社1995年版。赵岭云主编：《中国共产党经济工作史》，湖北人民出版社2005年版。韩洲：《建国初期人民政府稳定物价的思考》，复旦大学2009级硕士论文。曹树基、郑彬彬：《上海商人、人民币贬值与政府形象之塑造（1949—1950）》，《学术界》2012年第10期。

小组讨论

新中国成立初期，政府如何恢复国民经济？

课堂引导结论

新中国建立后，面临着新的考验。如何恢复发展国民经济、平抑物价、争取财政收支平衡的斗争及其胜利，是中华人民共和国历史上重要一页。党中央面对国内外错综复杂的形势，带领全国人民，努力恢复和发展生产，稳定了国民经济，为新中国的巩固和大踏步地前进，开创了一个良好的基础和条件。它证明中国共产党和中国政府不仅能得天下，而且能治天下。中共完成了国民党长期不能完成的重要历史任务，使长期遭受通货膨胀折磨的民众得以过上安定可预期的经济生活。

教学要点

新中国成立初期，政府如何恢复国民经济

（一）没收官僚资本，建立社会主义性质的国有经济。

（二）打击投机倒把，加强市场管理，稳定市场物价。

（三）统一财政经济，解决财政收支平衡。

（四）合理调整工商业，发展生产。

教学建议

本专题主要讲述新中国成立后的最初三年，在着重完成民主革命的遗留任务的同时，从新民主主义向社会主义过渡也开始了。通过没收官僚资本，确立社会主义性质的国有经济的领导地位，将资本主义纳入国家资本主义轨道和引导个体农民在土地改革后逐步走上互助合作的道路，为有系统的社会主义改造和有计划的经济建设创造了条件。

通过案例的讲解，帮助学生理解，新中国成立伊始，党中央面对国内外错综复杂的形势，从国情出发，按照中共七届二中全会和《共同纲领》精神，努力恢复国民经济，带领全国人民建立一个新民主主义国家，为在中国建设社会主义创造了条件。

专题二

国民经济建设顺利开局

第一个五年计划的制定与施行

“一五”计划是指我国从1953年到1957年发展国民经济的计划。新中国成立后，迅速地恢复国民经济，并适时着手开展大规模经济建设。1951年2月，毛泽东在中共中央政治局扩大会议上提出“三年准备、十年计划经济建设”的思想。会议根据经济开始好转的局面，决定自1953年起实施发展国民经济第一个五年计划，并要求着手编制工作的准备。

第一个五年计划的编制工作从1951年就开始着手了，由周恩来、陈云等主持，历时四年，五易其稿，到1954年9月基本定案。

1955年7月，全国人大一届二次会议通过了《中华人民共和国发展国民经济的第一个五年计划（一九五三——一九五七）》。至此，“一五”计划的编制工作最终完成。

根据党在过渡时期总路线的要求，第一个五年计划的基本任务是集中主要力量进行以苏联帮助我国设计的156个建设项目为中心的、由694个大中型建设项目组成的工业建设，以建立我国社会主义工业化的初步基础；发展部分集体所有制的农业生产合作社，并发展手工业生产合作社，以建立对农业和手工业社会主义改造的初步基础；基本上把资本主义工商业分别纳入各种形式的国家资本主义的轨道，以建立对私营工商业社会主义改造的基础。

“一五”计划的制订和实施，得到苏联政府的很大帮助。苏方不仅提供贷款，还派来3000多名技术专家，给予我们全面而系统的指导。但党并不依赖苏联的援助，仍坚持和强调自力更生为主、争取外援为辅。凡是能自己解决的，决不依赖外援。1956年，中央进一步明确提出建立独立完整的工业体系的方针。

“一五”计划的顺利实施，在基本完成对农业、手工业和资本主义工商业的社会主义改造的1956年，第一个五年建设计划原定的主要指标，大都提前完成了；接下来的1957年是我国经济建设进行得最好的年份之一。到1957年底，第一个五年建设计划的各项指标大都大幅度地超额完成了。“一五”计划的实施，改变了中国工业发展格局不平衡的局面。工业生产技术普遍提高，工业生产能力渐趋增强。在苏联技术支持下的“156项”工程建设的同时，中国的工业技术特别是机器制造业迅速发展。长春汽车制造厂、沈阳第一机床厂、哈尔滨量具厂等这些工厂从无到有，都说明了生产技术的增强。此外，中国独立生产商品的能力也得到增强。1957年同1952年相比，主要工业产品新增的生产能力为“生铁401万吨，钢400万吨，原煤0.65亿吨，发电量120亿度，原油102万吨，水泥400万吨，金属切削机床1.43万吨，载重汽车3万辆，机制糖41万吨，机制纸及纸板54万吨”。“一五”期间工业生产所取得的成就，远远超过了旧中国的一百年。同世界其他国家工业起飞时期的增长速度相比，也是名列前茅。

“一五”计划的顺利完成，使农业生产条件得以改善。在抵御自然灾害的过程中，中共增加了对于农业的投资，不仅大力供应农业生产资料，在财政方面也是大力支持农业。大力发展了水利建设，集中力量修整治理了长江、黄河、淮河水系，减轻了水旱灾害。据这五年的发展统计，“国家用于水利建设的投资达25.51亿元，占同期全部基本投资的4.3%”。除此，全国广大农民也积极建设了大量的水利设施。据统计，“1950年到1957年八年中，农民共新建渠道塘坎410万处，水井606万眼，新增水车171万部，抽水机2.6万部”，因而使耕地面积大力发展，五年间“共扩大灌溉面积1.1亿亩，平均每年增加2200多万亩”。1957年，农业总产值达604亿元（按1952年不变价格计算），完成原定计划的101%，比1952年增长25%。粮食产量达19505万吨，比1952年增长19%，平均每年增长3.7%；棉花产量达164万吨，比1952年增长26%，平均每年增长4.7%。农业的增长，跟世界相比速度并不低，但是跟同一时期我国工业增长速度相比，就相对落后了。粮棉增产的速度没有达到人们乐观的期望，紧张局势一直未能显著缓解，要求农业增产的压力仍然很大。

五年间，全国物价基本稳定，国家财政除1956年有赤字外，其余各年都收支平衡，略有结余。经济的大力发展促进了人民生活水平的显著提高。据资料显示，“1953 年国民生产总值为 824 亿元，到‘一五’计划完成时已经增长到 1068 亿元”。经过经济的恢复和建设，全国从业人员由“1952 年的 20729 万人增加至 1957 年的 23771 万人，城市职工由 2486 万增至 3205 万，城市的失业问题得到基本解决。全国居民的消费水平由 1952 年的 80 元上升到 1957 年的 108 元，其中农村居民由 65 元升至 82 元，城镇居民由 154 元升至 222 元”。另外“一五”期间，为配合工业、农业、贸易等的发展，加大各地区之间的联系，国家对交通建设的投资也是很大的。

第一个五年计划时期我国经济建设取得的成就，为社会主义工业化奠定了初步的基础。

——薄一波：《若干重大决策与事件的回顾》，中共中央党校出版社 1991 年版。中共中央文献研究室：《陈云文集》，中央文献出版社 2005 年版。李景治、薄国良：《社会主义建设理论与实践》，中国人民大学出版社 2010 年版。贾艳敏：《陈云与“一五”计划的编制及实施》，《广西右江民族师专学报》2003 年第 5 期。张洪秋、王久高：《新中国“一五”计划编制工作的历史考察》，《湖南行政学院学报》2010 年第 6 期。景红霞：《苏联与新中国“一五”计划的制定和实施》，山西大学 2012 级硕士学位论文。

小组讨论

第一个五年计划完成的历史意义是什么？

课堂引导结论

中国共产党从新中国成立开始，在不到七年的时间里，通过第一个五年计划的顺利实施，为社会主义工业化奠定了初步的基础。通过没收官僚资本工作的完成和工业建设的初步开展，中国已经有了比较强大的社会主义性质的国有经济。在对资本主义工商业进行调整的过程中，加工订货、经销代销、统购包销、公私合营等形式的国家资本主义有了相当程度的发展。这就为对资本主义工商业进行社会主义改造积累了初步的经验。而对个体农业进行改造，是保证工业发展、实现国家工业化的必要条件。通过社会主义三大改造，社会主义制度在我国建立起来，说明社会主义道路是历史发展的必然，也是亿万中国人民在长期奋斗中作出的正确选择。

教学要点

第一个五年计划的实施

（一）第一个五年计划的编制过程。

（二）第一个五年计划的具体成就。

（三）第一个五年计划完成的重大意义。

教学建议

讲述、讨论第一个五年计划的制定与施行的案例时，给学生强调其重要意义，让学生进一步了解中国共产党制定实施第一个五年计划是一项艰巨而又审慎的重任，正因为如此才能顺利实施并奠定了社会主义工业化的初步基础。

专题三 有中国特色的向社会主义过渡的道路

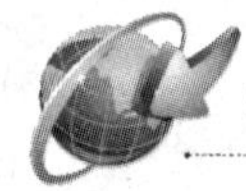

案例呈现

1. 中国农业合作化道路的初期探索——毛泽东和刘少奇对山西发展农业生产互助合作问题的探讨

一九五一年春夏，围绕山西发展农业生产互助合作问题，出现了一场争论。

争论是由中共山西省委的一份报告引起的。一九五一年四月十七日，山西省委向华北局和中央写了一份报告，题为《把老区互助组织提高一步》。报告提出，“老区互助组的发展，已经达到了一个转折点，使得互助组必须提高，否则就要后退”。报告认为：“随着农村经济的恢复与发展，农民自发力量是发展了的。它不是向着我们所要求的现代化和集体化的方向发展，而是向着富农的方向发展。这就是互助组发生涣散现象的最根本的原因。”报告的结论是“必须在互助组织内部，扶植与增强新的因素，以逐步战胜农民自发的趋势，积极地稳健地提高农业生产互助组织，引导它走向更高级一些的形式，以彻底扭转涣散的趋势”。这里所说的“增强新的因素”，是指在互助组织内部增加公共积累和加大按劳分配的比重。报告认为，这些因素“虽然没有根本改变了私有基础，但对私有基础是一个否定的因素。对于私有基础，不应该是巩固的方针，而应当是逐步地动摇它、削弱它，直至否定它”。报告中所说的“更高级一些的形式”，主要是指初级农业生产合作社。

山西省委的报告送到华北局和中央。刘少奇和华北局不同意报告中的观点。五月四日，华北局在对山西省委报告的批复中写道：“用积累公积金和按劳分配办法来逐渐动摇、削弱私有基础直至否定私有基础是和党的新民主主义时期的政策及《共同纲领》的精神不相符合的，因而是错误的。”五月七日，刘少奇在中国共产党第一次全国宣传工作会议的报告中，也批评了山西省委提出要组织初级农业生产合作社的做法。他认为，用合作社、互助组的办法，使中国的农业“直接走到社会主义化是不可能的，那是一种空想的农业社会主义”。

当时，刘少奇等的想法是，先让农村个体经济再发展一段时间，富农也让他发展，这样有利于整个农村经济的发展；等到国家工业化建设能提供大批农业机器的时候，可以依靠政权力量，下个命令剥夺它，一举实现集体化。同年七月五日，刘少奇在中南海春耦斋，向马列学院第一班学员作报告说：“农业集体化要经过一个大的运动来达到，而不是零散地、慢慢地建立。十几年后，就发动一个运动，经过两三年搞起来。”“农业集体化不是逐步进行的，不是单纯依靠农村条件，而是依靠城市，依靠强大的工业。”

刘少奇的这种意见，当时在党内有着相当的代表性。这种认识，同对于怎样由新民主主义转变到社会主义的总体设想是相联系的。当时的设想就是，革命在全国胜利以后，先有一个新民主主义的发展阶段；到条件成熟了的时候（其中很重要的一条是国家工业化有了很大的发展），再采取严重步骤，在全国范围内实行社会主义。

毛泽东很快知道了这件事，明确表示不赞成刘少奇和华北局的意见，而赞成山西省委的报告。他找刘少奇和主持华北局工作的薄一波、刘澜涛谈话，把自己的态度告诉他们；还要有关同志准备召开全国第一次互助合作会议。

对这次谈话的内容，薄一波有一个回忆：“毛主席批评了互助组不能生长为农业生产合作社的观点和现阶段不能动摇私有基础的观点。他说：既然西方资本主义在其发展过程中有一个工场手工业阶段，即尚未采用蒸汽动力机械，而依靠工场分工以形成新生产力的阶段，则中国的合作社，依靠统一经营形成的新生产力，去动摇私有基础，也是可行的。他讲的道理把我们说服了。”

围绕山西发展农业生产合作社的争论，就此结束。当时及以后的实践证明，以土地入股、统一经营为特点的初级农业生产合作社是农民比较容易接受的一种向高级农业生产合作社过渡的适当形式。在中国，即使没有大量农业机械，但由于农业生产合作社实行统一经营，统一组织劳动力，能够做到合理利用土地，兴修水利，改良土壤，改良品种，采用新技术等许多单干农民难以做到的事情，特别是在抗御自然灾害方面显示了自己的优越性。在互助合作运动初期，全国创办的初级农业生产合作社绝大多数是好的和比较好的，提高了农业产量，改善了农民生活，起了示范的作用，为进一步发展互助合作事业提供了有说服力的事实。

——中共中央文献研究室编：《毛泽东传（1949—1976）》第 3 册，中央文献出版社 2011 年版，第 1305—1309 页。

2. 荣毅仁与社会主义改造

一、耳听不如亲眼一见

荣毅仁的父亲荣德生是上海的首富，是中国最大的资本家之一，享有“面粉大王”和“棉纱大王”之称。

1949 年，对于荣氏家族来说，是一个难以跨越的历史关口：一方面因官司缠身搞得寝食难安，另一方面为走还是留的问题扰得人心惶惶。

是走，是留？荣尔仁、荣毅仁两兄弟心中充满了矛盾。出走境外，舍不得父辈创下的基业，在海外做个寓公有什么意思？留在大陆，不知道共产党会不会“消灭资本家”？特别是他的二哥荣尔仁对共产党很是害怕，他对荣毅仁说：“我们两人总要留一个吧？”荣毅仁考虑再三说：“那我留下吧！”他把家眷送到香港，自己留下观望。解放军进城的第二天，天刚蒙蒙亮，一个厂长到荣家来报告情况。荣毅仁很惊奇，问他是怎么过来的。他说：“是开着车过来的，解放军都睡在街头、公路边，秩序很好，没事！”荣毅仁心头的惊奇顿时变成了惊喜，兴冲冲地说：“走，去看看！”他乘上这位厂长的车随意往前开，果然看见街道两边睡着一排排穿黄军装的士兵。大部分呼呼酣睡；少数哨兵或坐或站，恪尽职守。早起的市民过来看情况，士兵们并不干涉。他们把车一直开到成都路浦东大厦，才有一个执勤的战士走过来拦住他们，说："前面敌人还没有清除，开车去不安全，请先回去，等等再过去！"纪律严明的解放军给荣毅仁留下十分深刻的印象，一直忐忑不安的心才稍稍平静下来。

多年后，荣毅仁回忆起解放军开进上海的情景，仍感慨良多："解放军兵临上海的时候，国民党政府的官吏，天天向我们厂里要棉布棉纱，要面粉。上海滩更是谣言四起，说什么共产党来了要共产共妻，要搞得资本家家破人亡……我在外表上故作镇静，内心却好似热锅上的蚂蚁，不知如何是好。当我看到解放军露宿街头也不进民宅的情形，心里就有了一个基本的判断，共产党再怎么样，绝不至于比国民党更糟吧？"

二、识时务者为俊杰

1951 年的 1 月，政务院财政经济委员会颁布了《关于统购棉纱的决定》，私营棉纺厂就此完全纳入国家的计划轨道。加工订货被看做"把私营工业的生产间接纳入国家计划的轨道"的国家资本主义的低级形式。所有这些都让荣毅仁兴奋不已。只是他没想到，后面的转变比预料得更快。

1951 年底，上海开始了"三反""五反"运动，这难免让很少经历过群众斗争的资本家们害怕起来。陈毅提出，把全市中上层具有代表性的资本家 303 户集中起来学习，帮助他们了解政策。荣毅仁就在这 303 户之列。

那段时间，经常能看到荣毅仁在会场外面眉头紧锁兜圈子，踱方步，仿佛思绪万千……很快，1954 年 9 月，申新集团宣布进行公私合营。由此，荣氏积淀了半个世纪的产业，变为国家所有。荣毅仁作为上海工商业界公私合营的发起人，因此也被陈毅和周恩来冠以"红色资本家"的称号。

到 1955 年底，接受政府加工订货、统购包销的上海工商企业已经占私营工业总产值的 92%。1956 年初，毛泽东主席南下到申新棉纺织印染厂视察。

在视察后，荣毅仁当即代表上海工商界集体给毛泽东写信，表示要在 6 天内实现上海全行业公私合营。新华社记者问起荣毅仁今后的打算，他回答说："我的企业已经实行公私合营，还准备实行定息的办法，这样每年利润更有了保证。我已经在上海市人民代表大会会议上表示了决心：我一定把所得的利润以投资企业和购买公债的方式，用来支援国家的建设。我个人愿意在任何工作岗位上来尽我的责任，做一个对国家、对社会主义有贡献的人。"

1956 年 1 月 20 日，身为上海市工商联副主席的荣毅仁和盛丕华一起，代表全市私营工商业者向当时的曹荻秋副市长提交了上海市资本主义工商业公私合营申请书。

公私合营，当时对于很多资本家来说，好比是一种撕心裂肺的痛。自己几辈人辛辛苦苦创办的家业就这样要交出去，很多资本家都不能理解。他们担心财产被全部充公，自己今后的生活无着落。荣毅仁劝他们说："社会主义是大势所趋，不走也得走。只要接受改造，大家都会有饭吃、有工作做，而且可以保留消费财产。"

"顺应时代发展，把握自己命运"，这是毛泽东主席50年代时送给荣毅仁的一句话，而荣毅仁也亲身践行、印证了毛泽东主席的这句话。之后，荣毅仁的仕途是一路绿灯：先是出任全国人大代表；1957年又被当时的国务院副总理陈毅以上海市前市长的身份，为他助选上海市副市长；1959年调任纺织部副部长；巅峰时期，出任国家副主席。在种种力量的助推下，荣毅仁逐渐化身为红色中国的一个特殊的"政治符号"。

——袁子强：《荣毅仁与共产党的合作之路》，《党史天地》2009年10期。
陈婧：《20世纪50年代之标志性人物——荣毅仁"红色资本家"第一人》，《中国新时代》2009年10期。

小组讨论

为什么说完成社会主义改造是中国历史上最深刻的社会变革？

课堂引导结论

新中国成立之后，由于中国经济的落后，私人的资本主义工商业在国民经济中还占有相当重要的地位。但是，中国政府必须消灭资本主义生产资料私有制，因为这是确立社会主义制度所必需的。1953年到1956年，政府对农业、手工业、资本主义工商业的社会主义成功改造，开辟了一条适合中国国情的社会主义改造道路。

教学要点

一、农业合作化运动的发展

（一）对农业进行社会主义改造的重大意义。

（二）对农业进行社会主义改造的策略原则。

二、对资本主义工商业赎买政策的实施

（一）对资本主义工商业进行社会主义改造的策略原则。

（二）爱国资本家与对资本主义工商业的社会主义改造。

教学建议

中国共产党在过渡时期的总路线，社会主义工业化与社会主义改造同时并举，一方面要求把实现社会主义工业化作为全党、全国人民面前的基本任务，另一方面又要求通过对农业、手工业和资本主义工商业的社会主义改造来促进生产力的发展，以利于社会主义工业化的实现。

通过荣毅仁和社会主义改造案例，帮助学生理解在过渡时期，我国对农业、手工业、资本主义工商业的社会主义改造迅速发展，中共中央创造性地开辟了一条适合中国特点的社会主义改造道路。

第九章 社会主义建设在探索中曲折发展

教材内容分析

本章内容在教材中分为三节来讲述。主要讲述社会主义制度确立初期，中国共产党面对新的形势和新的任务，积极贯彻马克思主义与中国实际第二次结合的政策，在曲折中探索社会主义建设道路的历史过程。在这个探索过程中，只要马克思主义与中国实际结合得好，就能制定出推动社会全面发展的正确政策；反之，如果陷入主观主义的“左”倾错误，就会造成社会主义建设的停滞，甚至曲折。从1956年到1976年20年的社会主义建设中，虽然曲折异常，但是仍然在政治、经济、文化、军事等领域取得重大成就，提高了中国的社会地位，维护了国家安全，为改革开放的全面展开提供了经验和教训。本章教学中一定要把握马克思主义的本质，把握中国共产党的宗旨，把握当前关于反思“文化大革命”的声音。从历史的、现实的、客观的角度论述20年社会主义建设出现失误的原因，论述中国共产党和人民群众为反对错误思想、维护社会主义建设做出的努力，论述毛泽东和毛泽东思想在中国革命和建设中的重要地位，论述毛泽东晚年出现错误思想的原因。

本章主要设计三个专题

- 专题一　马克思主义与中国实际第二次结合
- 专题二　正确分析探索中的曲折
- 专题三　曲折探索中的成果

教学设计理念

专题一主要讲述毛泽东提出“马克思主义与中国实际第二次结合”的命题，以及由此形成的一系列能够推动社会主义建设的正确成果。讲清楚中国共产党提出“第二次结合”命题的国内外背景；讲清楚探索中的理论成果是如何形成的，对当时社会主义建设有什么推动意义，对当前社会主义建设有什么指导意义。

专题二主要讲述前20年社会主义建设中的曲折。刚刚执政的中国共产党，尚不了解社会主义发展规律，不了解执政规律，也在将马克思主义与中国实际相结合中走过不少弯路。这导致了不少错误思想的出现，这些是社会主义建设的教训。尤其是毛泽东在“文化大革命”中犯了较大的错误，引起人们的重视，因此充分论述毛泽东和毛泽东思想的地位非常重要。

专题三主要讲述20年社会主义建设中的成就。在社会主义建设的前20年，出现了重大失误，但是总体上，我们的政治、经济、文化、军事建设依然得到较大的发展。人民生活水平有了一定提高，国际地位增强，尤其是恢复了在联合国的合法席位。这些成就是改革开放后取得重大成就的基础。

专题一 马克思主义与中国实际第二次结合

案例呈现一

1. 毛泽东关于马克思列宁主义与中国实际“第二次结合”的思想

探索中国的社会主义建设道路，从根本上说，就是要解决如何把马克思列宁主义的基本原理同中国社会主义建设的实际正确地结合起来的问题。1956年4月初，在中共中央书记处会议上讨论《关于无产阶级专政的历史经验》一文时，毛泽东提出：“我认为最重要的教训是独立自主，调查研究，摸清本国国情，把马克思列宁主义的基本原理同我国革命和建设的具体实际结合起来，制定我们的路线、方针、政策。现在是社会主义革命和建设时期，我们要进行第二次结合，找出在中国进行社会主义革命和建设的正确道路。”[①]1962年1月，他进一步提出：“我们必须把马克思列宁主义的普遍真理同中国社会主义建设的具体实际，并且同今后世界革命的具体实际，尽可能好一些地结合起来，从实践中一步一步地认识斗争的客观规律。”[②]

在提出实行“第二次结合”这个命题时，考虑到以往经济建设中有过照搬苏联办法的倾向，毛泽东首先指出，现在我们“应当更加强调从中国的国情出发，强调开动脑筋，强调创造性，在结合上下功夫”[③]。

……

在毛泽东看来，坚持马克思列宁主义的基本原理，与从中国社会主义建设的具体实际出发，两者应当有机地结合在一起；不能只强调一个方面，而否定另一个方面。他说：“实现社会主义革命的基本原则，各个国家都是相同的。但是在小的原则和表现形式方面是有不同的。”就表现形式来说，应当是“社

① 吴冷西：《十年论战》（上），中央文献出版社1999年版，第23—24页。
② 《毛泽东文集》第8卷，人民出版社1999年版，第302页。
③ 吴冷西：《十年论战》（上），中央文献出版社1999年版，第24页。

会主义的内容、民族的形式”[①]。如果否定了马克思列宁主义的基本原理，否定了社会主义的共同性，即否定了社会主义必须具备的基本特征，那搞的就不是社会主义，而是别的什么主义了；如果不从中国实际出发，那社会主义建设也是不可能搞好的。不可能设想，社会主义在各国的具体发展过程和表现形式，只能有一个千篇一律的格式。

尽管毛泽东没有提出“建设有中国特色的社会主义”这个命题，但他确实明确地论证过中国的社会主义必定带有中国特点这个思想。

毛泽东提出的关于马克思列宁主义同中国实际的“第二次结合”的思想，为中国共产党和中国人民探索适合中国情况的社会主义建设道路提供了基本的指导原则，指明了正确的方向。

——节选自沙健孙：《毛泽东关于马克思列宁主义与中国实际“第二次结合”的思想》，《马克思主义研究》2007 年第 7 期。

2. 再论无产阶级专政的历史经验

马克思列宁主义认为，在人类社会的发展中有共同的基本规律，但是在不同的国家和民族中间，又存在着千差万别的特点。因此，每个民族都经历着阶级斗争，并且最后都将沿着在一些基本点上相同而在具体形式上各有不同的道路，走向共产主义。只有善于根据自己的民族特点运用马克思列宁主义的普遍真理，各国无产阶级的事业才能得到成功。而且只要他们这样做，他们就会创造出自己的新的经验，从而给别的民族和整个马克思列宁主义宝库作出一定的贡献。教条主义者不了解，马克思列宁主义的普遍真理只有通过一定的民族特点，才能在现实生活中具体地表现出来和发生作用。他们不肯认真地研究本国、本民族的社会历史特点，不肯根据这些特点具体地运用马克思列宁主义的普遍真理。因此，他们也就不能指导无产阶级的事业达到胜利。

苏联的一切经验，包括基本的经验，都是同一定的民族特点结合在一起的，都是别的国家所不应该原样照抄的。如前所说，苏联的经验中还有错误的、失败的部分。所有这些成功的和失败的经验，对于善于学习的人都是无价之宝。因为它们都可以帮助我们少走弯路，少受损失。反之，如果不加分析地原样照

①《毛泽东文集》第 7 卷，人民出版社 1999 年版，第 77—78 页。

抄，那么，在苏联成功了的经验也可以在别的国家造成失败，更不要说失败的经验了。

——节选自《再论无产阶级专政的历史经验》，《人民日报》，1956年12月29日。

小组讨论

社会主义建设初期，中国共产党为什么要提出“马克思主义与中国实际第二次结合”的思想？

课堂引导结论

中国共产党提出“马克思主义与中国实际第二次结合”的思想是国内外形势以及自身历史共同作用的结果。从国外来说，是苏共二十大及其影响。苏共二十大上，赫鲁晓夫作了秘密报告，破除了苏联以及社会主义阵营对斯大林的盲目迷信是正确的，但是他把斯大林完全否定则是错误的，而且以秘密报告的形式来否定斯大林也是不正确的。这给社会主义的思想带来严重冲击，这要求中国进一步探索适合自己的社会主义建设思想。

从国内来说，社会主义改造完成，中国面临着前所未有的形势。一方面，这个形势是好的。生产关系彻底变革，为生产力的大发展开辟了道路，而且全国人民热情高涨，为社会主义建设奠定了良好局面。另一方面，这个形势也是中国共产党碰到的新形势。前所未有的生产关系，前所未有的建设责任，这一切都要求中国共产党认清国情，制定正确的政策。

中国共产党是马克思主义与实际相结合的实践者和受益者，积累了丰富的经验教训。在中国共产党的革命历史中，只要将马克思主义与中国实际结合的好，中国革命就会焕发生机，蓬勃发展。反之，则会出现困难和曲折。社会主义建设初期，面临更加复杂的内外形势，中国共产党没有经验，只能在“马克思主义与中国实际第二次结合”中艰苦探索。

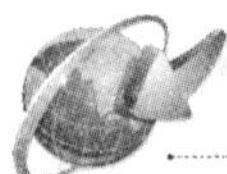

案例呈现二

1. 论十大关系

提出这十个问题，都是围绕着一个基本方针，就是要把国内外一切积极因素调动起来，为社会主义事业服务。过去为了结束帝国主义、封建主义和官僚资本主义的统治，为了人民民主革命的胜利，我们就实行了调动一切积极因素的方针。现在为了进行社会主义革命，建设社会主义国家，同样也实行这个方针。但是，我们工作中间还有些问题需要谈一谈。特别值得注意的是，最近苏联方面暴露了他们在建设社会主义过程中的一些缺点和错误，他们走过的弯路，你还想走？过去我们就是鉴于他们的经验教训，少走了一些弯路；现在当然更要引以为戒。

什么是国内外的积极因素？在国内，工人和农民是基本力量。中间势力是可以争取的力量。反动势力虽是一种消极因素，但是我们仍然要做好工作，尽量争取化消极因素为积极因素。在国际上，一切可以团结的力量都要团结，不中立的可以争取为中立，反动的也可以分化和利用。总之，我们要调动一切直接的和间接的力量，为把我国建设成为一个强大的社会主义国家而奋斗。

——节选自毛泽东：《论十大关系》，1956 年 4 月。

2. 关于正确处理人民内部矛盾的问题

敌我之间的矛盾是对抗性的矛盾。人民内部的矛盾，在劳动人民之间说来，是非对抗性的；在被剥削阶级和剥削阶级之间说来，除了对抗性的一面以外，还有非对抗性的一面。人民内部的矛盾不是现在才有的，但是在各个革命时期和社会主义建设时期有着不同的内容。在我国现在的条件下，所谓人民内部的矛盾，包括工人阶级内部的矛盾，农民阶级内部的矛盾，知识分子内部的矛盾，工农两个阶级之间的矛盾，工人、农民同知识分子之间的矛盾，工人阶级和其他劳动人民同民族资产阶级之间的矛盾，民族资产阶级内部的矛盾，等等。我们的人民政府是真正代表人民利益的政府，是为人民服务的政府，但是它同人民群众之间也有一定的矛盾。这种矛盾包括国家利益、集体利益同个人利益之间的矛盾，民主同集中的矛盾，领导同被领导之间的矛盾，国家机关某些工作人员的官僚主义作风同群众之间的矛盾。这种矛盾也是人民内部的一个矛盾。一般说来，人民内部的矛盾，是在人民利益根本一致的基础上的矛盾。

在我们国家里，工人阶级同民族资产阶级的矛盾属于人民内部的矛盾。工人阶级和民族资产阶级的阶级斗争一般地属于人民内部的阶级斗争，这是因为我国的民族资产阶级有两面性。工人阶级和民族资产阶级之间存在着剥削和被剥削的矛盾，这本来是对抗性的矛盾。但是，在我国的具体条件下，这两个阶级的对抗性的矛盾如果处理得当，可以转变为非对抗性的矛盾，可以用和平的方法解决这个矛盾。如果我们处理不当，不是对民族资产阶级采取团结、批评、教育的政策，或者民族资产阶级不接受我们的这个政策，那么，工人阶级同民族资产阶级之间的矛盾就会变成敌我之间的矛盾。

敌我之间和人民内部这两类矛盾的性质不同，解决的方法也不同。简单地说起来，前者是分清敌我的问题，后者是分清是非的问题。当然，敌我问题也是一种是非问题。比如，我们同帝国主义、封建主义、官僚资本主义这些内外反动派，究竟谁是谁非，也是是非问题，但是这是和人民内部问题性质不同的另一类是非问题。

我们的国家是工人阶级领导的以工农联盟为基础的人民民主专政的国家。专政的制度不适用于人民内部。人民自己不能向自己专政，不能由一部分人民去压迫另一部分人民。人民中间的犯法分子也要受到法律的制裁，但是这和压迫人民的敌人的专政是有原则区别的。在人民内部是实行民主集中制。我们的这个社会主义的民主是任何资产阶级国家所不可能有的最广大的民主。在人民内部实行民主制度。

——节选自毛泽东：《关于正确处理人民内部矛盾的问题》，1957年2月27日。

3. 刘少奇在中国共产党第八次全国代表大会上的政治报告

为了有效地反对主观主义，必须进行有系统的努力来提高我们党的马克思列宁主义的水平。第一，我们必须认真地加强干部的首先是高级干部的系统的马克思列宁主义的学习，使他们善于用马克思列宁主义的立场、观点、方法去观察和解决实际生活中的问题，提高自己在复杂情况中判断方向、辨明是非的能力，并且学会用马克思列宁主义的理论去研究和整理自己的工作经验，在经验中找出具体事物发展的规律性。第二，必须加强在广大的新党员中理论和实际统一的教育，使他们逐步懂得马克思列宁主义的立场、观点和方法，获得关于马克思列宁主义的一般原理、党的历史和我国社会主义事业现状的基本知识，认识主观主义——包括教条主义和经验主义——的危害，而在知识分子新党员中，则要特别着重认识教条主义的危害。第三，必须加强党的理论工作。我们应当迅速地集中必要的党内外马克思列宁主义的科学工作力量，从事我国社会主义改造和社会主义建设的重大问题和基本经验的研究，从事当前国际问题的研究，从事马克思列宁主义基本理论以及同马克思列宁主义有密切关系的科学部门的研究，使这一系列研究适合于当前党的实际工作的迫切需要，适合于向广大党员和广大青年进行理论和实际统一的马克思列宁主义教育的迫切需要。

为了有效地反对主观主义，党的各级领导机关都应当大大加强对于实际情况的调查研究工作。

为了力求党的领导工作符合于客观实际，便利于集中群众的经验和意见，减少犯错误的机会，必须在党的各级组织中无例外地贯彻执行党的集体领导原则和扩大党内民主。

……

当然，我们党的民主生活的扩大绝不是减弱了而恰恰是加强了党的集中制，我们党的党员的创造性的发扬绝不是减弱了而恰恰是加强了党的纪律性。同样，我们党的集体领导原则绝不是否认了个人负责的必要和领导者的重要作用；相反，它是使领导者能够充分正确地和最有效地发挥个人作用的保证。大家知道，我们党的领袖毛泽东同志所以在我们的革命事业中起了伟大的舵手作用，所以在全党和全国人民中享有崇高的威信，不但是因为他善于把马克思列宁主义的普遍真理和中国革命的具体实践结合起来，而且是因为他坚决地信任群众的力量和智慧，倡导党的工作中的群众路线，坚持党的民主原则和集体领导原则。

……

为了巩固我们党同人民群众的亲密联系，必须继续加强我们在各方面群众中的工作，尤其是必须在全体干部和党员中反复地进行全心全意为人民服务的教育。

如同我们党在国内依靠着我国人民群众的支持一样，在国际上，我们依靠着各国无产阶级的支持，依靠着各国人民的支持。如果没有各国无产阶级的伟大的国际主义的团结，如果没有国际革命力量的支持，我们的社会主义事业是不能胜利的；胜利了，要巩固，也是不可能的。

——节选自《刘少奇在中国共产党第八次全国代表大会上的政治报告》，1956 年 9 月 15 日。

小组讨论

社会主义建设初期，马克思主义中国化的重要理论成果有哪些？是怎样推动中国社会主义建设的？

课堂引导结论

在社会主义建设初期，中国共产党认真研究苏共二十大之后的困难环境，坚持民主集中制，坚持调查研究，坚持走群众路线，真正地将马克思主义与中国实际相结合，探索出一系列有利于社会主义发展的理论观点。中国共产党深入研究经济建设规律，注重经济各部门平衡发展，制定了“在平衡中稳步前进”的经济建设方针。中国共产党提出了社会主义矛盾的学说，将正确处理人民内部矛盾作为国家政治生活的主题。中国共产党坚持群众路线，坚持民主集中制，坚持全心全意为人民服务的宗旨。这些理论观点从政治、经济、思想文化等方面正确分析了当时中国面临的问题，有的放矢，因此推动了＋中国社会主义经济的迅速发展。

教学要点

一、中国共产党提出“马克思主义与中国实际第二次结合”的原因、背景

（一）苏共二十大造成社会主义阵营思想困境。

（二）中国社会主义改造完成，中国面临着社会主义建设的新形势。新形势要求中国共产党了解国情，调查研究。

（三）中国共产党的发展史即是一部将马克思主义与中国实际相结合的历史。只要结合得好，中国革命形势就会向前发展。新的形势要求中国共产党进一步借鉴历史经验教训。

二、中国共产党将“马克思主义与中国实际第二次结合”，探索出哪些有益的理论成果

（一）关于社会主义各行业、各部门协调发展的思想。

（二）关于社会主义社会基本矛盾和主要矛盾的观点。

（三）关于正确处理人民内部矛盾的观点。

（四）调查研究，坚持群众路线的观点。

（五）坚持民主集中制，加强党的领导的观点。

教学建议

本专题主要讲述两个问题。从教材的角度来看，对中国共产党提出“马克

思主义与中国实际第二次结合”的背景论述不够全面。本书中的案例既有当前学者的分析，也有当时以毛泽东为代表的中国共产党人的想法，稍加整理分析，能够帮助学生从国内、国际两个方面全面认识当时中国共产党面临的情况。再结合中国共产党将马克思主义与中国革命实际相结合的实践，得出结论是顺理成章的。中国共产党将“马克思主义与中国实际第二次结合”，提出不少有益的理论观点。教材论述较为详尽，本书提供了一些原始资料。毛泽东、刘少奇等领导人的论述有理有据，充分利用，能够促进学生更深刻地理解该问题。

专题二 正确分析探索中的曲折

案例呈现一

1. 关于新中国成立以来党的若干历史问题的决议

一九五八年，党的八大二次会议通过的社会主义建设总路线及其基本点，其正确的一面是反映了广大人民群众迫切要求改变我国经济文化落后状况的普遍愿望，其缺点是忽视了客观的经济规律。在这次会议前后，全党同志和全国各族人民在生产建设中发挥了高度的社会主义积极性和创造精神，并取得了一定的成果。但是，由于对社会主义建设经验不足，对经济发展规律和中国经济基本情况认识不足，更由于毛泽东同志、中央和地方不少领导同志在胜利面前滋长了骄傲自满情绪，急于求成，夸大了主观意志和主观努力的作用，没有经过认真的调查研究和试点，就在总路线提出后轻率地发动了“大跃进”运动和农村人民公社化运动，使得以高指标、瞎指挥、浮夸风和“共产风”为主要标志的“左”倾错误严重地泛滥开来。

——节选自《关于建国以来党的若干历史问题的决议》，人民日报，1981年6月27日。

2. 必须坚持多快好省的建设方针

多快好省方针的提出并不是出于偶然。首先，我们共产党人对于一切前进的事业历来就是促进派；历来就要求一切前进事业按照需要和可能多多地发展，快快地发展。我们促进了人民民主革命，促进了社会主义革命，从而给我国生产力的发展开辟了广阔的道路。把我国建成为一个社会主义强国不但对于我国本身有极大的意义，而且对于加强整个社会主义阵营，对于维护全世界的和平，都有极大的意义。其次，还因为我国是一个人口多、耕地少、经济文化落后、底子很薄的国家。要在这样一个国家里建立起强大的社会主义物质基础，使我国的经济水平在几十年内赶上世界上的先进国家，使人民生活得到很大的改善，建设的步子就必须迈得比较快、比较大，就必须采取勤俭新中国成立的方针，采取又多又快又好又省的建设方针。

实现多快好省的方针，有没有可能呢？回答是完全肯定的。我们的国家是一个劳动力多、人民勤劳勇敢、幅员广大、自然条件良好、资源丰富的国家。特别是我们有一个具有伟大生命力的社会主义政治制度和经济制度；广大的劳动群众在共产党的领导下不断地提高自己的觉悟性和积极性，提高自己的劳动生产率。同时，我们还有以苏联为首的社会主义各国的支援。这就完全能够保证我们在不太长的时间内把我国建设成为一个有现代工业、现代农业和现代科学文化的富裕、强大的国家。而且，困难也可以转化成为刺激我们前进的力量。我国所以能够在 1955 年冬天到 1956 年春天这个短短的时间内在全国范围内基本上实现了农业合作化，原因之一就是绝大多数的农民穷；农民看清了只有坚决走社会主义道路，才能摆脱穷困的境遇。这些都说明，我们采取多快好省的方针有很多有利条件，对此我们必须有足够的估计。

……

毛泽东同志在 1955 年 12 月写的《〈中国农村的社会主义高潮〉序言》中曾经这样说：“人们的思想必须适应已经变化了的情况。当然，任何人不可以无根据地胡思乱想，不可以超越客观情况所许可的条件去计划自己的行动，不要勉强地去做那些实在做不到的事情。但是，现在的问题，还是右倾保守思想在许多方面作怪，使许多方面的工作不能适应客观情况的发展。现在的问题是经过努力本来可以做到的事情，却有很多人认为做不到。因此，不断地批判那些确实存在的右倾保守思想，就有完全的必要了。”这一段话，值得我们再读几遍。

——节选自《必须坚持多快好省的建设方针》，《人民日报》，1957 年 12 月 12 日。

3. 介绍一个合作社

《一个苦战二年改变了面貌的合作社》[①]，这篇文章值得一读。共产主义精神在全国蓬勃发展。广大群众的政治觉悟迅速提高。群众中的落后阶层奋发起来努力赶上先进阶层，这个事实标志着我国社会主义的经济革命（生产关系方面尚未完成改造的部分）、政治革命、思想革命、技术革命、文化革命正在向前奋进。由此看来，我国在工农业生产方面赶上资本主义大国，可能不需要从前所想的那样长的时间了。除了党的领导之外，六亿人口是一个决定的因素。人多议论多，热气高，干劲大。从来也没有看见人民群众像现在这样精神振奋，斗志昂扬，意气风发。过去的剥削阶级完全陷落在劳动群众的汪洋大海中，他们不想变也得变。至死不变、愿意带着花岗岩头脑去见上帝的人，肯定有的，那也无关大局。中国六亿人口的显著特点是一穷二白。这些看起来是坏事，其实是好事。穷则思变，要干，要革命。一张白纸，没有负担，好写最新最美的文字，好画最新最美的画图。大字报是一种极其有用的新式武器。城市、乡村、工厂、合作社、商店、机关、学校、部队、街道，总之一切有群众的地方，都可以使用。已经普遍使用起来了，应当永远使用下去。清人龚自珍诗云：“九州生气恃风雷，万马齐喑究可哀。我劝天公重抖擞，不拘一格降人才。”大字报把“万马齐喑”的沉闷空气冲破了。

——毛泽东：《介绍一个合作社》，《人民日报》，1958 年 4 月。

小组讨论

社会主义建设初期，中国共产党关于社会主义建设指导思想出现失误的原因是什么？

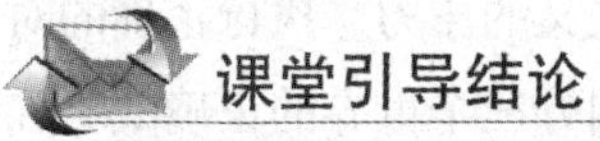

课堂引导结论

中国共产党在社会主义建设方面出现失误的原因是多方面的：第一，刚刚执政的中国共产党不了解执政规律；第二，面临社会主义建设的新形势和新任务，不了解社会主义发展规律；第三，刚刚经历艰苦卓绝的革命斗争，习惯用阶级斗争的思想指导活动；第四，向苏联学习了僵化的经济体制；第

① 指中共河南省封丘县委 1958 年 3 月 20 日给毛泽东的报告。报告介绍了河南省封丘县应举农业社依靠合作社集体的力量，战胜自然灾害，改变落后面貌的事迹。

五，受到国际形势发展变化的影响；第六，全国人民建设社会主义的心情迫切，等等。通过案例，要正确分析认识中国共产党出现错误的原因，并讲清楚，中国共产党为人民服务的宗旨没有改变，虽然犯了急于求成的“左”倾错误，但也有尽快发展社会生产力、提高人民生活水平的思考。而且，在这个过程中，党和人民在各个方面对错误思想进行研究思考，甚至抵制斗争。

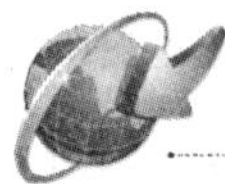

案例呈现二

1. 正确评价毛泽东和毛泽东思想（一）

“文化大革命”十年的一切成就，是在以毛泽东同志为首的党中央集体领导下取得的。这个期间工作中的错误，责任同样也在党中央的领导集体。毛泽东同志负有主要责任，但也不能把所有错误归咎于毛泽东同志个人。

……

对于“文化大革命”这一全局性的、长时间的“左”倾严重错误，毛泽东同志负有主要责任。但是，毛泽东同志的错误终究是一个伟大的无产阶级革命家所犯的错误……他在犯严重错误的时候，还多次要求全党认真学习马克思、恩格斯、列宁的著作，还始终认为自己的理论和实践是马克思主义的，是为巩固无产阶级专政所必需的。这是他的悲剧所在。他在全局上一直坚持“文化大革命”的错误，但也制止和纠正过一些具体错误，保护过一些党的领导干部和党外著名人士，使一些负责干部重新回到重要的领导岗位。他领导了粉碎林彪反革命集团的斗争；对江青、张春桥等人也进行过重要的批评和揭露，不让他们夺取最高领导权的野心得逞。这些都对后来我们党顺利地粉碎“四人帮”起了重要作用。他晚年仍然警觉地注意维护我国的安全，顶住了社会帝国主义的压力，执行正确的对外政策，坚决支援各国人民的正义斗争，并且提出了划分三个世界的正确战略和我国永远不称霸的重要思想……因为这一切，特别是因为他对革命事业长期的伟大贡献，中国人民始终把毛泽东同志看做是自己敬爱的伟大领袖和导师。

……

毛泽东同志的历史地位和毛泽东思想

毛泽东同志是伟大的马克思主义者，是伟大的无产阶级革命家、战略家和理论家。他虽然在“文化大革命”中犯了严重错误，但是就他的一生来看，他对中国革命的功绩远远大于他的过失。他的功绩是第一位的，错误是第二位的。

他为我们党和中国人民解放军的创立和发展，为中国各族人民解放事业的胜利，为中华人民共和国的缔造和我国社会主义事业的发展，建立了永远不可磨灭的功勋。他为世界被压迫民族的解放和人类进步事业做出了重大的贡献。

毛泽东思想是在深刻总结历史经验的过程中逐渐形成和发展起来的。它在土地革命战争后期和抗日战争时期得到系统总结和多方面展开而达到成熟，在解放战争时期和中华人民共和国成立以后继续得到发展。毛泽东思想是马克思列宁主义在中国的运用和发展，是被实践证明了的关于中国革命的正确的理论原则和经验总结，是中国共产党集体智慧的结晶。我党许多卓越领导人对它的形成和发展都作出了重要贡献，毛泽东同志的科学著作是它的集中概括。

——节选自《关于建国以来党的若干历史问题的决议》，人民日报，1981年6月。

2. 正确评价毛泽东和毛泽东思想（二）

毛泽东同志毕生最突出最伟大的贡献，就是领导我们党和人民找到了新民主主义革命的正确道路，完成了反帝反封建的任务，建立了中华人民共和国，确立了社会主义基本制度，取得了社会主义建设的基础性成就，并为我们探索建设中国特色社会主义的道路积累了经验和提供了条件；为我们党和人民事业胜利发展、为中华民族阔步赶上时代发展潮流创造了根本前提，奠定了坚实的理论和实践基础。

毛泽东同志属于中国，也属于世界。他不仅赢得了全党全国各族人民爱戴和敬仰，而且赢得了世界上一切向往进步的人们的敬佩。毛泽东同志的革命实践和光辉业绩已经载入中华民族史册。他的名字、他的思想、他的风范将永远鼓舞我们继续前进。

……

不能否认，毛泽东同志在社会主义建设道路的探索中走过弯路，他在晚年特别是在“文化大革命”中犯了严重错误。毛泽东同志的功绩是第一位的，他的错误是第二位的。他的错误在于违反了他自己正确的东西，是一个伟大的革命家、伟大的马克思主义者所犯的错误。

在中国这样的社会历史条件下建设社会主义，没有先例，犹如攀登一座人迹未至的高山，一切攀登者都要披荆斩棘、开通道路。毛泽东同志晚年的错误有其主观因素和个人责任，还在于复杂的国内、国际的社会历史原因，应该全面、历史、辩证地看待和分析。

对历史人物的评价，应该放在其所处时代和社会的历史条件下去分析，不能离开对历史条件、历史过程的全面认识和对历史规律的科学把握，不能忽略历史必然性和历史偶然性的关系。不能把历史顺境中的成功简单归功于个人，也不能把历史逆境中的挫折简单归咎于个人。不能用今天的时代条件、发展水平、认识水平去衡量和要求前人，不能苛求前人干出只有后人才能干出的业绩来。

革命领袖是人不是神。尽管他们拥有很高的理论水平、丰富的斗争经验、卓越的领导才能，但这并不意味着他们的认识和行动可以不受时代条件限制。不能因为他们伟大就把他们像神那样顶礼膜拜，不容许提出并纠正他们的失误和错误；也不能因为他们有失误和错误就全盘否定，抹杀他们的历史功绩，陷入虚无主义的泥潭。

……

毛泽东思想活的灵魂是贯穿其中的立场、观点、方法。它们有三个基本方面，这就是实事求是、群众路线、独立自主。新形势下，我们要坚持和运用好毛泽东思想活的灵魂，把我们党建设好，把中国特色社会主义伟大事业继续推向前进。

——节选自《习近平在纪念毛泽东诞辰120周年座谈会上的讲话》，2013年12月。

小组讨论

1. 如何评价毛泽东和毛泽东思想?
2. 怎样才是真正地坚持毛泽东思想的指导地位?

课堂引导结论

毛泽东是伟大的马克思主义者，是伟大的无产阶级革命家、战略家和理论家。毛泽东同志为中国新民主主义革命的胜利、社会主义革命的成功、社会主义建设的全面展开，为实现中华民族的独立和振兴、中国人民的解放和幸福，作出了彪炳史册的贡献。毛泽东思想是马克思列宁主义与中国实际相结合的理论成果，是被实践证明了的关于中国革命和建设的正确理论和经验的总结，是中国共产党集体智慧的结晶，是中国共产党的指导思想。毛泽东是其中最主要的创造者。不可否认，毛泽东在社会主义建设初期犯了错误，但是对这一错误要具体辩证分析。首先，毛泽东是人不是神，犯错误是不可避免的；第二，毛泽东提出一些错误观点的初衷是好的，他的一生都是为人民服务的；第三，在毛泽东的一生中，对中国革命和建设的贡献是主要的，所犯错误是次要的；第四，要把毛泽东的错误与毛泽东思想分开。

在社会主义建设中要坚持毛泽东思想。坚持毛泽东思想必须坚持实事求是，理论联系实际，在实践中检验真理、发展真理。坚持毛泽东思想必须坚持群众路线。从群众中来，到群众中去，党才能永葆生机和战斗力。坚持毛泽东思想必须坚持独立自主，坚定不移地走自己的路。

教学要点

一、中国共产党在社会主义建设初期犯错误的原因

（一）刚刚执政的中国共产党不了解执政规律。

（二）面临社会主义建设的新形势和新任务，不了解社会主义发展规律。

（三）刚刚经历艰苦卓绝的革命斗争，习惯用阶级斗争的思想指导建设活动。

（四）向苏联学习了僵化的经济体制。

（五）国际形势发展变化的影响。

（六）一个世纪被侵略历史的影响。

二、如何评价毛泽东和毛泽东思想

（一）毛泽东是伟大的马克思主义者，是伟大的无产阶级革命家、战略家和理论家。

（二）毛泽东思想是马克思列宁主义与中国实际相结合的理论成果。

（三）对毛泽东的错误要辩证分析。

（四）把毛泽东的错误与毛泽东思想分清楚。

三、如何坚持毛泽东思想的指导

（一）坚持实事求是。

（二）坚持群众路线。

（三）坚持独立自主。

教学建议

本专题内容涉及社会主义建设中的曲折发展，需要在教学中特别注意

官方文件和资料，特别注意社会不良言论对学生的影响。

要正确评价毛泽东和毛泽东思想的历史地位。尤其是要讲清楚毛泽东同志在晚年犯错误的原因。讲清楚毛泽东思想是以毛泽东为代表的中国共产党第一代领导集体创造的正确的关于中国革命和建设的理论。特别要注意对历史反思类文章的理解分析，做到以事实为依据，以社会发展为准绳，评价毛泽东同志和中国共产党的历史。

社会主义建设是前无古人的伟大事业，考验着中国共产党的执政能力和建设社会主义的能力。在社会主义建设初期，中国共产党没有任何经验，照搬苏联较僵化的经济体制，再加上社会主义建设中急于求成，造成不少严重的后果。要特别讲清楚中国共产党犯错误的原因，并对这些原因进行辩证分析，使学生了解中国共产党的宗旨、性质始终没有变。

专题三 曲折探索中的成果

案例呈现

1. 社会主义建设前 20 年的主要成就

尽管在探索社会主义建设道路过程中，发生了“大跃进”和“文化大革命”这样的错误，但如果对这段历史作具体的、历史的分析，应该承认，中国社会主义建设的各项事业仍然取得了举世公认的重要成就。

从新中国建立到 1964 年，重工业各主要部门累计新建的大中型项目中，有三分之二以上是在三年“大跃进”期间开工的。这三年新增的炼钢能力占从 1949 年到 1979 年新增炼钢能力的 36.2%，采煤能力占 29.6%，棉纺锭占 25.9%。经过调整、巩固、充实、提高，这些开工项目和新增能力获得了扎实的成果。

……

在“文化大革命”期间，中国国民经济虽然遭到巨大损失，但在广大干部群众的共同努力下仍然取得了进展。粮食生产保持了比较稳定的增长，1976 年达到 5726 亿斤，比 1965 年增加了 1835 亿斤。工业交通、基本建设和科学技术方面取得了一批重要成就。1976年的原油产量相当于1965年的6.7倍。一些工程艰巨的新铁路和南京长江大桥建成通车。一些技术先进的大型企业投产。核技术、人造卫星、运载火箭等尖端科学技术研究取得丰硕成果。

更引人注目的是，在“文化大革命”期间，毛泽东、周恩来审时度势，适应形势变化的需要，使中国的外交工作实现了新的转变。1971年10月25日，第26届联合国大会通过决议，恢复中华人民共和国在联合国的合法席位。1972年2月美国总统尼克松访华，标志着中美两国关系正常化的开始。中美关系的缓和直接推动了中日关系的改善，中国同西欧许多国家也出现了一个建交高潮。与外部世界的交流逐步增加，为中国70年代末期开始的改革创造了外部条件。

——节选自谢春涛：《历史的轨迹：中国共产党为什么能？》，新世界出版社2011年版。

2. 改革开放前后两个历史时期本质上都是党领导人民进行社会主义建设的实践探索

（1）改革开放前社会主义的实践探索为改革开放后社会主义的实践探索提供了重要条件

中国特色社会主义是在改革开放历史新时期开创的，但也是在新中国已经建立起社会主义基本制度并进行20多年建设的基础上开创的。党的十八大高度评价以毛泽东同志为核心的党的第一代中央领导集体对探索适合中国国情的社会主义建设道路作出的重要贡献，强调党在社会主义建设中取得的独创性理论成果和巨大成就，为新的历史时期开创中国特色社会主义提供了宝贵经验、理论准备、物质基础。这是完全符合历史事实的正确结论。

1956年党的八大前后，以毛泽东同志发表《论十大关系》《关于正确处理人民内部矛盾的问题》等为主要标志，党对适合中国国情的社会主义建设道路的探索有了一个良好开端。经过实践探索特别是总结经验教训，党就探索这条道路逐步形成了一些十分重要而又具有长远指导意义的思想观点。尽管这些正确的思想观点和方针政策有的并没有得到贯彻落实，有的没有坚持下去，但党在这一时期的经验总结和认识成果，为开创和发展中国特色社会主义提供了重要思想来源。中国特色社会主义理论体系对毛泽东思想的继承和发展，不仅包括对毛泽东思想活的灵魂即实事求是、群众路线、独立自主的继承和发展，也包括对探索中正确的经验总结和独创性理论成果的继承和发展。正如习近平同志所指出的："毛泽东同志带领我们党在艰辛探索中形成的重要思想成果，是我们党的宝贵财富，也是中国特色社会主义理论体系的重要思想来源。"

新中国成立后，党领导人民恢复国民经济并开展有计划的经济建设，实施并提前完成第一个五年计划。社会主义基本制度建立后，党领导人民开展全面的社会主义建设，尽管经历严重曲折，但各方面建设仍取得了巨大成就。其中最重要的成就是在"一穷二白"基础上建立了独立的比较完整的工业体系和国民经济体系，以"两弹一星"为代表的尖端科学技术取得重大突破。邓小平同志后来评价说："如果六十年代以来中国没有原子弹、氢弹，没有发射卫星，中国就不能叫有重要影响的大国，就没有现在这样的国际地位。"总的来看，改革开放后的历史时期所赖以进行社会主义现代化建设的物质技术基础，是在这个时期建设起来的；经济文化建设等方面的骨干力量和他们的工作经验也是在这个时期培养和积累起来的。

历史已经证明，如果没有1949年建立新中国并进行社会主义革命和建设，积累了重要的思想、物质、制度条件，积累了正反两方面经验，改革开放就很难顺利推进，中国特色社会主义也很难成功开创。

（2）改革开放后社会主义的实践探索是对改革开放前社会主义实践探索的坚持、改革、发展

早在改革开放初期，邓小平同志就指出："现在我们还是把毛泽东同志已经提出但是没有做的事情做起来，把他反对错了的改正过来，把他没有做好的事情做好。今后相当长的时期，还是做这件事。"事实正是如此，党在改革开放前的社会主义实践探索中提出的许多正确主张，在改革开放后得到了真正贯彻；改革开放后的社会主义实践探索，是对改革开放前社会主义实践探索的坚持、改革、发展。历史就是这样在矛盾运动中发展进步的。

——节选自中共中央党史研究室：《正确看待改革开放前后两个历史时期——学习习近平总书记关于"两个不能否定"的重要论述》，《人民日报》，2013年11月8日。

小组讨论

1. 改革开放前的曲折探索中，我国社会主义建设取得哪些成就？
2. 如何评价曲折探索中的成就？

课堂引导结论

社会主义建设前20年，虽然在曲折中发展，中国社会经济时或停滞，但是从总体上来说，中国经济一直在快速发展，不但保持了较高的发展速度，而且基本建成了独立的比较完整的工业体系和国民经济体系，人民生活水平提高，文化、医疗、科技得到较大发展，中国的国际地位提高，面临的国际环境也得以改善。这些成就是中国共产党和人民群众一道艰苦奋斗取得的。这些成就提高了人民群众的生活水平，为改革开放后中国更快速的发展奠定了基础。

教学要点

一、社会主义建设前20年取得哪些重要成就

（一）社会生产力保持较快的发展速度。

（二）基本建成了独立的比较完整的工业体系和国民经济体系。

（三）人民生活水平提高，文化、医疗、科技得到较大发展。

（四）中国的国际地位提高，面临的国际环境也得以改善。

二、对20年建设成就进行评价

（一）是党和人民艰苦奋斗的成果。

（二）改革开放前社会主义的实践探索为改革开放后社会主义的实践探索提供了重要条件。

（三）改革开放后社会主义的实践探索是对改革开放前社会主义实践探索的坚持、改革、发展。

教学建议

本专题是对第九章内容带有总结性质的一个专题。前两个专题讲到“马克思主义与中国实际第二次结合”的理论成果，讲到中国共产党的失误。本专题则以发展的角度看待正确的理论和错误的理论对中国的影响——中国经济总体发展较快，不断满足人民群众的需要。在本专题的讲述中，要充分利用案例，利用学生已有的学科知识，讲清楚20年中国社会发展所取得的成果，讲清楚中国国际地位的提高，讲清楚这些成就对改革开放快速发展的意义。

第十章　改革开放与现代化建设新时期

教材内容分析

本章有五个专题。通过讲授这些专题，认识党的十一届三中全会实现了新中国成立以来党和国家发展的历史性伟大转折，中国从此进入改革开放和现代化建设的新时期；了解中国特色社会主义道路开辟和发展的过程，懂得中国共产党在社会主义初级阶段的基本理论、基本路线、基本纲领、基本任务；了解改革开放和现代化建设取得的巨大成就以及取得成绩的主要经验，认识坚持走中国特色社会主义道路对实现中华民族伟大复兴的意义。

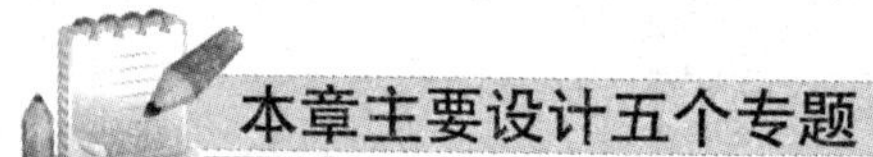

本章主要设计五个专题

- 专题一　伟大的历史转折与改革开放的起步
- 专题二　改革开放和现代化建设新局面的展开
- 专题三　中国特色社会主义事业的跨世纪发展
- 专题四　在新的起点上推进中国特色社会主义
- 专题五　坚定不移沿着中国特色社会主义道路前进

教学设计理念

大学生是中国特色社会主义事业建设的主要力量。这个群体对中国特色社会主义事业的广泛了解和深刻认同，将关乎我国现代化建设事业的未来。因此，通过讲授十一届三中全会标志中国历史进入了改革开放和现代化建设时期，让学生了解中国特色社会主义道路的开辟，特别是改革开放30多年的历史发展；感受中国发展的伟大成就，增强自身的责任感和使命感。

专题一

伟大的历史转折与改革开放的起步

案例呈现

1. 解放思想，实事求是，团结一致向前看

解放思想是当前的一个重大政治问题

解放思想，开动脑筋，实事求是，团结一致向前看，首先是解放思想。只有思想解放了，我们才能正确地以马列主义、毛泽东思想为指导，解决过去遗留的问题，解决新出现的一系列问题，正确地改革同生产力迅速发展不相适应的生产关系和上层建筑；根据我国的实际情况，确定实现四个现代化的具体道路、方针、方法和措施。

在我们的干部特别是领导干部中间，解放思想这个问题并没有完全解决。不少同志的思想还很不解放，脑筋还没有开动起来，也可以说，还处在僵化或半僵化的状态。这并不是因为他们不是好同志。这种状态是在一定历史条件下形成的。

一是因为十多年来，林彪、“四人帮”大搞禁区、禁令，制造迷信，把人们的思想封闭在他们假马克思主义的禁锢圈内，不准越雷池一步。否则，就要追查，就要扣帽子、打棍子。在这种情况下，一些人就只好不去开动脑筋，不去想问题了。

二是因为民主集中制受到破坏，党内确实存在权力过分集中的官僚主义。这种官僚主义常常以“党的领导”“党的指示”“党的利益”“党的纪律”的面貌出现，这是真正的营、卡、压。许多重大问题往往是一两个人说了算，别人只能奉命行事。这样，大家就什么问题都用不着思考了。

三是因为是非功过不洁，赏罚不明，干和不干一个样，甚至干得好的反而受打击；什么事不干的，四平八稳的，却成了“不倒翁”。在这种不成文法底下，人们就不愿意去动脑筋了。

四是因为小生产的习惯势力还在影响着人们。这种习惯势力的一个显著特点，就是因循守旧，安于现状，不求发展，不求进步，不愿接受新事物。

——邓小平：《邓小平文选》第2卷，人民出版社1994年版，第141—142页。

2. 在纪念真理讨论二十周年座谈会上的讲话

真理标准问题的大讨论，是十一届三中全会实现新中国成立以来我党历史上具有深远意义的伟大转折的思想先导，是二十年改革开放历程的思想先导，为我们党重新确立马克思主义的思想路线、政治路线和组织路线奠定了理论基础。邓小平同志在一九七八年十二月十三日中央工作会议上所作的《解放思想，实事求是，团结一致向前看》的讲话中，高度评价了这场讨论的伟大意义。他说："目前进行的关于实践是检验真理的唯一标准问题的讨论，实际上也是要不要解放思想的争论。大家认为进行这个争论很有必要，意义很大。从争论的情况来看，越看越重要。一个党，一个国家，一个民族，如果一切从本本出发，思想僵化，迷信盛行，那它就不能前进，它的生机就停止了，就要亡党亡国。这是毛泽东同志在整风运动中反复讲过的。只有解放思想，坚持实事求是，一切从实际出发，理论联系实际，我们的社会主义现代化建设才能顺利进行，我们党的马列主义、毛泽东思想的理论也才能顺利发展。从这个意义上说，关于真理标准问题的争论，的确是个思想路线问题，是个政治问题，是个关系到党和国家的前途和命运的问题。"邓小平同志的这篇重要讲话，成为十一届三中全会的主题报告；是在"文化大革命"结束以后，中国面临向何处去的重大历史关头，冲破"两个凡是"的禁锢，开辟新时期新道路，开创建设有中国特色社会主义新理论的宣言书。

——胡锦涛：《十五大以来重要文献选编》（上），人民出版社2000年版，第334页。

3. 小岗村的故事

1978年11月24日，当小岗村农民趁着夜色，走进那座破败的农家茅屋时，他们没有想到，这个普通的冬日夜晚，其实正是中国农村改革的黎明。在严宏昌的带领下，他们商量着如何包干到户。

曾因日子过得好了一点就被批判成"资产阶级暴发户"的严金昌说："分开干，吃饱饭，就是杀了头，也当一回饱死鬼。"严家芝提醒："这可不是闹着玩的。这事儿是高压线，谁碰要谁命。刘少奇的官够大了吧，一个国家主席，结果就因为支持包产到户，死无葬身之地。你严宏昌，草木之民，你不怕杀头蹲班房，到时家中老小怎么办？”关庭珠想出了办法：“我看再加上一条，今后队长因为让我们包干到户坐了班房，他家的农活就由我们全队包下来，小孩也由全队养活到十八岁！”有人赌咒发誓道：“保证不外讲，谁讲谁不是娘养的！”另一个接着保证道：“宏昌一人有难，全队人都得往前站，大家承担！”最后，严学昌提议：“空口无凭，我看大家还是立个‘军令状’！”马上有人响应：“留个字据！”“写上几条，大家都按上手印！”

严宏昌取下笔，把一包淮北牌的香烟倒出，准备就着烟纸写下契约，却被严立学劝止。严立学觉得香烟纸太小；再说在烟纸上写这样重要的东西，既不严肃也不正规。于是由严立付到家里拿来了两张十六开的白纸。严宏昌在纸上写道：

我们分田到户，每户户主签字盖章。如以后能干，保证完成每户的全年上缴和公粮，不再伸手向国家要钱要粮；如不成，我们干部坐牢杀头也甘心。

大家社员也保证，把我们的小孩养活到18岁。

严宏昌在牵头人的落款处，毫不犹豫地签上了自己的名字；随后把小岗生产队二十户人家的代表悉数写出：

严宏昌

关庭珠、关友德、严立付、严立华、严国品、
严立坤、严全昌、严家芝、关友幸、严学昌、
韩国云、关友江、严立学、严俊昌、严宏昌、
严美昌、严付昌、严家其、严国品、关友中。

严立学把红印泥找来了，大家一个接着一个地在“包产到户”契约自己的名字上按上血红的手印。

1978年11月24日这天的晚上，小岗村人以最古老的歃血为盟形式召开的“秘密会议”后来载入了史册。现在，小岗村民按了“红手印”的那张“生死契约”存放在中国革命博物馆的馆藏室。

由于包干比包产具有更加明显的优越性，因此凤阳县“大包干”的做法迅速在全国许多省区产生了强烈反响。一时间“凤阳经验”成为中国主流媒体竞相报道的重大新闻。中国农村改革开始出现新的气象。

——陈桂棣、春桃：《小岗村的故事》，华文出版社2009年版，第111—113页。

小组讨论

为什么说中共十一届三中全会是新中国成立以来的伟大历史转折？

课堂引导结论

真理标准问题的大讨论，是十一届三中全会实现新中国成立以来我党历史上具有深远意义的伟大转折的思想先导，是20年改革开放历程的思想先导，为我们党重新确立马克思主义的思想路线、政治路线和组织路线奠定了理论基础。为了进一步深化讨论，解放思想，邓小平在1978年12月13日中央工作会议闭幕式上作了《解放思想，实事求是，团结一致向前看》的讲话，这个讲话实际就是三中全会的主题报告。这些意味着“文化大革命”结束后，以邓小平为代表的中国共产党人冲破“两个凡是”的束缚，完成指导思想上的拨乱反正。以十一届三中全会召开为标志，中国历史进入了改革开放和现代化建设新时期。

教学要点

伟大历史的转折

（一）真理标准的讨论。1977年5月关于真理标准问题的讨论，重新确立了实事求是的思想路线，为党的工作实现历史性的转折奠定了思想理论基础。

（二）十一届三中全会的召开。1978年12月18日，中共十一届三中全会在北京召开，中心议题是把党的工作中心转移到社会主义现代化建设上来。

（三）家庭联产承包责任制的实行。在中共中央的支持和推动下，以包产到户、包干到户为主要形式的家庭联产承包责任制在全国各地逐渐推广开来。

教学建议

要帮助学生了解真理标准讨论发生的背景和经过，了解老一辈无产阶级革命家对这场讨论的态度和支持。引导学生掌握及深入认识这次关于真理讨论的意义和影响。特别要引导学生学习《邓小平文选》和胡锦涛在《在纪念真理讨论二十周年座谈会上的讲话》中的有关论述。

专题二 改革开放和现代化建设新局面的展开

社会主义初级阶段及任务

正确认识我国社会现在所处的历史阶段，是建设有中国特色的社会主义的首要问题，是我们制定和执行正确的路线和政策的根本依据。

对这个问题，我们党已经有了明确的回答：我国正处在社会主义的初级阶段。这个论断，包括两层含义。第一，我国社会已经是社会主义社会。我们必须坚持而不能离开社会主义。第二，我国的社会主义社会还处在初级阶段。我们必须从这个实际出发，而不能超越这个阶段。在近代中国的具体历史条件下，不承认中国人民可以不经过资本主义充分发展阶段而走上社会主义道路，是革命发展问题上的机械论，是右倾错误的重要认识根源；以为不经过生产力的巨大发展就可以越过社会主义初级阶段，是革命发展问题上的空想论，是“左”倾错误的重要认识根源。

从上个世纪中叶以来的一百多年间，经过各派政治力量的反复较量，经过旧民主主义革命的多次失败和新民主主义革命的最终胜利，证明资本主义道路在中国走不通；唯一的出路是在共产党领导下推翻帝国主义、封建主义、官僚资本主义的反动统治，走社会主义道路。但是，也正因为我们的社会主义是脱胎于半殖民地半封建社会，生产力水平远远落后于发达的资本主义国家，这就决定了我们必须经历一个很长的初级阶段，去实现别的许多国家在资本主义条件下实现的工业化和生产的商品化、社会化、现代化。经过30多年来社会主义的发展，我国当前的情况是怎样的呢？一方面，以生产资料公有制为基础的社会主义经济制度、人民民主专政的社会主义政治制度和马克思主义在意识形态领域中的指导地位已经确立，剥削制度和剥削阶级已经消灭，国家经济实力有了巨大增长，教育、科学、文化事业有了相当发展。另一方面，人口多，底子薄，人均国民生产总值仍居于世界后列。突出的景象是十亿多人口，八亿在农村，基本上还是用手工工具搞饭吃；一部分现代化工业，同大量落后于现代水平几十年甚至上百年的工业，同时存在；一部分经济比较发达的地区，同广大不发达地区和贫困地区，同时存在；少量具有世界先进水平的科学技术，同普遍的科技水平不高，文盲半文盲还占人口近四分之一的状况，同时存在。生产力的落后，决定了在生产关系方面，发展社会主义公有制所必需的生产社会化程度还很低，商品经济和国内市场很不发达，自然经济和半自然经济占相当比重，社会主义经济制度还不成熟不完善；在上层建筑方面，建设高度社会主义民主政治所必需的一系列经济文化条件很不充分，封建主义、资本主义腐朽思想和小生产习惯势力在社会上还有广泛影响，并且经常侵袭党的干部和国家公务员队伍。

这种状况说明，我们今天仍然远没有超出社会主义初级阶段。在中国这样落后的东方大国中建设社会主义，是马克思主义发展史上的新课题。我们面对的情况，既不是马克思主义创始人设想的在资本主义高度发展的基础上建设社会主义，也不完全相同于其他社会主义国家。照搬书本不行，照搬外国也不行。必须从国情出发，把马克思主义基本原理同中国实际结合起来，在实践中开辟有中国特色的社会主义道路。在这个问题上，我们党作过有益探索，取得过重要成就，也经历过多次曲折，付出了巨大代价。

从五十年代后期开始，由于“左”倾错误的影响，我们曾经急于求成，盲目求纯；以为单凭主观愿望，依靠群众运动，就可以使生产力急剧提高；以为社会主义所有制形式越大越公越好。我们还曾经长期把发展生产力的任务推到次要地位，在社会主义改造基本完成后还“以阶级斗争为纲”。许多束缚生产力发展的、并不具有社会主义本质属性的东西，或者只适合于某种特殊历史条件的东西，被当做“社会主义原则”加以固守；许多在社会主义条件下有利于生产力发展和生产商品化、社会化、现代化的东西，被当做“资本主义复辟”加以反对。由此而形成的过分单一的所有制结构和僵化的经济体制，以及同这种经济体制相联系的权力过分集中的政治体制，严重束缚了生产力和社会主义商品经济的发展。这种情况教育我们，清醒地认识基本国情，认识我国社会主义所处的历史阶段，是极端重要的问题。

那么，我国社会主义的初级阶段，是一个什么样的历史阶段呢？它不是泛指任何国家进入社会主义都会经历的起始阶段，而是特指我国在生产力落后、商品经济不发达条件下建设社会主义必然要经历的特定阶段。我国从五十年代生产资料私有制的社会主义改造基本完成，到社会主义现代化的基本实现，至少需要上百年时间，都属于社会主义初级阶段。这个阶段，既不同于社会主义经济基础尚未奠定的过渡时期，又不同于已经实现社会主义现代化的阶段。我们在现阶段所面临的主要矛盾，是人民日益增长的物质文化需要同落后的社会生产之间的矛盾。阶级斗争在一定范围内还会长期存在，但已经不是主要矛盾。为了解决现阶段的主要矛盾，就必须大力发展商品经济，提高劳动生产率，逐步实现工业、农业、国防和科学技术的现代化，并且为此而改革生产关系和上层建筑中不适应生产力发展的部分。

总起来说，我国社会主义初级阶段，是逐步摆脱贫穷、摆脱落后的阶段；是由农业人口占多数的手工劳动为基础的农业国，逐步变为非农产业人口占多数的现代化的工业国的阶段；是由自然经济半自然经济占很大比重，变为商品经济高度发达的阶段；是通过改革和探索，建立和发展充满活力的社会主义经济、政治、文化体制的阶段；是全民奋起，艰苦创业，实现中华民族伟大复兴的阶段。

——节选自《沿着有中国特色的社会主义道路前进——赵紫阳在中国共产党第十三次全国代表大会上的报告》，1987年10月25日。

小组讨论

如何认识社会主义初级阶段？

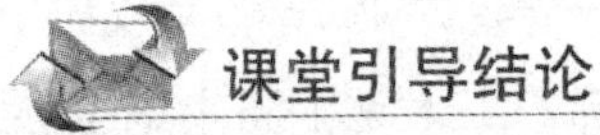

课堂引导结论

在十三大上，中国共产党提出了“我国正处在社会主义的初级阶段”的论断。这个论断包括两层含义：第一，我国社会已经是社会主义社会，我们必须坚持而不能离开社会主义。第二，我国的社会主义社会还处在初级阶段。我们必须从这个实际出发，而不能超越这个阶段。在近代中国的具体历史条件下，不承认中国人民可以不经过资本主义充分发展阶段而走上社会主义道路，是革命发展问题上的机械论，是右倾错误的重要认识根源；以为不经过生产力的巨大发展就可以越过社会主义初级阶段，是革命发展问题上的空想论，是“左”倾错误的重要认识根源。

教学要点

一、改革开放的全面展开

（一）社会主义现代化建设宏伟纲领的制定。

（二）多层次对外开放格局的形成。

二、改革开放和现代化建设的深入推进

（一）社会主义初级阶段理论和党的基本路线的提出。

（二）政治体制改革基本思想的提出。

教学建议

我国正处于并将长期处于社会主义初级阶段。这是中国最基本的国情，是我们一切工作的出发点。本案例对社会主义初级阶段进行了详细的解读，有助于学生对这一重要论断的理解和认识。

专题三 中国特色社会主义事业的跨世纪发展

案例呈现

1. 东欧剧变和苏联解体

1989—1990年，东欧剧变。1989年1月，波兰统一工人党十届十中全会通过了《关于政治多元化和工会多元化的立场》的决定，恢复被取缔的波兰团结工会的合法地位。波兰党宣布放弃对权力的垄断，实行总统制、两院制。6月，在全国议会选举中，以波兰统一工人党为首的执政联盟惨败。8月，团结工会主导的联合政府成立。12月，波兰议会通过宪法修正案，取消宪法中关于统一工人党领导国家的条款，并改国名为波兰共和国。1990年1月，波兰统一工人党最后一次代表大会（十一大）通过停止活动的决议。1990年12月，团结工会主席瓦文萨出任波兰总统。波兰是剧变的第一张骨牌，迅速在东欧国家引起连锁反应。匈牙利、捷克斯洛伐克、保加利亚、民主德国、阿尔巴尼亚相继易手。这些国家无一例外地宣布实行政治体制多元化，共产党和工人党纷纷放弃或经过选举失去了执政地位，国家的社会主义性质也都经由修改宪法的程序加以取消。

1990年3月以后，苏联内部的民族分离主义急剧膨胀，立陶宛、爱沙尼亚、拉脱维亚等波罗的海三国先后单方面宣布独立。6月，俄罗斯联邦宣布自己是一个主权国家，其他加盟共和国纷起效尤，苏联中央政府的权力大大削弱。1991年4月，戈尔巴乔夫同俄罗斯联邦共和国领导人叶利钦达成协议，组成由9个加盟共和国领导人加戈尔巴乔夫的“9+1”体制。同年8月14日，苏联公布新联盟条约文本，规定参加条约的各共和国为主权国家。为阻止这一新联盟条约的签署，8月19日，苏联副总统等8人组成“紧急状态委员会”，但这一宫廷政变迅即流产。“8·19”事件后，“紧急状态委员会”的成员被拘捕，俄罗斯联邦下令停止苏共的活动。随后，戈尔巴乔夫辞去苏共中央总书记职务，并要求苏共中央自行解散。

1991年12月，占苏联人口3/4的俄罗斯、乌克兰和白俄罗斯三国领导人在明斯克会谈并签署《关于建立独立国家联合体的协议》；接着又联合8个加盟国领导人在阿拉木图签署建立独立国家联合体的一系列文件，宣告苏联停止存在。12月25日，在圣诞声中，戈尔巴乔夫辞去了已经不存在的苏联总统职务，飘扬了69年的苏联国旗从克里姆林宫上降落。苏联解体是20世纪最重大的历史事件，它使世界社会主义运动由低潮跌入谷底。如同苏联的成立一样，它也从根本上改变了世界的地缘政治的格局，同时标志着冷战时代的结束。

——复旦大学社会科学部编：《社会主义：理论与实践》，复旦大学出版社2005年版，第80—81页。

2. 春天的故事——邓小平南方讲话纪实

1992年1月18日早晨，邓小平抵达武昌。他一边听取湖北同志的汇报，一边对湖北同志郑重嘱托：“要坚持党的十一届三中全会的路线、方针、政策，关键是坚持一个中心两个基本点。不坚持社会主义、不改革开放、不发展经济、不改善人民生活，只能是死路一条。基本路线要管一百年，动摇不得。”说到三资企业，他鼓励道：“多搞点三资企业不要怕，只要我们头脑清醒就不怕。我们有优势，有国有大中型企业，有乡镇企业，更重要的是政权在我们手里。”

第二天早晨，专列抵达第二个目的地——深圳。看到特区的巨大变化，邓小平彻底阐述了共同富裕的构想：一部分地区有条件先发展起来，一部分地区发展慢点，先发展起来的地区带动后发展的地区，最终达到共同富裕。如果富的愈来愈富，穷的愈来愈穷，两极分化就会产生，而社会主义制度就应该而且能够避免两极分化。解决的办法之一，就是先富起来的地区多交点利税，支持贫困地区的发展。

邓小平还说：改革开放迈不开步子，不敢闯，说来说去就是怕资本主义的东西多了，走了资本主义道路。要害是姓“资”还是姓“社”的问题。判断的标准，应该主要看是否有利于发展社会主义社会的生产力，是否有利于增强社会主义国家的综合国力，是否有利于提高人民的生活水平。

总之，社会主义要赢得与资本主义相比较的优势，就必须大胆吸收和借鉴人类社会创造的一切文明成果，吸收和借鉴当今世界各国包括资本主义发达国家的一切反映现代社会化生产规律的先进经营方式、管理方法……

——节选自王新等主编：《中国近现代史纲要》，吉林大学出版社2011年版，第232—235页。

3. 如何看待改革开放

改革开放以其实实在在的成就赢得了人们的高度认同，但在前进中，也始终存在着一些怀疑和责难的声音。这些声音归结起来就是改革开放是否坚持了社会主义性质，我们的方向和道路是否正确。这些问题绝不是小问题，而是关系到要不要坚持改革开放的根本问题。

有人提出，改革开放把社会主义改没了，越来越改向资本主义了。这种说法不符合事实。在改革开放过程中，我们党始终强调，改革不是要改掉社会主义制度，不是要融入资本主义；改革开放是社会主义制度的自我完善和发展……在改革开放进程中，我们始终强调坚持马克思主义在意识形态领域的指导地位，坚持公有制为主体、多种所有制经济共同发展，坚持人民代表大会制度、共产党领导的多党合作和政治协商制度、民族区域自治制度、基层群众自治制度，坚持党的领导地位始终不变、党的性质宗旨始终不变、党的先进性始终不变。

有人提出，社会主义与市场经济是矛盾的，搞市场经济就是搞资本主义。这种看法是错误的。社会主义同资本主义的区分不在于是计划还是市场这样的问题。事实上，英国、法国、日本等都有经济计划，都对经济进行国家干预。就是自称经济最自由的美国，为应对当前严重的金融危机，不是也频频由政府出面对银行、保险、汽车等行业施以援手吗？当然，我国的社会主义市场经济，不是放任自流的资本主义自由市场经济，而是社会主义基本制度同市场经济体制有机结合的市场经济。我国市场经济在所有制基础、分配制度、宏观经济政策上，都同资本主义国家的市场经济有着根本区别……事实说明，我国社会主义市场经济的改革方向是正确的，不仅不是搞资本主义，而且通过社会主义基本制度和市场经济的有机结合，更好地发挥了社会主义的优势。

有人提出，改革开放虽然使物质文明上去了，但精神文明却下来了，带来思想道德滑坡，不能说是成功的。从总体上看，改革开放极大改变了中国人民的精神面貌，人们的民主法制意识、竞争意识、效率意识、平等意识、开放意识、开拓创新意识普遍增强，促进了社会的进步。同时也不可否认，改革开放中确实存在着道德失落、诚信缺失、贪污腐败等消极现象。必须看到，改革开放是一场空前规模的社会变革，是利益关系的深刻调整，涉及广泛的社会领域、思想领域。在这一过程中，出现一些不良现象是难以完全避免的。对出现的这些问题，党和政府从来是高度重视、严肃对待、常抓不懈的。比如，针对思想道德方面出现的问题，提出了建设社会主义核心价值体系等一系列重大战略措施，努力为社会健康发展提供强大精神支撑。

——节选自中共中央宣传部理论局：《六个“为什么”——对几个重大问题的回答》，学习出版社2009年版，第96—99页。

小组讨论

1. 东欧剧变对我国社会主义现代化事业有什么警示？
2. 邓小平南方讲话与我国社会主义市场经济的建立有什么关系？

课堂引导结论

东欧剧变和苏联的解体，从根本上说，是由于生产力得不到充分发展，长久的生活水平低下引起人民的不满。中国要避免出现苏联和东欧国家的局面，就必须既要坚持社会主义，又要大力发展生产力，提高人民的生活水平。这就需要澄清关于社会主义的一系列理论问题，为中国的改革开放和经济发展，为中国的社会主义现代化事业提供理论支持和指导。

邓小平南方讲话，总结了党的十一届三中全会以来改革开放和现代化建设的经验，阐述了建立社会主义市场经济理论的基本原则，回答了长期束缚人民思想的许多重大问题，为中国特色社会主义未来指明了方向。邓小平对“什么是社会主义，怎样建设社会主义”的深刻反思，开辟了社会主义建设的新道路，是对马克思主义和毛泽东思想的创新和发展，开拓了马克思主义的新境界。正是在邓小平理论的指引下，中国的改革开放和现代化建设事业进入新的发展时期。

教学要点

一、邓小平南方谈话的主要内容

（一）提出计划和市场都是经济手段。

（二）阐述了社会主义的本质。

（三）提出了发展才是硬道理。

（四）提出判断改革开放和各项工作成败的“三个有利于”标准。

（五）强调了党的建设。

（六）阐述了社会主义的长期性及其光明前途。

二、确立社会主义市场经济体制的改革目标

教学建议

1992 年到 2002 年的十年，我国改革开放和现代化建设面貌的变化是飞跃式的。在国家经济和社会生活的一系列变化中，邓小平南方讲话中关于社会主义和我国改革开放中一系列重大理论问题的阐述，为这十年的发展以及十四大确立社会主义市场经济体制的改革目标奠定了重要基础。本专题的三个案例从不同的侧面阐明了弄清“什么是社会主义，怎样建设社会主义”这一问题的重要意义，凸显了邓小平同志对中国特色社会主义的伟大贡献。

专题四

在新的起点上推进中国特色社会主义

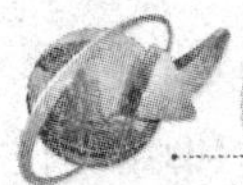

案例呈现

1. 高举中国特色社会主义伟大旗帜为夺取全面建设小康社会新胜利而努力奋斗

1978年，我们党召开具有重大历史意义的十一届三中全会，开启了改革开放历史新时期。从那时以来，中国共产党人和中国人民以一往无前的进取精神和波澜壮阔的创新实践，谱写了中华民族自强不息、顽强奋进的壮丽史诗；中国人民的面貌、社会主义中国的面貌、中国共产党的面貌发生了历史性变化。

新时期最鲜明的特点是改革开放。从农村到城市、从经济领域到其他各个领域,全面改革的进程势不可当地展开了; 从沿海到沿江沿边,从东部到中西部,对外开放的大门毅然决然地打开了。这场历史上从未有过的大改革大开放，极大地调动了亿万人民的积极性，使我国成功实现了从高度集中的计划经济体制到充满活力的社会主义市场经济体制、从封闭半封闭到全方位开放的伟大历史转折。今天，一个面向现代化、面向世界、面向未来的社会主义中国巍然屹立在世界东方。新时期最显著的成就是快速发展。我们党实施现代化建设“三步走”战略，带领人民艰苦奋斗，推动我国以世界上少有的速度持续快速发展起来。我国经济从一度濒于崩溃的边缘发展到总量跃至世界第四、进出口总额位居世界第三，人民生活从温饱不足发展到总体小康，农村贫困人口从两亿五千多万减少到两千多万，政治建设、文化建设、社会建设取得举世瞩目的成就。中国的发展，不仅使中国人民稳定地走上了富裕安康的广阔道路，而且为世界经济发展和人类文明进步作出了重大贡献。

新时期最突出的标志是与时俱进。我们党坚持马克思主义的思想路线，不断探索和回答什么是社会主义、怎样建设社会主义，建设什么样的党、怎样建设党，实现什么样的发展、怎样发展等重大理论和实际问题；不断推进马克思主义中国化，坚持并丰富党的基本理论、基本路线、基本纲领、基本经验。社会主义和马克思主义在中国大地上焕发出勃勃生机，给人民带来更多福祉，使中华民族大踏步赶上时代前进潮流，迎来伟大复兴的光明前景。

事实雄辩地证明，改革开放是决定当代中国命运的关键抉择，是发展中国特色社会主义、实现中华民族伟大复兴的必由之路；只有社会主义才能救中国，只有改革开放才能发展中国、发展社会主义、发展马克思主义。改革开放作为一场新的伟大革命，不可能一帆风顺，也不可能一蹴而就。最根本的是，改革开放符合党心民意，顺应时代潮流，方向和道路是完全正确的，成效和功绩不容否定，停顿和倒退没有出路。

改革开放是党在新的时代条件下带领人民进行的新的伟大革命。目的就是要解放和发展社会生产力，实现国家现代化，让中国人民富裕起来，振兴伟大的中华民族；就是要推动我国社会主义制度自我完善和发展，赋予社会主义新的生机活力，建设和发展中国特色社会主义；就是要在引领当代中国发展进步中加强和改进党的建设，保持和发展党的先进性，确保党始终走在时代前列。

——胡锦涛：《在中国共产党第十七次全国代表大会上的报告》，人民网，2007年10月15日。

2. 曾培炎在党的十六大第一次记者招待会对全面建设小康社会的解释

经过20多年的改革开放，到2000年实现了人民生活总体上达到小康水平，这是中国历史上了不起的事。但是，我们现在达到的小康还只是低水平的、不全面的、发展很不平衡的小康。所谓低水平，就是目前的小康基本上还处于生存性消费的满足，而发展性消费还没有得到有效满足，社会保障还不健全，环境质量还有待提高。所谓发展很不平衡，是指地区之间、城乡之间，发展水平差距不小。十六大报告提出的全面建设小康社会，就是要针对这些问题，建设一个惠及十几亿人口的更高水平的、更全面的、发展比较均衡的小康社会。所谓更高水平，就是用大体20年的时间，使我国国内生产总值比2000年翻两番，人均超过3000美元，相当于当时中等收入国家的平均水平，基本实现工业化，建成完善的社会主义市场经济体制和更具活力、更加开放的经济体系。所谓更全面，就是经济、政治、文化全面发展的小康。社会主义民主更加完善，社会主义法治更加完备，社会秩序良好。人民安居乐业，接受良好教育，实现人的全面发展。生态环境得到保护，人与自然更加和谐。整个社会走上生产发展、生活富足、生态良好的文明发展道路。所谓发展比较均衡，就是城乡差别、地区差别扩大的趋势逐步扭转，城镇人口比重超过50%，社会保障体系比较健全，家庭财产普遍增加，广大人民过上更加富足的生活。

——曾培炎：《党的十六大第一次记者招待会对全面建设小康社会的解释》，中国网，2002年12月30日。

小组讨论

如何理解新时期我国建设小康社会的宏伟目标？

课堂引导结论

中国历史上的“小康”，一是指普通老百姓的理想化的生活水平状态，一是指知识分子的理想社会模式。十六大报告对小康社会进行了概括：我们要在本世纪头二十年，集中力量，全面建设惠及十几亿人口的更高水平的小康社会，使经济更加发展、民主更加健全、科教更加进步、文化更加繁荣、社会更加和谐、人民生活更加殷实。这是实现现代化建设第三步战略目标必经的承上启下的发展阶段，也是完善社会主义市场经济体制和扩大对外开放的关键阶段。经过这个阶段的建设，再继续奋斗几十年，到本世纪中叶基本实现现代化，把我国建设成富强、民主、文明的社会主义国家。

教学要点

一、全面建设小康社会战略目标的确定

（一）新世纪前20年奋斗目标的确立。

（二）构建社会主义和谐社会。

二、奋力把中国特色社会主义推进到新的发展阶段

（一）夺取全面建设小康社会新胜利。

（二）全面推进党的建设新的伟大工程。

教学建议

一个伟大而又切合实际的目标，能给全国人民战胜困难带来信心、勇气和力量。科学的理论，则是战胜困难的行动指南。新时期，深刻理解党中央提出的全面建设小康社会的奋斗目标，深刻认识中国共产党的坚强领

导，是我们取得新胜利的政治优势。

专题五 坚定不移沿着中国特色社会主义道路前进

案例呈现

1. 新中国 60 年经济发展述评

在世界经济深陷衰退中，2009 年上半年，中国经济依然保持了引人注目的增长速度——7.1%。“这就使它成为世界经济十强中唯一在最近几个月里恢复强劲增长的国家。许多分析家认为中国可以帮助带动世界其他国家走出低谷。”美联社这样评论道。

从满目疮痍、积贫积弱到经济总量世界第三、人民生活迈向总体小康，从封闭半封闭到直接关系全球经济复苏……新中国成立 60 年来，全国人民在中国共产党领导下，励精图治、奋发图强，经济发展取得了举世公认的惊人跨越。中国迈入中等收入国家行列。

60 年来，国内生产总值实际增长 77 倍，人均超过 3000 美元；财政收入增长约 1000 倍；外汇储备增长 1000 多倍，位居世界第一；进出口贸易总额位居世界第三，占世界贸易比重达 7.9%。经过 60 年的努力，中国完成了从农业社会向工业化中期阶段的伟大跨越。洋油、洋火、洋钉、洋布，这些名称曾经深深刺伤了中国人的民族自尊心。新中国成立后选择了以重工业为中心进行大规模经济建设的方针。改革开放以来，轻重工业协调发展，技术水平不断提升。目前，联合国产业分类中所列的全部工业部门中国都有，中国成为“全球制造业工厂”。

经过 60 年的努力，中国以占世界 7% 的耕地养活了占世界 22% 的人口。1959 年，美国国务卿艾奇逊曾经断言，人民的吃饭问题是每个中国政府必须碰到的第一个问题，而这个问题始终没有得到解决。这一年，中国的粮食产量只有 1.13 亿吨。2008 年，中国粮食产量达到 5.29 亿吨，粮食自给率高达 95%。

经过60年的努力，神州大地城乡面貌发生了翻天覆地的变化。

经过60年的努力，城乡居民生活水平实现了从贫困到温饱再到总体小康的历史性跨越。

60年来，中国冲破了国内市场、资金、资源的限制，经济发展的舞台空前宽广。1950年，中国外贸出口额只有5.5亿美元，且80%出口到苏联和东欧国家。近60年后，这个数字增长了2600倍，“中国制造”遍及世界。“一五”期间，中国依靠苏联19亿美元低息贷款，建设了156个重点项目。如今，中国已成为全球外商直接投资第二大国家。从封闭半封闭到全面对外开放，60年来，中国经济发展空间在腾挪转换中不断扩大。中国不但积极开拓国际市场，发展国内生产，而且有效利用国际资源支撑国内经济发展，使得经济增长后劲十足。

打破僵化，中国经济体制不断创新。新中国成立初期，高度的计划经济体制发挥了社会主义集中力量办大事的优势，使中国经济得以迅速恢复，工业基础初步建立。在此后数十年社会主义建设实践中，我们对计划和市场关系的认识不断进步和深化，最终突破了把计划经济等同于社会主义、把市场经济等同于资本主义的传统观点，把市场经济写在了社会主义的旗帜上。目前，我国98%以上的商品、95%以上的生产资料产品价格已由市场决定。经济体制的变革让百姓得到越来越多的实惠。

改革开放后，我国收入分配体制出现了实质性变化，不仅实现了按劳分配，而且允许和鼓励资本、技术等生产要素参与分配。一部分人通过合法经营和诚实劳动先富了起来。收入分配制度改革调动了广大职工的积极性，有力地促进了经济增长。与新中国成立之初相比，全国职工年平均工资增长了约60倍。

60年，弹指一挥间，但正是在这60年间，中国为人类社会演绎了一场波澜壮阔的巨大变迁，走过了其他国家几百年的发展历程，造就了令世界瞩目的“东方奇迹”。

——节选自《惊人的跨越——新中国60年经济发展述评》，新华网，2009年8月9日。

2. 中国为什么走社会主义道路

一是中国社会经济政治状况不允许走资本主义道路。中国的民族资本主义，从19世纪下半期开始萌芽，但由于帝国主义和封建主义的压迫，始终没有发展为独立的力量。民族资产阶级在经济上未完全断绝同帝国主义和封建主义的联系，在政治上没有彻底的反帝反封建的勇气和力量。他们所具有的软弱性、动摇性，决定了没有彻底推翻封建统治、推翻帝国主义、争取民族独立的能力，只能依附于国际资本主义来寻求生存和发展。中国没能发展成独立的完全的资本主义社会，这种状况并没有因国民党的执政而改变。国民党取得政权后，既没有兑现它所许诺的平均地权，也没实现它所声称的发展民族工商业，倒是依附于帝国主义、具有封建性的官僚资本和“四大家族”聚敛了大量财富，使中国在半殖民地半封建社会的泥潭中越陷越深。对国民党政权的完全失望，使中国的普通民众和知识界坚定地站在了中国共产党一边。民主党派纷纷明确表态支持中国共产党改造旧中国、开辟新道路的政治、经济主张。甚至连主张第三条道路的知识分子也不反对在中国实行社会主义的经济制度。中国经过新民主主义革命走上社会主义道路，得到了工农大众的支持，得到了知识分子的赞同，得到了各民主党派的拥护。

二是时代条件和国际环境的新特点促使中国人民选择走社会主义道路。中国选择社会主义道路，正处于帝国主义和无产阶级革命的时代。中国要完成近代以来两大历史任务，实现自己的发展，必须摆脱帝国主义的束缚，必须同时代进步潮流相适应。毛泽东同志指出：“帝国主义列强侵入中国的目的，绝不是要把封建的中国变成资本主义的中国。”它们的目的，就是要占领中国的市场，掠夺中国的资源，使中国保持殖民地半殖民地状况。中国人民同帝国主义的矛盾，决定了中国要选择社会主义道路。第一次世界大战的爆发，20 世纪 30 年代席卷全球的经济危机，引发了资本主义世界的经济、政治、信仰恐慌，使得资本主义的吸引力不断下降。而当时社会主义国家苏联蒸蒸日上，经济建设取得辉煌成就。在经济危机打击下，资本主义国家加紧对华经济掠夺，日本更是悍然发动侵华战争。民族危机促使人们寻找新的出路。社会主义苏联为中国提供了一种崭新的社会制度和社会样板。中国知识分子大多把苏联的成功归因于苏联的社会主义制度和马克思主义，因此走俄国人的路，成为许多先进分子的共识。社会主义思潮在中国的影响力迅速扩大，选择社会主义道路成为人心所向、大势所趋。

三是中国革命的领导力量决定了中国必然走社会主义道路。完成中国近代以来的两大历史任务，首要的是完成民主革命任务。从中国社会各个阶级、阶层的特性来看，农民阶级是民主革命的最大力量，但由于他们的经济和文化条件而带有分散性和某些落后性；民族资产阶级有发展资本主义经济的强烈愿望，但由于与帝国主义和封建主义有着千丝万缕的联系，没有彻底的反帝反封建的勇气和能力；工人阶级是中国最先进、最革命、最有组织性的阶级，是中国民主革命的天然领导阶级。因此，中国的民主革命只能是无产阶级领导的新民主主义革命。中国共产党作为无产阶级先锋队，理所当然地成为新民主主义革命的领导者。在中国，只有中国共产党而没有其他哪个政治力量能够提出正确的纲领，团结一切进步力量，从根本上解决中国反帝、反封建的问题，解决中国实现人民民主和维护国家统一的问题。无产阶级作为领导阶级，中国共产党作为领导者，在完成新民主主义革命后，必然要把这一革命引向社会主义方向。正如毛泽东同志所说的，在这两个阶段中间“不容横插一个资产阶级专政的阶段”。这就决定了中国必然走社会主义道路。

——中共中央宣传部理论局：《六个“为什么”——对几个重大问题的回答》，学习出版社2009年版，第26—29页。

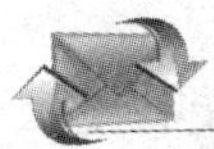

小组讨论

1. 改革开放以来中国取得了哪些巨大成就？
2. 如何认识改革开放以来中国取得巨大成就的根本原因？

课堂引导结论

十一届三中全会以来，中国共产党人带领全国各族人民开创了中国特色社会主义道路，取得了改革开放和现代化建设的巨大成就。可以概括为我们锐意推进各方面体制改革，使我国成功实现了从高度集中的计划经济体制到充满活力的社会主义市场经济体制的伟大历史转折；我们不断扩大对外开放，使我国成功实现了从封闭半封闭到全方位开放的伟大历史转折；我们坚持以经济建设为中心，综合国力迈上新台阶；我们着力保障和改善民生，人民生活总体上达到小康水平；我们大力发展社会主义民主政治，人民当家做主权利得到更好保障；我们大力发展社会主义先进文化，人民日益增长的精神文化需求得到更好满足；我们大力发展社会事业，社会和谐稳定得到巩固和发展；我们坚持党对军队绝对领导，国防和军队建设取得重大成就；我们成功实施“一国两制”基本方针，祖国和平统一大业迈出重大步伐；我们坚持奉行独立自主的和平外交政策，全方位外交取得重大成就；我们坚持党要管党、从严治党，党的领导水平和执政水平、拒腐防变和抵御风险能力明显提高。

改革开放以来，我们取得一系列巨大成就的根本原因归纳起来就是，开辟了中国特色社会主义道路，形成了中国特色社会主义理论体系。中国特色社会主义道路，就是在中国共产党领导下，立足基本国情，以经济建设为中心，坚持四项基本原则，坚持改革开放，解放和发展社会生产力，巩固和完善社会主义制度，建设社会主义市场经济、社会主义民主政治、社会主义先进文化、社会主义和谐社会，建设富强、民主、文明、和谐的社会主义现代化国家。中国特色社会主义理论体系，就是包括邓小平理论、“三个代表”重要思想以及科学发展观等重大战略思想在内的科学理论体系。

教学要点

一、改革开放以来取得的巨大成就

这个成就，是社会主义制度优越性的生动体现，是中华民族发展史上的一个新的里程碑。

二、取得巨大成就的根本原因

归纳起来就是，开辟了中国特色社会主义道路，形成了中国特色社会主义理论体系。

教学建议

案例1引用翔实的数据，展示了新中国成立60年来经济建设取得的巨大进展，雄辩地证明了只有中国特色社会主义道路才能发展中国。案例2对中国为什么要走社会主义道路进行了理论上的分析和梳理，逻辑严密，说理透彻。两个案例相互结合，可以帮助学生理解改革开放以来我们取得一系列巨大成就的根本原因：开辟了中国特色社会主义道路，形成了中国特色社会主义理论体系。

后 记

本系列丛书是山东省高校优秀中青年思想政治理论课教师“十百工程”学术带头人重点项目“2013年新教材体系下思想政治理论课案例教学设计与实践”的最终成果。该项目设立以来，项目负责人认真组织团队成员广泛调研，聘请省内专家详细论证，就案例教学的一般规律、思想政治理论课案例教学的特点、思想政治理论课案例教学设计内容等进行了深入研究，其目的就是要形成一套既有一定的理论深度、又简单实用、具有课堂操作性的案例教学设计，给思想政治理论课教师的课堂教学提供直接帮助。项目组成员在多年课堂教学实践经验的基础上，经过三个学期的理论研究和课堂教学实践，形成了四卷本的《〈思想道德修养与法律基础〉案例教学设计》《〈中国近现代史纲要〉案例教学设计》《〈毛泽东思想和中国特色社会主义理论体系概论〉案例教学设计》《〈马克思主义基本原理概论〉案例教学设计》。

2012年11月，山东师范大学被确定为山东省首批重点建设应用基础型人才培养特色名校，政治与国际关系学院（马克思主义学院）的思想政治教育专业被评为山东师范大学名校工程重点建设专业。为促进专业建设与公共课建设的相互借力共同发展，思想政治理论课案例教学设计被列入学院名校工程重点建设项目，因此，本系列丛书也是名校工程重点建设专业的阶段性成果之一。

丛书的指导思想、内容结构和体例由杨素群教授拟定，在体例基本一致的基础上，每册的专题设计由各册主编负责，各册分工如下：《〈思想道德修养与法律基础〉案例教学设计》主编任者春教授，《〈中国近现代史纲要〉案例教学设计》主编宫晓燕副教授，《〈毛泽东思想和中国特色社会主义理论体系概论〉案例教学设计》主编刘曙光副教授，《〈马克思主义基本原理概论〉案例教学设计》主编宫菊花教授。丛书由杨素群修改定稿。

该丛书在编写过程中得到了省内外专家的多次指导和帮助，山东师范大学名校工程重点建设专业思想政治教育专业提供了出版基金，编委会全体成员殚精竭虑精益求精，山东人民出版社编辑崔萌博士给予了大力协助，在此一并表示感谢！本书在编写过程中，出于案例客观性之需要，引证了大量相关资料，有的已在注释中标出，有的为了教学需要经过了编者的编辑整合因而无法一一列出，恳请有关作者谅解并请接受我们诚挚的谢意！

由于作者水平有限，加之课堂教学实践的时间尚短，对于选取的案例是否足够精当准确，案例的课堂操作是否简单实用，课堂教学体系与教材体系如何有机结合等问题，都需要在课堂教学实践中进一步摸索和总结，恳请各位专家同行多提宝贵意见，我们将在今后的教学中且教且总结，努力使思想政治理论课成为大学生真心喜爱终身受益毕生难忘的优秀课程。

作 者

2015 年 5 月

图书在版编目（CIP）数据

《中国近现代史纲要》案例教学设计 / 宫晓燕主编. -- 济南：山东人民出版社，2015.8

〔高校思想政治理论课案例教学设计丛书 / 杨素群主编〕

ISBN 978-7-209-09087-2

Ⅰ. ①中… Ⅱ. ①宫… Ⅲ. ①中国历史-近现代-高等学校-教学参考资料 Ⅳ. ①K25

中国版本图书馆CIP数据核字(2015)第181468号

《中国近现代史纲要》案例教学设计

宫晓燕 主编

主管部门　山东出版传媒股份有限公司
出版发行　山东人民出版社
社　　址　济南市胜利大街39号
邮　　编　250001
电　　话　总编室（0531）82098914
　　　　　市场部（0531）82098027
网　　址　http://www.sd-book.com.cn
印　　装　济南继东彩艺印刷有限公司
经　　销　新华书店

规　　格　16开（169mm×239mm）
印　　张　16.25
字　　数　270千字
版　　次　2015年8月第1版
印　　次　2015年8月第1次
ISBN 978-7-209-09087-2
定　　价　36.00元